本书为国家社科基金重点项目"提高党的建设质量研究"（批准号：22AZD024），
江苏省委宣传部、苏州市委宣传部、苏州大学"部校共建马克思主义学院"，
江苏省习近平新时代中国特色社会主义思想研究中心苏州大学基地，
苏州大学中国特色城镇化研究中心、新型城镇化与社会治理协同创新中心成果

敢闯敢试　唯实唯干
奋斗奋进　创新创优

新时代"昆山之路"
实践研究

田芝健
杨建春　等 编著
吉启卫
王慧莹

苏州大学出版社
Soochow University Press

图书在版编目(CIP)数据

新时代"昆山之路"实践研究 / 田芝健等编著. —
苏州：苏州大学出版社，2022.9
 ISBN 978-7-5672-3844-2

Ⅰ.①新… Ⅱ.①田… Ⅲ.①城市建设－研究－昆山
Ⅳ.①F299.275.34

中国版本图书馆 CIP 数据核字(2022)第 002190 号

书　　名：	新时代"昆山之路"实践研究
编　著　者：	田芝健　杨建春　吉启卫　王慧莹等
责任编辑：	杨宇笛
装帧设计：	吴　钰
出版发行：	苏州大学出版社（Soochow University Press）
社　　址：	苏州市十梓街1号　邮编：215006
网　　址：	www.sudapress.com
邮　　箱：	sdcbs@suda.edu.cn
印　　装：	苏州市深广印刷有限公司
邮购热线：	0512-67480030　销售热线：0512-67481020
网店地址：	https://szdxcbs.tmall.com/（天猫旗舰店）
开　　本：	700 mm×1 000 mm　1/16　印张：16　字数：231 千
版　　次：	2022 年 9 月第 1 版
印　　次：	2022 年 9 月第 1 次印刷
书　　号：	ISBN 978-7-5672-3844-2
定　　价：	58.00 元

凡购本社图书发现印装错误，请与本社联系调换。服务热线：0512-67481020

目录

导　论 /1

一、"昆山之路"的历史考察 /2

　　（一）探索起步阶段 /2

　　（二）充实拓展阶段 /4

　　（三）转型提质阶段 /5

二、"昆山之路"的基本内涵 /7

　　（一）"昆山之路"是创新发展之路 /8

　　（二）"昆山之路"是协调发展之路 /10

　　（三）"昆山之路"是绿色发展之路 /12

　　（四）"昆山之路"是开放发展之路 /14

　　（五）"昆山之路"是共享发展之路 /16

三、"昆山之路"的本质特征 /17

　　（一）"昆山之路"是中国特色社会主义道路在昆山的具体化，是对中央决策部署进行创造性实践的发展之路 /18

　　（二）"昆山之路"是坚持用创新理论武装头脑，创造性运用和践行党的思想路线的发展之路 /20

（三）"昆山之路"是坚持制度创新，不断推进治理体系和治理能力现代化的发展之路 /22

（四）"昆山之路"是坚持文化强市，深入践行社会主义核心价值观的发展之路 /23

（五）"昆山之路"是坚持以人民为中心的发展思想，坚定走共同富裕道路的发展之路 /25

（六）"昆山之路"是率先高水平全面建成小康社会到率先探索社会主义现代化的发展之路 /27

四、弘扬新时代"昆山之路"精神 /29

（一）敢闯敢试 /30

（二）唯实唯干 /30

（三）奋斗奋进 /30

（四）创新创优 /31

第一章 昆山产业升级发展新实践 /33

一、产业升级发展的价值和意义 /33

（一）产业升级是实现高质量发展，走向现代化的要求 /33

（二）产业升级是昆山发展一路走来的不懈追求 /35

（三）产业升级是昆山实现现代化高质量发展的需求 /38

二、产业升级发展的做法和成效 /39

（一）积极推进新旧动能转换 /39

（二）打造现代化产业体系融合新趋势 /42

（三）培育和壮大龙头骨干企业，增强产业竞争力 /44

（四）优先推动科创产业发展，释放科创动能 /46

（五）完善人才科创机制，建设高质量人才队伍 /51

三、产业升级发展的经验和启示 /53

（一）利用区位优势，紧抓发展机遇 /54

（二）依托科技创新，引领现代服务业发展 /59

（三）构建高质量营商环境，推动开放型经济发展 /61

第二章　昆山生态文明建设新实践 /64

一、生态文明建设的价值和意义 /65
  （一）生态文明建设是关乎民族未来的长远大计 /65
  （二）生态文明建设是对昆山人民最普惠的民生福祉 /66
  （三）生态文明建设内在机理的揭示是破解生态难题的关键 /66

二、昆山生态文明建设的做法和成效 /67
  （一）高效发展绿色生态产业 /68
  （二）提高生态环境整治水平 /72
  （三）强化政府生态保护责任 /77
  （四）建设生态宜居美丽家园 /82

三、昆山生态文明建设新时代的经验和启示 /85
  （一）"发展"为要，生态发展与经济发展互促共赢 /86
  （二）"协调"为基，公共服务与生态治理共促发展高质量 /87
  （三）"制度"为核，综合制度体系统牢全面建成小康社会根基 /88
  （四）"人民"至上，全民共享生态宜居美丽家园 /89

第三章　新时代昆山人才高地构筑之路 /90

一、昆山构筑人才高地的重要价值 /90
  （一）人才为昆山振兴积聚了源源不断的动力 /91
  （二）昆山为人才发展提供了广袤的平台环境 /91

二、昆山人才工作的突出成效 /92
  （一）货真价实且成效显著的人才政策 /93
  （二）兼顾各方又突出重点的工作布局 /93
  （三）广泛吸纳兼重点培育的政策导向 /94

三、新时代昆山构筑人才高地的宝贵经验 /95

(一) 创新人才引进政策,不拘一格引人才 /95

(二) 优化人才发展环境,激发人才队伍活力 /100

(三) 拓宽人才培养渠道,别出心裁育人才 /103

(四) 完善人才配套服务体系 /106

第四章 昆山乡村振兴新实践 /112

一、昆山乡村全面振兴的价值和意义 /112

(一) 扎实做好新时代"三农"工作的重要基础 /113

(二) 加快推进农业农村现代化,推进城乡融合发展的关键 /114

(三) 坚持人民立场,满足人民美好生活需要的必然要求 /115

(四) 巩固脱贫成果,建设社会主义现代化国家的战略安排 /116

二、昆山推进乡村振兴的实践与成效 /117

(一) 坚持质量兴农,推进昆山农业产业现代化 /117

(二) 坚持绿色发展,建设现代化标杆城市"美丽昆山" /120

(三) 注重文化涵养,实现昆山乡村乡风文明 /123

(四) 注重乡村善治,健全昆山乡村治理体系 /126

(五) 推动共同富裕,实现昆山城乡振兴发展目标 /129

三、昆山实施乡村振兴的宝贵经验 /133

(一) 推进乡村振兴要纳入现代化发展全局 /133

(二) 致力于实现城市和乡村发展新融合 /134

(三) 推进乡村振兴以"全面"统筹布局 /136

(四) 乡村振兴以农业农村现代化为总目标 /137

(五) 坚持党对乡村振兴事业的核心领导 /138

第五章　新时代昆山民主法治建设新实践 /140

一、新时代加强民主法治建设的价值和意义 /141

（一）全面加强民主法治建设是党和国家事业发展进步的重要内容 /142

（二）昆山全面加强民主法治建设是昆山践行以人民为中心发展思想的生动体现 /144

二、新时代昆山加强民主法治建设的实践与成效 /145

（一）坚持加强党对民主法治工作的领导 /146

（二）坚持和发挥人民代表大会制度优势，保障人民依法管理社会事务 /147

（三）坚持和发挥社会主义协商民主独特优势，提高建言资政和凝聚共识水平 /148

（四）推动完善地方立法体制机制，深化司法体制综合配套改革，促进司法公正 /149

（五）落实法治政府建设实施纲要，推动法治政府建设 /151

（六）加强社会主义法治文化建设，提高法治社会建设水平 /152

（七）完善地方民主监督体系，推动廉洁昆山建设 /154

（八）健全基层群众自治制度，增强群众自我管理、自我服务、自我教育、自我监督实效 /155

（九）优化民营企业发展环境，构建亲清政商关系，建立规范化政企沟通渠道 /156

三、新时代昆山加强民主法治建设的经验和启示 /158

（一）加强民主法治建设要大力发展全过程人民民主，夯实基层民主基础 /158

（二）加强民主法治建设要充分完善民主权利保障机制，确保群众民主权利不受侵犯 /160

（三）加强民主法治建设要大力提高基层社会治理能力，有效提升基层治理水平 /161

（四）加强民主法治建设要创新基层治理方式，形成基层治理多方合力 /163

第六章　昆山建设文化强市的新实践 /165

一、建设文化强市的价值和意义 /165

（一）建设文化强市是经济高质量发展的要求 /166

（二）建设文化强市是继承弘扬优秀传统文化的要求 /167

（三）建设文化强市是提高城市文明水平的要求 /168

（四）建设文化强市是提升市民文明素质的要求 /169

二、昆山建设文化强市的做法和成效 /170

（一）以文铸魂，着力加强思想道德建设 /170

（二）以文固本，传承发展优秀传统文化 /172

（三）以文惠民，广泛开展群众性文化活动 /176

（四）以文兴业，大力推动文化产业提档升级 /179

（五）以文凝心，积极促进两岸文化交流 /180

三、昆山建设文化强市的经验和启示 /182

（一）坚持以习近平新时代中国特色社会主义思想为指导 /182

（二）推动建设文化强市与建设经济强市相辅相成、相互促进 /184

（三）把自觉担当文化传承弘扬使命作为文化强市的关键动力 /185

（四）促进传承优秀传统文化与践行社会主义核心价值观相互融合 /187

（五）把丰富群众精神生活、增强群众精神力量作为重要目标 /188

第七章　新时代昆山公共服务优化之路新实践 /191

一、新时代优化公共服务的重大价值 /192
（一）践行人民至上理念的具体实践 /192
（二）不断满足人民群众对美好生活向往的重要抓手 /192
（三）建设人民满意的服务型政府的必然选择 /193

二、新时代昆山公共服务优化之路的实践与成效 /194
（一）坚持理念先行，引领公共服务建设 /194
（二）坚持内容为王，健全公共服务体系 /198
（三）强化主体治理，提高公共服务效能 /200
（四）坚持结果导向，提高公共服务质量 /207

三、新时代昆山公共服务优化之路新实践的经验和启示 /211
（一）人民满意是优化公共服务的价值遵循 /211
（二）提升服务质量是优化公共服务的重点 /212
（三）推进政府治理变革是优化公共服务的关键 /212

第八章　"昆山之路"党的建设新实践 /214

一、新时代昆山加强基层党建工作的重要意义 /215
（一）贯彻和落实新时代党的建设总要求的要求 /215
（二）党的建设向基层延伸、向纵深发展的要求 /216
（三）广泛团结和依靠人民群众的要求 /219

二、"昆山之路"党的建设新实践的做法和成效 /222
（一）提升基层党组织组织力以增强基层战斗堡垒作用 /222
（二）坚持以政治建设为统领以保证正确的政治方向 /224
（三）突出干部队伍能力建设以适应新时代发展需要 /226
（四）构建高素质干部队伍以推动昆山高质量发展 /227
（五）同步推进企业、农村和非公党建以普遍提高基层党建水平 /229

三、"昆山之路"党的建设新实践的经验和启示 /231

（一）充分发挥党委领导作用，强化基层党组织的领导力 /232

（二）建强基层党组织带头人队伍，加强基层党建工作的推动力 /234

（三）把严管与厚爱结合起来，增强基层党组织的凝聚力 /235

（四）完善教育、管理、激励机制，提高全体党员的战斗力 /236

（五）切实做到为民服务，增强基层党建工作的号召力 /238

（六）发挥党员干部积极性、主动性、创造性，提升基层党建工作的执行力 /239

（七）深入开展党史学习教育，厚植基层党建工作的精神力 /240

后记 /243

导 论

"昆山之路"是一条勇于解放思想、持续创新的进取之路。改革开放以来，昆山人不断解放思想、敢闯敢干、追求卓越，不断克服困难和挑战，不断追求新高度、开拓新境界，以时不我待的拼搏精神和强烈的历史使命感、社会责任感，"走出了一条以改革开放为时代特征、以创业创新创优精神为强大动力、以人民幸福为不懈追求的'昆山之路'"①。"昆山之路"成为中国率先全面建成小康社会、率先迈上探索社会主义现代化新征程的样本。从"唯实、扬长、奋斗"到"艰苦创业、勇于创新、争先创优"，从"敢于争第一、勇于创唯一"到"四闯四责"，"昆山之路"精神在接续奋斗中薪火相传、与时俱进。②"昆山之路"精神成为昆山始终走在全国前列的不竭动力，走好新时代"昆山之路"，必须要弘扬敢闯敢试、唯实唯干、奋斗奋进、创新创优精神。新时代"昆山之路"继续在实践中探索，继续在拓展、延伸，内涵在进一步丰富、深化。这集中体现在推进昆山高质量发展、进行社会主义现代化建设试点、全面开启建设社会主义现

---

① 《昆山市人大常委会关于与时俱进弘扬"昆山之路"精神，全力推动改革开放再出发的决定》，《昆山日报》2018年12月21日第A02版。

② 《让"昆山之路"精神在接续奋斗中薪火相传》，《昆山日报》2019年9月29日第A01版。

代化大城市新征程的伟大事业之中。"昆山之路"以新的内涵、新的目标和新的面貌在新的发展征程中引领方向,为昆山全力争当谱写"强富美高"新江苏现代化建设新篇章的排头兵,打造社会主义现代化建设县域示范,走好新时代"昆山之路",努力"争当表率、争做示范、走在前列",开辟了广阔的道路。

一、"昆山之路"的历史考察

40多年来,昆山以高远的历史站位和发展视野,根据社会发展的阶段性特征和本地实际,不断适应时代要求,拓宽发展思路,落实行动举措,围绕发展需要不断增强动力和活力,经历了探索起步、充实拓展、转型提质等阶段,实现了经济社会发展的一次次巨大跨越。昆山积极服务和融入国家战略,不断推进改革开放,从自费开发起步,先后实现农转工、内转外、散转聚、低转高、大转强的历史跨越,闯出了一条自力更生、敢于拼搏的发展之路。"昆山之路"从根本上来说是一条改变昆山发展状态、实现人民群众根本利益的发展路子,为昆山未来的发展奠定了坚实基础,提供了强大动力。

(一)探索起步阶段

探索起步阶段指的是20世纪80年代初到邓小平1992年南方谈话前的这段时期,昆山紧紧抓住国家改革开放政策,实现了"农转工"的历史性跨越,实现了从农业县到工业县的转变。昆山人解放思想、实事求是,对中央的路线、方针、政策进行研究,坚持发展是硬道理的信念,摆脱安于现状的陈旧观念,不甘落后,抓住国家实施沿海开发开放战略机遇,发挥临沪区位优势,主动承接上海的产业溢出,借助上海产业转移以及三线企业迁移,创造性地开展横向工业经济合作,奠定了昆山工业发展的基础。1984年元旦刚过,昆山就

"作出了实行'三个转移'的战略决策,即从单一农业经济向农、副、工全面发展转移,从产品经济向有计划的商品经济转移,从封闭型经济向开放型经济转移,全力主攻工业经济"①。1984年,国务院批准在沿海建立14个经济技术开发区,昆山领会和把握国家决策,瞄准方向,果断决策,毅然自费创办开发区,大力发展以工业为主的开放型经济,全方位、大跨度地引进项目、资金、人才和科技等资源。在工业基础薄弱、投资扶助缺少的情况下,昆山凭着非凡的干劲和闯劲,自费开辟了3.75平方千米的工业小区,通过自筹、贷款、征收土地开发费等途径筹集资金进行拆迁、修路、建厂。在发展工业初期,昆山先后引进江苏第一家县办中外合资经营企业②、第一家外资企业,有偿出让第一宗工业用地,迈出了对外开放第一步。昆山经过初步探索,走出了一条"东依上海、西托'三线'、内联乡镇、面向全国、走向世界"的发展之路,实现了昆山经济社会发展的历史性飞跃。③ 1990年,江苏第一家台资企业顺昌纺织落户昆山开发区。随后,一大批以台资电子企业为龙头的行业巨头纷纷抢滩登陆,短短几年就形成规模庞大的电子制造产业链,昆山外向型经济自此走上快速发展之路。

昆山探索起步的成功,主要得益于昆山人能够抓住历史机遇,具有敢作敢为的决心和信心,团结一致、集中力量攻克发展过程中所碰到的难题和难关。一是抓住时机,顺势而为。昆山人以高度的政治敏锐性和执行力,抓住国家沿海开发开放战略机遇,从自己的实际情况出发,想方设法通过横向经济联合及时发展自己的工业,在全省县市中率先发展外向型经济。二是独辟蹊径,敢闯敢干。昆山人勇于想前人不敢想的事,敢于走前人没有走过的路。经过全面分析形势,认为

---

① 《新昆山之路①|什么是"中国第一经济强县"成功的最大启示》,来源:澎湃新闻网,网址:https://www.sohu.com/a/343190926_260616。
② 2020年1月1日《中华人民共和国外商投资法》施行后,对外商投资企业不再按"中外合资经营企业""中外合作经营企业""外资企业"进行分类。本书在涉及2020年1月1日以前的相关表达时仍保留原分类方法,以下不再一一说明。
③ 《"昆山之路"是奋斗出来的》,《昆山日报》2018年9月26日第A01版。

跟在别人后面，重复走发展乡镇企业的老路子是没有出路的，而应该抓住机会，创造条件，大力引进外资，发展外向型经济，并大胆地付诸行动，从而获得了成功。三是自力更生，艰苦奋斗。昆山在创业之初面临着底子薄、基础弱、条件差等实际状况，昆山人靠自己的力量兴建工业小区，全体干部群众白手起家、拼搏奋进，没有资金条件就尝试以批租土地获得启动资金，没有项目条件就主动出击招商引资，历尽千辛万苦，持续努力才赢得良好发展机会，进而步入发展快车道。

（二）充实拓展阶段

充实拓展阶段指的是从邓小平1992年南方谈话到党的十八大召开的这段时间，昆山实现了内转外、散转聚的历史性转变。以邓小平1992年南方谈话和党的十四大召开为标志，中国改革开放和现代化建设进入新阶段。1992年8月，国务院正式批准昆山经济技术开发区（简称"园区"）进入国家级开发区序列，昆山迈上了更高的发展台阶，成为台商投资的热土。同时昆山抓住上海浦东开发、开放机遇，外资开始成为昆山经济增长的主要动力。昆山放眼全球、积极布局，在新技术、新产业、新业态、新机制上率先突破，大力实施外向带动战略；主动顺应国际产业转移趋势，利用劳动力、土地等比较优势吸引轻纺、食品、机械等劳动密集型项目，确立开放型经济的发展方向；用全球视野布局产业链，逐步构建了电子信息、光电、装备制造等多个百亿级和千亿级产业集群，实现了从内联为主向外引为主的转变，以台资为主要力量的投资成为昆山经济增长的主要动力。1995年昆山的外商及港澳台资工业比重达到41.6%，这奠定了昆山外向型经济的基本格局。

1997年亚洲金融危机后，昆山主动融入国际产业分工体系，采取"主攻台资、巩固日韩、拓展欧美"的招商策略，大规模引进台湾地区电子信息产业。昆山发展呈现企业向园区聚合、产业向电子信息和精密机械制造等重点产业集聚的趋势。2000年左右，世界产业结构出现大规模的调整，昆山积极打造产业链，改进和创新招商活动，强调科技含量和创新能力，率先规划布局生物医药、智能制造等新兴产业。其中积极引进总部型、创新型、品牌型项目，在做大服务经济、培育品牌企业等方面力求新突破。2000—2007年来到昆山的台企总数超过2 000家。昆山同时实施"外向带动、民营赶超"战略，推动外资和民营资本双轮驱动，实施开放条件下的自主创新战略，构筑先进制造业集群，形成以龙腾光电为核心的新型光电显示产业链。实施服务业跨越战略，加快发展现代服务业，重点建设省级花桥经济开发区，促进先进制造业与现代服务业融合发展。

"昆山之路"得到充实拓展，主要是由于昆山能在不断变化的国内外形势和环境中把握机遇、持之以恒、创造条件、科学发展。第一，抢抓机遇，率先发展。昆山顺应邓小平南方谈话后中国进一步扩大改革开放的大趋势，加快改革开放步伐；抓住亚洲金融危机背景下产业资本加速流动，台湾电子信息产业开始大转移的良机，使外资利用水平跃上一个新台阶，同时借机发展高新技术产业。进入新世纪，昆山顺应经济全球化大趋势，积极承接国际制造业转移，全面融入国际产业分工体系，昆山的开发区、出口加工区建设在全国处于领先地位。第二，认准目标，坚持不懈。昆山始终把外向带动作为发展主战略，虽然昆山的主要领导干部不断更替，但这一主战略始终没变。人民政府始终秉持当初提出的"昆山就是开发区，开发区就是昆山"的理念，大力支持外向配套。同时，昆山持续进行制度体制创新，倡导"硬件不足软件补，政策不足服务补"的理念，营造"零障碍、低成本、高效率"投资创业环境。第三，统筹兼顾，协调发展。昆山在产业发展上实现三产协调、融合发展，在发展布局上实现经济、政治、文化、社会、生态"五位一体"协调发展。在发展领域上，昆山在快速发展经济的同时，统筹兼顾各领域和各方面，注重民生事业，保护生态环境，推动社会建设，推进城市文明，促进社会整体发展。

（三）转型提质阶段

自党的十八大以来，昆山进入转型提质发展阶段，开启了"大转强""低到高"的高质量发展新征程。进入新时代，我国社会主要矛盾发生转化，发展中的矛盾和问题集中体现在发展质量方面。昆山积极适应国家经济发展新常态，深入践行新发展理念，大力转变发展方式，推动发展转型升级，取得了历史性的突破。昆山在转型升级和创新发展的关键期，全力转方式、调结构，推动发展动力向创新和改革驱动转变，推动发展方式向质量效益集约型转变，推动产业结构向中高端转变，促进产业转型升级，推动新旧动能转换。昆山抢抓长三角一体化发展的重大战略机遇，积极融入虹桥国际开放枢纽建设，深化与上海高端科创载体、科技园区的交流合作，主动融入"一带一路"建设，推动发展能级全面跃升。昆山以加快转型升级、增强自主创新能力为新的历史任务，做优做强一批战略性新兴产业基地和特色产业基地，加快推动新一代信息技术、高端装备制造、新材料等产业发展，提升产业发展层次。2017年3月，澜起新型可控数据中心平台项目落户，带动昆山乃至全省集成电路产业突破式发展。

高质量发展是满足人民群众美好生活的发展，是体现新发展理念的发展。昆山响应党中央高质量发展号召，聚焦产业发展、科技创新、乡村振兴、民生保障、安全环保等重点领域，全力以赴补短板、强弱项、促提升。经济发展方面，大力推动新旧动能转换，坚持走高端、高效、集约发展的路子，围绕新一代信息技术、生物医药、现代服务业和总部经济，打造世界一流产业集群，加大创新经济培育力度，努力从"加工时代""制造时代"向"创造时代""服务时代"大步迈进，争做"世界工厂"转型升级的领跑者。昆山注重各项社会事业发展，推进社会全面进步。重视民生保障，"从医疗、养老、教育等群众最关心、最直接、最现实的利益问题入手，不断加大改革创新力度，让民生'难点'成为撬动社会进步的'支点'"①。注重高质量文化供给，打造更多富有魅力的文化新载体，满足百姓日益增长的精神文化需求。显著提高社会文明程度，不断加强社会治理，将

---

① 《让高质量发展更有"温度"》，《昆山日报》2018年8月6日第A01版。

新时代文明实践中心建设升格为国家级试点。大力推进生态文明建设,加快发展低碳经济、绿色产业、循环经济,打造绿色生态产业体系。

昆山转型提质发展的历程启示我们:其一,高质量发展要走出适合本地区发展实际之路。各地发展情况不同、特点不一,要通过深入研究制定出符合本地实际的、全方位的转型升级、高质量发展之路。昆山的"十二五"规划、"十三五"规划都针对昆山的实际对昆山转型升级、高质量发展做了全面的布局和安排。《昆山市城市总体规划(2017—2035)》提出进一步对接上海、融入苏州,着力把昆山建设成为长三角贯彻新发展理念、实现更高质量发展和更高品质生活的领航示范区,这为昆山未来发展指明了方向。其二,转型升级和高质量发展要以创新驱动为动力。昆山发展由"要素驱动"向"创新驱动"转变,地方政府把科技创新作为高质量发展的核心支撑,推进产业基础高级化和产业链现代化,加快建设高端产业集群。党的十九届五中全会把产业基础高级化水平明显提高作为"十四五"时期经济社会发展的目标任务,要求各地大力提升创新能力,做实做强做优实体经济,促进传统产业转型升级和战略性新兴产业发展壮大,建设现代化经济体系。其三,转型升级和高质量发展是对经济社会发展各个方面的要求。昆山全面推动经济发展、改革开放、城乡建设、文化建设、生态环境建设,人民生活高质量发展走在前列,促进人和社会的全面发展,全面推动高质量发展,解决发展的不平衡不充分问题。

二、"昆山之路"的基本内涵

对于昆山的发展之路,2009年习近平同志在江苏考察时听取昆山的汇报后曾表示,"昆山的发展现在已经处于一个标杆地位,但是没有停滞不前,还提出这样一些赶超目标,难能可贵。苟日新、日日新,自强不息、止于至善,有这样一种精神,有这样的劲头,我想一定会有一个新的超越"①。这给了昆山自强前行的动力。昆山面对前进道路上遇到的困难，没有消极等待，没有简单地等、靠、要，而是积极、主动突破制约发展的各种因素和制度障碍，自我增强内生动力和发展活力，敢为人先、不断创新、持续奋斗，创造出一个又一个发展奇迹。昆山坚持和贯彻新发展理念，坚持以开放促改革、促发展、促创新，正确处理好生产、生活、生态的关系，处理好改革、发展、稳定的关系，保持社会健康发展和政治稳定。"昆山之路"是创新发展之路、协调发展之路、绿色发展之路、开放发展之路、共享发展之路和安全发展之路，这几个方面相互贯通、相互促进，贯穿于昆山发展的全过程和各领域，以促进昆山更高质量、更有效率、更加公平、更可持续、更为安全地发展，推动昆山走在发展最前沿。

（一）"昆山之路"是创新发展之路

党的十九大报告强调，"创新是引领发展的第一动力，是建设现代化经济体系的战略支撑"②。昆山人日益认识到创新是推动经济社会高质量发展的需要，是全面建设社会主义现代化的需要。"昆山之路"就是一条持续创新的进取之路，不断在科学技术、发展机制、产业布局等方面进行创新。昆山在"十三五"规划、"十四五"规划中都把创新作为引领发展的第一动力，以及转型升级的强大引擎，推进产业基础高级化和产业链高级化。昆山以重要领域和关键环节的突破带动全局，推进科技创新及其他方面的创新，构建创新的大发展格局，加强现代产业体系建设，加快推进数字经济、智能制造、生命健康、新材料等战略性新兴产业；建设开放创新样板区，集聚高端资源要素，完善人才科创机制，促进核心技术、顶尖人才、旗舰项目、专业资本聚合聚变。小核酸及生物医药产业的发展壮大，体现了昆山人

---

① 《新昆山之路①｜什么是"中国第一经济强县"成功的最大启示》，来源：澎湃新闻网，网址：https://www.sohu.com/a/343190926_260616。

② 中共中央党史和文献研究院：《十九大以来重要文献选编》（上），中央文献出版社 2019 年版，第 22 页。

的远见和胆识。昆山重点创新性地打造新动能,在长三角一体化的带动下,立足良好的制造业基础,围绕产业链部署创新链,加强智能制造技术应用,以产业创新、开放提质为重点,全力打造具有国际影响力、县域特点的国家一流产业科创中心。昆山在"十四五"期间要全力打造产业科创"新高地",加快推进国家一流产业科创中心建设,深入实施产业技术攻关、高新技术企业"强基树标""头雁人才"工程和高技能人才跃升计划,推动产业链现代化和产业基础高级化,力争到2025年,全社会研发支出占地区生产总值比重提高至4.5%,高新技术产业产值占比达52%,高新技术企业超4 000家。①昆山加强制度创新,先行探索、优化制度供给,争取先行先试举措,破除体制机制障碍,形成制度创新成果,将制度优势转化为治理效能。昆山在创造政策优势、提升营商环境、理顺体制机制等方面不断推陈出新,大胆进行社会上层建筑的变革,推动政府职能转变,构建服务型政府,打造服务品牌,营造优越诚信环境,构建良好的行政效能制度体系,打造"昆山服务"的响亮品牌,为投资者和企业行业提供"全过程、专业化、高绩效"的服务。昆山正坚持创新第一动力,积极打造创新载体,优化升级科创政策,聚力打造创新创业首选地、科技创新策源地和成果转化集聚地。

昆山的创新发展之路给了我们诸多启示:一是创新发展的前提是解放思想。思想是行动的先导,解放思想必须要有现实的立足点,这个立足点就是创新,只有解放思想才有强劲的创新动力。"昆山之路"的本质是解放思想、不断创新改革,昆山发展的每一次突破、每一次转型都是创新改革的结果。昆山通过不断创新,最大限度地发挥国家政策优势和地区优势,思想解放再解放、观念转变再转变,促进发展动能转换,推动高质量发展,实现飞速成长。二是创新发展的重要动力是调动全社会创新积极性。昆山将创新理念和创新行为融入全社会,营造开放包容、充满活力的创新生态,深化科技体制改革,

---

① 《全力打造昆山社会主义现代化建设标杆城市》,来源:网易网,网址:https://3g.163.com/news/article/G54S0FOV04248EBJ.html。

不断破除体制机制障碍,"全面调动人的积极性、主动性、创造性,为各行业各方面的劳动者、企业家、创新人才、各级干部创造发挥作用的舞台和环境"①。调动干部群众干事创业的积极性,让创新贯穿于工作的一切领域和方面,让创新在全社会蔚然成风。三是创新发展的目的是要解决实际问题。昆山顺应现代产业变革趋势,通过创新解决新动能不足问题,实现更多发挥先发优势的引领型发展。通过创新驱动、高质量供给引领和创造新需求,聚焦发展不平衡不充分问题,更好地加强生态环保,加强和创新社会治理,统筹发展和安全,更大力度地满足人们对美好生活的需求。

(二)"昆山之路"是协调发展之路

协调发展是全面建成小康社会、全面建设社会主义现代化的重要保障。昆山深化对协调发展的认识,"牢牢把握中国特色社会主义事业总体布局,正确处理发展中的重大关系,不断增强发展整体性"②。坚持系统、整体的观念,从城市更新、乡村振兴、社会治理、生态建设、民生改善等方面,形成新的发展特色和发展优势。"昆山之路"坚持统筹兼顾、协调各方、综合平衡,补齐短板,改进薄弱环节,推动各个方面、各个环节全面、协调发展,统筹推进各领域各区域均衡发展,让发展更平衡更充分。昆山不断推进各领域全面发展。推进经济建设、政治建设、文化建设、社会建设和生态文明建设,着重在补短板方面下大力气,"把准'全面性'和'高水平'两个基点,聚焦低收入人口兜底保障、公共服务、产业层次、生态环境、乡村治理等方面存在的薄弱环节"③,通过优化和升级产业结构、加强和改进社会治理、健全和提升公共服务、改善和美化生态环境等,不断提高经济社会的综合发展水平。昆山不断推进城乡协调发展。树立城乡统筹理念,率先推进城乡一体化建设,实现城乡共融、城乡一体化的发展

---

① 习近平:《习近平谈治国理政》(第二卷),外文出版社2017年版,第214页。
② 习近平:《习近平谈治国理政》(第二卷),外文出版社2017年版,第198页。
③ 《以高质量发展创造高品质生活》,《昆山日报》2019年11月19日第A01版。

格局。大力实施乡村振兴战略，建立健全城乡融合发展体制机制和政策体系，系统优化体制机制、空间布局、要素支撑，推动城乡均衡发展、共同发展。通过发展务工经济、房东经济、股份合作经济、村集体经济等多种措施增加群众收入，缩小城乡差距。昆山正着力"深化城乡融合发展，系统谋划乡村产业发展、公共服务、生态保护、社会治理，厚植优美生态、打造现代业态、提升生活质态，奋力走在农业农村现代化前列"①。昆山不断推进各区域平衡发展，增进各个区域、板块之间的有效渗透和良性互动。推动跨区域协同发展，重点打造临沪对台"桥头堡"，争做沪苏同城化开路先锋，整体提升一体化发展水平，打造示范区、协调区和虹桥商务区配套合作区，做实旅游度假区，建设昆山南部生态宜居滨湖城市副中心。②突出昆山南部三镇一体化发展，在基础设施、人才科创、产业项目、环境治理、公共服务等领域取得更大发展，为昆山其他区域发展提供更多帮助和有益经验。

昆山的协调发展之路昭示我们：其一，协调发展的目标是增强发展的整体性、平衡性。昆山坚持协调发展，注重各个领域、各个方面平衡发展，取得了良好的经济和社会效应。习近平总书记强调，我国已进入高质量发展阶段，经济发展前景向好，但是发展不平衡不充分问题仍然突出。因此，实现高质量发展还有许多短板弱项，需要运用辩证方法处理好局部和全局、当前和长远、重点和非重点的关系，推动城乡、区域和各个领域协调发展，必须通过协调发展实现社会平衡发展。其二，协调发展要处理好相关重大议题。昆山处理好经济发展、改革开放、城乡建设、文化建设、生态环境等方面的关系，使经济发展更加协调、社会建设更加和谐、人民生活更加幸福、城乡环境更加优美，形成以人为本、全面发展的新格局。从发展的阶段、发展

---

① 《昆山传达贯彻苏州市第十三次党代会精神》，来源：昆山市人民政府网，网址：http://www.ks.gov.cn/kss/ksyw/202109/752aaaf8104843e6a3bb4fed0f9f76c4.shtml。

② 《全力打造昆山社会主义现代化建设标杆城市》，来源：网易网，网址：https://3g.163.com/news/article/G54S0FOV04248EBJ.html。

的任务、发展的目标等方面，系统处理城乡协调、区域协调、经济与社会进步同步等重大议题。其三，协调发展是一个动态发展的过程。由于经济社会发展处于不断变化、发展的状态之中，当旧的矛盾和差别解决，又会出现新的矛盾和差别，平衡是相对的，不平衡是绝对的。因此，协调发展是一个处于不断向前发展的状态，要在动态过程中把握和妥善处理好社会各种重大关系。

（三）"昆山之路"是绿色发展之路

党的十九届五中全会强调，要构建生态文明体系，促进经济社会发展全面绿色转型，建设人与自然和谐共生的现代化，这为绿色发展指明了方向。昆山人深刻体会到，经济社会要可持续发展必须牢固树立"绿水青山就是金山银山"的理念，把绿色发展作为永续发展的重要基础，全力建设生态宜居的美丽昆山。坚持绿色价值取向，推动经济结构和经济发展方式转型升级，"形成绿色发展方式和生活方式，坚定走生产发展、生活富裕、生态良好的文明发展道路，建设美丽中国，为人民创造良好生产生活环境"①，奋力打造现代化建设宜居典范。党的十八大以来，昆山把生态文明建设放在更加突出位置，着力推进绿色发展、循环发展、低碳发展，成立生态文明建设领导小组，建立生态文明建设联席会议制度，出台《关于加快推进生态文明建设的实施意见》和生态文明行动计划，制定包括5大类26项指标的昆山生态文明建设指标体系。党的十九大以来，昆山把打好污染防治攻坚战作为主攻方向，以着力补齐重大制度短板、着力抓好改革任务落实、着力巩固拓展改革成果和着力提升人民群众获得感为工作目标，大力推进生态文明建设和环境保护各项工作。

昆山注重资源的节约和环境的保护，"坚持源头治理与集中攻坚并重、污染防治与生态修复并举、能力建设与制度创新并

---

① 中共中央党史和文献研究院：《十九大以来重要文献选编》（上），中央文献出版社2019年版，第17页。

进，大力实施美丽昆山建设、打好污染防治攻坚战等18项三年提升工程"①，促进人与自然的和谐。昆山在全省率先完成重要生态功能区规划调整，明确生态空间、农业空间、城镇空间及城镇开发边界、基本农田保护线、生态保护红线"三区三线"，出台生态红线区域实施方案及考核办法。②昆山促进绿色产业发展，加强规划引领，打造绿色生态产业体系，在昆山率先基本实现现代化，在5大类28项34个指标中设置"生态环境"类4项8个指标。坚决处理"散乱污"企业，充分运用经济环境变化和环境资源约束的倒逼压力，坚持不懈调结构、抓创新、促转型，大力发展创新型经济，建设创新型城市。大力推动体制创新，建立生态环境保护工作责任体系，健全绿色考评机制，实行严格的终身追责制和一票否决制。昆山在"十三五"期间生态环境质量持续提升，获评国家生态文明建设示范市、国家生态园林城市。"十四五"期间，美丽昆山建设的空间布局、实践路径、动力机制将基本形成，生态环境质量、城乡人居品质、绿色经济发展活力居于全国前列。昆山走出了一条经济发展和生态文明相辅相成、相得益彰，"经济强""环境美"和谐统一的发展之路。

昆山的绿色发展之路具有许多经验启示。一是绿色发展要始终坚守正确理念。昆山遵循生态优先、绿色发展的理念，正确处理好经济发展与生态环境保护之间的关系，促进经济与环境协调发展，并使良好的生态环境成为新的核心竞争力，这个理念指引着昆山不断推进高质量发展。高水平全面建成小康社会必须坚持绿色发展，全面建设社会主义现代化也必须坚持绿色发展。二是绿色发展要十分注重社会效应。昆山把绿色发展与人们的高质量生活结合起来，践行绿色低碳生产生活方式，推动自然资本增值，提供更多优质生态产品，进一步改善城市生态环境和人居环境，提升城市品位和城市形象，体现江南水乡特色，以良好生态环境促进人民生活质量的提高。三是绿色发展要

---

① 《昆山，国家生态文明建设示范市！》，来源：昆山视窗，网址：http://www.kshot.com/news/show/19594.htm。

② 《让绿色成昆山高质量发展"底色"》，《昆山日报》2018年12月21日第A09版。

有制度机制的约束规范。昆山为绿色发展和环境保护提供有力的制度性指引和机制性保障,将绿色发展纳入现代化建设、经济社会发展目标责任制及领导干部实绩考核体系,严格落实区域规划及重大项目环境影响评价制度,赋予环保部门"一票否决权",确保生态文明建设的实效。建设生态文明是一场涉及生产方式、生活方式、思维方式和价值观念的革命性变革,是系统性工程,只有完善体制机制,以实际行动贯彻生态环境保护和绿色发展理念,才能从根本上得到保障。

(四)"昆山之路"是开放发展之路

开放是促进发展的必由之路,以高水平开放促进高质量发展是适应现代经济发展的必然选择。党的十九届五中全会提出构建以国内大循环为主体、国内国际双循环相互促进的新发展格局。作为开放程度高、发展水平高的城市,昆山在新发展格局中应发挥更为突出的作用。昆山以持续对外开放的气魄和精神,走出了一条高质量发展的"昆山之路",开放型经济已成为昆山的最大特色。在"昆山之路"形成过程中,昆山充分利用沿海对外开放、浦东开发开放和昆山经济技术开发区进入国家级开发区序列等难得的契机,率先依靠外向开拓发展经济,充分利用区位优势和良好的投资环境,坚定不移地推进改革开放,为开放型经济的发展奠定基础。昆山重视开放对发展的推动作用,充分发挥临沪对台优势,抢抓"一带一路"建设机遇,以开放促改革、促发展,抓住了更多发展机遇,获得了更广发展空间,赢得了昆山发展的优势。"十三五"期间,昆山引进高端生产要素,统筹利用国际国内两个市场、两种资源,提升在全球产业链、价值链中的地位。积极融入国家扩大开放战略布局,构建对外开放新体制、新优势,进一步深化两岸产业合作,全力推动昆山综保区转型发展,积极参与"一带一路"建设,深度融入长三角一体化进程,加快转变外贸发展方式,推动利用外资内涵式发展,确保昆山开放型经济继续走在前列。昆山高新区积极投身长三角一体化战略,加快对接上海科创资源,在与张江科学城、国家技术转移东部中心的合作中,充分发挥东部中心昆山分中心、沪昆创新中心作用，承接上海科创资源转移、科创成果转化，全力打造上海科创成果转化承接首选地和产业化基地。昆山建设花桥国家现代服务业示范区，打造台资服务业高地和我国服务业对外开放先行区，用现代服务业引领产业转型升级。

昆山在参与新的对外合作和竞争中进一步培育新优势、集聚新力量，以更高层次的开放为先导，在实践"一带一路"倡议的过程中搭建好国际科技合作的供需平台。充分利用台资高地优势，利用好两岸产业合作试验区创新载体，在服务台企发展上尝试新举措，在欧、美、日、韩企业对接发展上迈出更大步伐。大力推进"完善对外开放区域布局、对外贸易布局、投资布局，形成对外开放新体制，发展更高层次的开放型经济，以扩大开放带动创新、推动改革、促进发展"①。全面对接国际高标准市场规则体系和国际通行的投资贸易规则，以在对外开放格局中赢得更加主动的地位。

昆山作为对外开放的先进地区，其开放发展具有特殊的意义，昆山的开放发展给全国其他地区带来了有益的启示。首先，开放发展要以人的思想解放为先导。综观昆山开放发展的历程，以开放为鲜明特征的昆山，经济的大开放首先是人的思想开放，是人的思想观念不断地突破和更新。昆山人不断创新、开放思维，将自己放到更大的坐标系中去考量，对标深圳、上海等先进地区，认真学习借鉴先进经验，全面融入长三角一体化发展，尤其注重对接上海。昆山以人的思想解放促进开放思路的形成、开放规划和方案的制订实施。其次，开放发展要以体制机制为保障。昆山从体制机制着手，为担起融入长三角一体化"昆山责任"，昆山实施对接融入上海三年提升工程，建立"4+2"更高质量一体化发展实践联盟、"嘉昆太"协同创新核心圈、环淀山湖战略协同区等合作机制。主动对接《长江三角洲区域一体化发展规划纲要》，注重协同发展，加快构建区域协同创新体系，建立常态化工作机制，协调推进区域合作中的重要事项和重大项目。再

---

① 习近平：《习近平谈治国理政》（第二卷），外文出版社2017年版，第199页。

次，开放发展要在不断探索中前行。昆山经过长期探索、尝试，坚持以开放促改革、以开放促发展，坚持试点、试验、示范不动摇，使开放发展得到了强有力的支撑。由于开放环境和条件的复杂性，提高把握国内国际两个大局的自觉性和能力、提高对外开放质量和水平是一个逐步进行的过程，需要长期不懈地加以探索。

（五）"昆山之路"是共享发展之路

共享集中体现了社会主义的本质要求，共享理念的实质就是坚持以人民为中心的发展思想，是逐步实现共同富裕这一马克思主义基本要求的体现。共享发展成果是新时代"昆山之路"的价值追求，也是保持新时代"昆山之路"生机活力的保障。昆山坚持把富民惠民作为推进发展的出发点和落脚点，在实现共同富裕上率先探索。昆山在"十三五"期间大力增进民生福祉，民生支出占一般公共预算支出的80%左右，居民人均可支配收入年均增长8%，城乡收入差距缩小至1.93∶1。昆山推进全民共享，实行城乡统筹，通过多种渠道增加城乡群众收入。"全面建成覆盖全民、城乡统筹、权责清晰、保障适度、可持续的多层次社会保障体系。"[①] 让全体市民获得可靠的民生保障，让新老昆山人共享"昆山之路"发展成果，聚焦民生服务中的顶层设计、社会保障、精神生活等关键所在，确保外来人口被纳入教育、退休、医疗和其他社会保障体系，并与当地人口拥有同样享受公共服务的权利，新昆山人在市民待遇等各方面都走在全国前列。昆山推进全面共享，全面保障市民的经济、政治、文化、社会、生态权益，优化公共服务供给，构建全覆盖、多功能的公共服务体系。全力推进学有优教、劳有厚得、病有良医、老有颐养、住有宜居"五有工程"，加快推进教育、医疗高质量发展。昆山推进共建共享，吸纳四方资源，维护人际和谐，为本地人和外地人都提供良好的创业政策环境，吸引

---

① 中共中央党史和文献研究院：《十九大以来重要文献选编》（上），中央文献出版社2019年版，第33页。

外地人来昆山创业办厂、施展才华、创造财富。新老昆山人齐心协力，一起共建共治、共融共生。昆山推进渐进共享，全力做好普惠性、基础性、兜底性民生建设，动态提高社会保障水平。昆山要在推动共同富裕和城乡融合上率先突破，通过深化制度性改革实现公共服务均等、市民待遇共享，在更高水平的共享中不断增强发展动力。

昆山推进共享发展给我们许多有益的借鉴。一是共享发展要不断积极推进。昆山保持共享发展与社会发展同步，以落实公共财政支出支撑共享，持续聚焦人民对美好生活的向往，把公共服务作为最大普惠，增加城乡居民的"隐性财富"，切实解决迫切的民生需求，尽最大可能扩大共享的覆盖面，提高共享的水平。实现全面、高水平的共享是一个长期的过程，要根据现有条件把能做的事情尽力做好。二是共享发展要依托有效的方法途径。昆山以落实"富民""惠民"政策保障共享，把民富民强作为推进改革开放的出发点和落脚点，创新农村集体经济发展体制机制，因村制宜，多措并举为村级集体经济发展赋能。以强村带动民富，大力增加农民收入。推行给村民分红、给老年人发福利、给低保户赠干股等重要保障举措。各地要规划安排促进共享发展的有效途径和方式，使人民群众不断切实获得利益和实惠。三是共享发展要更加重视共同富裕的问题。昆山把共同富裕作为追求目标，关注社会弱势群体的生存发展问题，并采取相应措施加强维护和保障。主动解决地区差距、城乡差距、收入差距等问题，更注重向农村、基层、欠发达地区倾斜，向困难群众倾斜，向共同富裕迈出坚实步伐、取得更为明显的实质性进展，促进社会公平正义，让发展成果更多更公平地惠及全体人民。

三、"昆山之路"的本质特征

"昆山之路"新实践从本质上来说，是对坚持和发展中国特色社会主义的成功实践。昆山以强烈的政治担当、发展担当和使命担当，坚持科学社会主义基本原则，坚持以人民为中心的发展理念，坚持走中国特色社会主义道路，在中国共产党领导下，全面贯彻党的基本理论、基本路线、基本方略。坚持中国特色社会主义道路自信、理论自信、制度自信、文化自信，最大限度地解放和发展社会生产力，维护社会公平正义、促进社会和谐、实现共同富裕，凝聚社会共识、形成共同理想、构筑精神家园，促进经济繁荣、社会进步和人民幸福。新时代的"昆山之路"继续与时俱进、勇往直前，率先高水平全面建成小康社会，率先全面建设社会主义现代化，为探索中国特色社会主义的可行性路径提供宝贵经验和有益借鉴。

（一）"昆山之路"是中国特色社会主义道路在昆山的具体化，是对中央决策部署进行创造性实践的发展之路

"中国特色社会主义道路是实现社会主义现代化的必由之路，是创造人民美好生活的必由之路。"① "昆山之路"是中国特色社会主义道路在昆山的具体化，是在区域展开实践的结果。昆山坚持走中国特色社会主义道路，响应党中央的决策部署，服务国家发展全局，同时把握发展战略机遇，走出了独特发展之路。昆山坚持走中国特色社会主义经济发展道路。为经济发展和产业繁荣创造条件，"营造各种所有制主体依法平等使用资源要素、公开公平公正参与竞争、同等受到法律保护的市场环境"②。"健全支持民营经济、外商投资企业发展的法治环境，完善构建亲清政商关系的政策体系，健全支持中小企业发展制度，促进非公有制经济健康发展和非公有制经济人士健康成长。"③ 促进传统产业、新兴产业和现代服务业共同发展，大力促进开放型经济发展。昆山坚持走中国特色社会主义乡村振兴道路。围绕

---

① 中共中央党史和文献研究院：《十八大以来重要文献选编》（下），中央文献出版社 2018 年版，第 349 页。
② 《中共中央关于坚持和完善中国特色社会主义制度 推进国家治理体系和治理能力现代化若干重大问题的决定》，人民出版社 2019 年版，第 19 页。
③ 《中共中央关于坚持和完善中国特色社会主义制度 推进国家治理体系和治理能力现代化若干重大问题的决定》，人民出版社 2019 年版，第 19 页。

"产业兴旺、生态宜居、乡风文明、治理有效、生活富裕"的总要求，抓重点、塑特色、创优势，依托本地资源禀赋优势加快推动农文旅融合发展，促进产业发展，不断完善基础设施，着力改善农村人居环境，改善和更新村庄面貌，提高村民生活水平，充分激发乡村振兴的内生动力，推动农业农村现代化。昆山坚持走中国特色社会主义社会治理道路。创新治理思维和方式，推进自治、法治、德治"三治融合"，加快推动社会治理体系和治理能力现代化，"探索一条以网格治理为基础、多方联动为架构、科技智能为支撑、多元共治为依托的昆山社会治理新路径"①。着力打造现代治理"样板区"，统筹发展和安全，探索开展县域集成改革，构建更加完善的现代市场体系、应急管理体系、公共卫生体系、绿色发展体系和综合治理体系。昆山坚持走中国特色社会主义生态文明道路。顺应"绿色循环低碳发展，是当今时代科技革命和产业变革的方向，是最有前途的发展领域"②的趋势，统筹推进生态文明建设和产业转型升级、城市更新改造、美丽乡村建设，使环保优先、集约发展的方针融入昆山发展的全过程和各环节，打造绿色发展样板，建设良好生态环境，确保昆山的可持续发展。

昆山坚持走中国特色社会主义道路的生动实践启示我们：一是要始终坚持中国特色社会主义道路不动摇。"昆山之路"虽然在发展中也遇到过各种困难和挫折，但实践证明，只要始终坚持中国特色社会主义道路，初心不改，意志不动摇，就能克服一切艰难，到达胜利的彼岸。"发展中国特色社会主义是一项长期的艰巨的历史任务，必须准备进行具有许多新的历史特点的伟大斗争。"③我们要坚信中国特色社会主义道路的科学性、正确性，倍加珍惜和爱护中国特色社会主义建设来之不易的成绩，坚定信心战胜前进路上的各种困难和挑战。

---

① 《奋力开拓社会治理现代化的昆山路径》，《江苏法制报》2020年1月6日第A08版。
② 习近平：《习近平谈治国理政》（第二卷），外文出版社2017年版，第198页。
③ 中共中央文献研究室：《十八大以来重要文献选编》（上），中央文献出版社2014年版，第11页。

二是坚持走中国特色社会主义道路要全面贯彻落实。昆山走中国特色社会主义道路,从中国特色社会主义经济发展道路、政治发展道路、文化发展道路、社会建设道路、生态文明建设道路等方面全面贯彻,推进经济、政治、文化、社会、生态文明以及其他各方面建设,使这一道路的优越性真正得到体现。三是走中国特色社会主义道路要从各地的实际出发。昆山走中国特色社会主义道路,紧紧立足于昆山实际和社会实践,着眼于实现全体人民共同富裕、促进人的全面发展的目标,符合时代发展要求和人民群众的诉求。要始终坚持一切从实际出发,正确理解和执行党的路线、方针、政策,走好中国特色社会主义道路。

(二)"昆山之路"是坚持用创新理论武装头脑,创造性运用和践行党的思想路线的发展之路

习近平总书记指出,马克思主义始终是我们党和国家的指导思想,是我们认识世界、把握规律、追求真理、改造世界的强大思想武器。[①] 中国特色社会主义理论体系是指导中国发展的最鲜活、最具中国化的马克思主义。"昆山之路"的成功实践得益于昆山的思想大解放,靠的是对马克思主义基本理论、马克思主义最新理论成果的理解和把握,并不断用创新理论武装头脑、指导实践、推动发展。党的十一届三中全会以来,昆山人认真领会把握、贯彻落实邓小平理论、"三个代表"重要思想和科学发展观,将其有效用于指导昆山实践,以科学理论为指南进行理论创新、科技创新和制度创新。新时代"昆山之路"实质上就是马克思主义在昆山创新实践鲜活、生动的体现。昆山人首先学习、领会、把握习近平新时代中国特色社会主义思想的核心要义,形成运用马克思主义的立场、观点、方法认识问题、分析问题、解决问题的高度理论自觉。各级党组织采取多种形式,组

---

① 中共中央党史和文献研究院:《十九大以来重要文献选编》(上),中央文献出版社 2019 年版,第 428 页。

织党员干部深入学习贯彻习近平新时代中国特色社会主义思想，武装头脑，明确方向。党员干部充分发挥示范带头作用，自觉做坚定理想信念的表率、认真学习实践的表率、坚持民主集中制的表率、弘扬优良学风的表率。把习近平新时代中国特色社会主义思想讲清楚、讲明白，让老百姓能听懂、能领会、能落实。同时，昆山运用马克思主义，发挥科学理论的巨大力量，指导人们求真务实、大有作为。充分将习近平新时代中国特色社会主义思想这一马克思主义中国化的最新成果，运用到所从事的工作之中，真正用以引领方向、指导实践、衡量得失、检验成效，指引昆山经济社会发展。特别是用以解决昆山面临的相关实际问题，包括经济发展中的结构性矛盾、城市发展滞后的问题、保持改革活力的问题、公共服务和社会管理的问题、资源环境和人口方面的压力等，克服发展道路上的各种困难和压力，有力推动昆山高质量发展。

昆山用科学理论武装头脑、贯彻落实党的思想路线推动发展的事实告诉我们：一是用创新理论武装头脑要紧密联系实际。昆山把对马克思主义的信仰、坚定共产主义远大理想和中国特色社会主义共同理想与昆山的理想、追求结合起来，将马克思主义与昆山的历史、昆山的文化、昆山的经济社会发展实际情况结合起来，通过持续的探索、改革、研究、探讨全面建成小康社会与高水平全面建成小康社会、全国现代化与昆山现代化等关系。用科学理论武装头脑要坚持理论联系实际，做到学思用贯通、知信行统一，才能有效地发挥理论指导的作用。二是用创新理论武装头脑要注重实效。昆山的理论武装抓住事物的本质和重点，坚持人民至上、坚持实事求是、突出问题导向、强化战略思维、发扬斗争精神，保证贯彻落实习近平新时代中国特色社会主义思想的战略性、针对性和有效性。要坚持理论武装的时代性，使理论武装始终站在时代前沿。三是要不断推进实践基础上的理论创新。"昆山之路"新实践确证了中国特色社会主义理论的科学性、正确性，同时也提供了宝贵的经验，有助于我们进一步进行理论创新，进一步深入回答"坚持和发展什么样的中国特色社会主义、怎样坚持和发展中国特色社会主义"的基本理论问题。理论武装与理论创新是相辅相成、相互促进的,要在理论武装中不断推进马克思主义中国化,不断丰富和发展理论,将最新理论创新成果用于指导实践,使我们始终走在时代前列。

(三)"昆山之路"是坚持制度创新,不断推进治理体系和治理能力现代化的发展之路

中国特色社会主义制度是具有明显制度优势的先进制度,这一制度坚持把政治、经济制度以及各方面的体制机制结合起来,把国家层面民主制度同基层民主制度有机结合起来,把党的领导、人民当家作主、依法治国有机结合起来。昆山充分发挥中国特色社会主义制度的作用,加强基层民主政治建设,完善和创新基层民众当家作主的制度机制,扎实推进法治政府建设和政府职能转变,推进国家治理体系和治理能力现代化。坚持以习近平法治思想为指导,聚焦打造社会主义现代化建设标杆城市的奋斗目标,科学民主依法实施行政决策,严格规范公正文明执法,提升领导干部的法治思维和依法行政能力,法治政府建设成效显著。"十三五"期间,昆山加快建设法治政府,实现政府活动全面纳入法治轨道。健全政府决策机制,完善科学民主决策制度,健全和完善重大事项集体决策、专家咨询、法律顾问、社会公示与听证、决策评估和责任追究等制度。落实全面从严治党主体责任和监督责任,健全改进作风长效机制,加强对行政权力的制约和监督。昆山不断健全完善依法行政制度体系,提升重大行政决策科学化、民主化、法治化水平,有效实现对行政权力的监督制约。全面贯彻行政执法"三项制度",包括行政执法公示制度、执法全过程记录制度和重大执法决定法制审核制度,推进执法体制改革,推动行政执法机关严格规范公正文明执法。昆山强化法治思维,深入推进诚信政府建设,规范监管执法,建立优化营商环境机制。全力打造"昆如意"营商服务品牌,构建国际化、市场化、法治化一流营商环境。"十四五"期间,昆山的社会主义民主法治将更加健全,全过程人民

民主进一步发展，社会公平正义进一步彰显，法治城市、法治政府、法治社会率先基本建成，政府行政效率和公信力显著提升。

昆山的制度创新实践具有良好的经验和启示。一是坚持制度创新要坚定制度自信。昆山充分发挥中国特色社会主义的制度优势促进开放发展、深化改革、社会治理、民生保障。要深刻把握中国特色社会主义制度的特色、优势和价值，更加自觉地坚定正确的政治方向，不断扩大制度认同，凝聚制度共识，确保各项制度的贯彻落实。二是坚持制度创新要注重适应性。昆山的制度创新是全面的、有效的，不仅体现在经济、文化、社会等方面，还把企业安全生产、生态环境保护等方面也纳入法治化轨道，以建设资源节约型、环境友好型社会。要按照系统完备、科学规范、运行有效的要求，更加注重顶层设计和统筹兼顾，使实体性制度与程序性制度相配套，各领域各方面的制度相互衔接。着力解决一些制度规定不适应新形势、新环境、新任务要求的问题，促进治理体系更加科学、治理方式更加有效。三是坚持制度创新要以推动社会发展和人的发展为目标。昆山制度创新就是为了完善和发展中国特色社会主义制度，不断推进国家治理体系和治理能力现代化建设，落实人民当家作主的制度体系，维护人民利益，实现人的全面发展。要促进制度创新与经济发展、社会治理、社会文明的相互结合，破除体制机制的弊端，为社会发展和人的发展保驾护航，提供有力保障。

（四）"昆山之路"是坚持文化强市，深入践行社会主义核心价值观的发展之路

2020年9月22日，习近平总书记在全国教育文化卫生体育领域专家代表座谈会上的讲话中，强调了文化建设在我国经济社会发展全局中的突出地位和重要作用："统筹推进'五位一体'总体布局、协调推进'四个全面'战略布局，文化是重要内容；推动高质量发展，文化是重要支点；满足人民日益增长的美好生活需要，文化是重要因

素；战胜前进道路上各种风险挑战，文化是重要力量源泉。"① 昆山深刻认识文化的重要性，文化建设是关系到国家和社会能否真正朝着更高质量发展的关键，没有社会主义文化繁荣发展，就没有社会主义现代化。要把文化建设放在全局工作的突出位置，以社会主义核心价值观引领文化建设。昆山坚持以马克思主义为指导，传承昆山特有的戏曲文化、政治哲学文化、水乡旅游文化、饮食文化、园艺文化、商业文化等传统文化，从优秀传统文化中汲取精神力量。推动优秀传统文化创造性转化、创新性发展，构筑昆山精神、昆山价值、昆山力量，为人民提供精神动力和思想指导。推动社会主义文化繁荣兴盛，打造具有时代特征的价值文化、特色鲜明的品牌文化、优质高效的公共文化、引领潮流的产业文化，全面提升文化价值引导力、文化凝聚力和精神推动力，厚植"昆山之路"的文化底蕴。昆山以高度的文化自觉和文化自信，积极创新理念、机制和举措，高质量推进公共文化服务体系建设。打造昆山大戏院，成立昆山当代昆剧院，建设公共艺术中心，举办戏曲百戏盛典，设立"昆山市顾炎武日"，促进足球文化与昆山文化相融合。昆山构建新时代文明实践中心、实践所、实践站以及实践基地、实践点"3+2"组织体系，深入传播习近平新时代中国特色社会主义思想、社会主义核心价值观和中华优秀文明，宣传宣讲党的方针政策，丰富活跃人们的精神文化生活。昆山把传承优秀传统文化与传播社会主义核心价值观紧密融合，通过开展群众性文化活动、加强先进典型选树宣传、推进文化惠民活动等，加强思想文化引领、道德风尚建设，不断提升市民文明素质和地区文明水平。

昆山文化强市的实践确证了要发展中国特色社会主义文化就要坚持文化自觉、文化自信和文化自强。第一，文化自觉是前提。昆山自觉认清文化建设的使命，以文化发展推动实现经济社会全面发展、满足人民群众的精神文化生活需求，提供丰富、优质的精神食粮，提高广大人民的文化生活质量。昆山不断增强意识形态领域主导权，健全

---

① 《在教育文化卫生体育领域专家代表座谈会上的讲话》，《人民日报》2020年9月23日第2版。

意识形态工作责任落实机制。自觉执行文化政策措施，打通城乡公共文化服务体系的运行机制、文化科技卫生"三下乡"的工作机制、群众性精神文明创建活动的引导机制。第二，文化自信是关键。昆山在文化强市中始终坚定自信，坚持马克思主义的主导地位，牢牢掌握意识形态工作领导权，发挥优秀传统文化的巨大力量，培育和践行社会主义核心价值观，提高文化软实力。加强文化引领，激发文化创造活力，大力发展影视、动漫、游戏、工艺制作等新型文化产业，激活文化市场要素，增添发展新动力，提高文化创新创造能力。汲取优秀文化精华，推介宣扬本地优秀文化，根据时代的需要发展文化，不断丰富文化内涵。第三，自信文化是动力。昆山从政府到社会，从组织到个人，在"昆山之路"发展中不断增强自信观念和意识，形成引领发展的自信文化，不断加深对党的全面领导的自信，对全面深化改革的自信，对对外开放的自信，对国家治理现代化的自信，对经济社会高质量发展的自信，对构筑昆山特色价值观的自信，这样的自信文化成为昆山文化强市，推动"昆山之路"新实践、新成效的内在动力。

（五）"昆山之路"是坚持以人民为中心的发展思想，坚定走共同富裕道路的发展之路

以人民为中心的发展思想，体现了人民是推动社会发展的根本力量的唯物史观基本观点，体现了中国共产党的根本宗旨和执政理念。坚持和发展中国特色社会主义"必须坚持人民的主体地位，坚持立党为公、执政为民，践行全心全意为人民服务的根本宗旨"[1]。昆山始终把人民立场作为根本政治立场，把发展为了谁、依靠谁作为事关道路方向的重要问题，树立人民至上的发展导向，不断满足人民对美好生活的向往，提高昆山百姓的获得感、幸福感、安全感。不仅满足

---

[1] 中共中央党史和文献研究院：《十九大以来重要文献选编》（上），中央文献出版社2019年版，第15页。

群众对物质文化生活的更高要求，而且满足群众对民主、法治、公平、正义、安全、环境等方面的更高要求。在"昆山之路"征程上，昆山把提高百姓生活水平和质量放在第一位，以百姓的满意度作为检验发展成果的唯一标尺，把解决突出民生问题摆在突出位置，全面提高人民群众的生活品质。全力解决突出民生问题，强化公共资源投入，优化公共服务供给，持续推动就业、教育、医疗、文化、养老等民生改善，推动基本公共服务均等化水平走在全国县域前列。昆山在实现共同富裕上率先探索，致力于实现共同富裕的目标，推动高质量发展，创造更多、更丰富的社会财富，同时在分配调节上更加体现公平公正，利用现有条件、地区发展优势，推动社会保障更加健全完善、公共服务更加优质均衡、人民生活更加殷实富足，在实现共同富裕的目标方面努力作为。

"昆山之路"坚持以人民为中心的丰富实践启迪我们：一是坚持以人民为中心就要切实为人民谋利益。昆山正确处理经济增长与民生改善的关系，更加突出维护社会公平正义的导向，把增进民生福祉、促进人的全面发展、朝着共同富裕方向稳步前进作为经济发展的出发点和落脚点。创建全国文明城市，为城市提品质、为百姓添幸福、为发展优环境，把社会发展与民生改善结合起来。二是坚持以人民为中心就要自觉走群众路线。"昆山之路"的新实践离不开全体昆山人的支持和参与，在产业升级、社会治理、深化改革、乡村振兴、文化发展中，昆山团结、组织人民群众全身心投入社会实践之中，建设人人有责、人人尽责、人人享有的社会治理共同体。社会主义事业是人民群众的事业，要紧紧依靠人民群众，始终尊重人民群众的社会主体地位，调动人民的积极性、创造性，紧紧依靠人民创造历史伟业。三是坚持以人民为中心就要以人民满意度作为工作得失成败的标准。昆山在实践中将人民认同作为衡量执政水平和执政成效，以及改革发展成效的标准。昆山实施富民优先战略，以大多数人实际达到的水平为标准，致力于建设惠及大多数人的全面小康，而不是以"平均数"代替"大多数"。

(六)"昆山之路"是率先高水平全面建成小康社会到率先探索社会主义现代化的发展之路

2009年4月,习近平同志在江苏调研时指出:"像昆山这样的地方,包括苏州,现代化应该是一个可以去勾画的目标。"① 2014年12月,习近平总书记在江苏调研时希望江苏认真落实中央各项决策部署,"紧紧围绕率先全面建成小康社会、率先基本实现现代化的光荣使命,努力建设经济强、百姓富、环境美、社会文明程度高的新江苏"②。这成为昆山率先全面建成小康社会、率先基本实现现代化的重要依据和动力。昆山以此作为率先发展的总体指导思想,从经济发展、人民生活、社会文明、生态环境等方面率先高水平全面建成小康社会:推进经济综合实力持续增强,加快新旧动能转换,推进现代化经济体系建设;持续提升人民生活品质,强市和富民齐头并进,办好每件民生实事,解决群众最关心、最直接、最现实的利益问题,以高质量发展创造高品质生活;持续提高社会文明程度,深化昆山现代化城市文明创建,彰显城市发展的深厚底蕴,形成良好社会风尚;持续改善生态环境质量,全力实现生产空间集约高效、生活空间宜居适度、生态空间山清水秀,不断改善生态环境质量,"推进绿色发展,推动自然资本大量增值,让良好生态环境成为人民生活的增长点"③。

在高水平全面建成小康社会的基础上,昆山率先规划、实施社会主义现代化的宏伟蓝图。《昆山市城市总体规划(2017—2035)》,明确昆山城市总体规划,确定近期、远期、远景发展目标:"到2020年,高水平全面建成小康社会,大城市功能渐趋完善;2035年,率先基本实现社会主义现代化,基本建成社会主义现代化大城市;新中

---

① 《昆山:小康样本激情"勾画"现代化》,来源:中国江苏网,网址:http://jsnews.jschina.com.cn/jsyw/202012/t20201219_2693166.shtml。

② 《两个率先,江苏大地上的恢宏实践》,来源:江苏省纪律检查委员会网,网址:http://www.jssjw.gov.cn/art/2014/12/22/art_9_26272.html。

③ 习近平:《习近平谈治国理政》(第二卷),外文出版社2017年版,第210页。

国成立100年时,全面建成'强富美高'新昆山,高质量建成社会主义现代化大城市。"① 昆山已走在基本现代化新征程的前列,昆山要在新的发展竞争中赢得战略主动,不断展现昆山发展的探索性、创新性、引领性,全力探索社会主义现代化道路,奋力走在社会主义现代化建设新征程前列,为江苏省乃至全国的社会主义现代化建设探路。

新时代的"昆山之路"要"全力推进经济体系现代化、开放发展现代化、城市发展现代化、文化发展现代化、绿色安全现代化、社会发展现代化,着力推进政府治理体系和治理能力现代化,努力走出一条具有中国特色、彰显时代特征、展现江苏特点、体现昆山特质,以'强富美高'为鲜明标识的现代化路径"②。在全面建设社会主义现代化的实践中,昆山坚定前进方向和信心,全力以赴当好现代化建设实践的先行者,在现代化建设内涵、体制机制改革、高质量发展路径等方面进行大胆探索,在建设现代化大城市、深化两岸产业合作、加快新旧动能转换、打造一流营商环境等方面做示范,率先探索出可供更大范围推广的经验成果。

昆山全面建设社会主义现代化的实践过程,也是促进人的全面发展的过程,努力从各个方面为促进人的全面发展创造条件、提供保障。进一步推进经济建设,以创新为动力推进经济高质量发展,大力发展社会生产力,提高人民群众收入水平和物质生活水平,为人的全面发展奠定物质基础,充分调动人的主动性、积极性和创造性。进一步推进政治建设,开创民主法治新局面,健全和完善各项社会制度和机制,保障人民群众当家作主,维护人民群众的经济、政治、文化等权益。进一步推进文化建设,加强社会主义精神文明建设,大力发展社会主义先进文化,优先发展教育事业,整体提高人民群众的科学文化素质和思想道德素质,提高人民群众的知识水平和能力,丰富和充

---

① 《昆山市城市总体规划(2017—2035)》,来源:中共江苏省委新闻网,网址:http://www.zgjssw.gov.cn/shixianchuanzhen/suzhou/201807/t20180705_5501258.shtml。
② 《朝着现代化目标昂首奋进》,《昆山日报》2020年1月8日第A02版。

实人民群众的精神文化生活，充分展现人的个性特征、特长爱好。进一步推进社会建设，加强和创新社会治理，构筑高水平公共服务体系，健全多层次社会保障体系，全面提高卫生健康水平，增强人民群众的获得感、幸福感和安全感，促进人民群众身心健康。进一步推进生态文明建设，着力优化生态环境，为人的全面发展提供有利的生产生活环境。昆山以促进人的全面发展为根本，坚持以人民为中心的发展思想，在现代化进程中不断提升社会文明程度，增强人的主体性、独立性、创造性，在推进社会全面发展过程中实现人的全面发展。

四、弘扬新时代"昆山之路"精神

敢闯敢试、唯实唯干、奋斗奋进、创新创优，凝聚着"昆山之路"的精髓，镌刻着"昆山之路"的历史底蕴和改革开放以来的时代印记，体现了习近平总书记所倡导的历史主动精神和自我革命精神，体现了"昆山之路"的历史传承；体现了新时代、新发展阶段贯彻新发展理念、构建新发展格局、推动高质量发展的一系列要求，彰显了昆山在中国式现代化道路上攀登新高的境界追求。

走好新时代"昆山之路"，必须弘扬敢闯敢试、唯实唯干、奋斗奋进、创新创优精神。"自费开发区"的创办书写了农业县迈向工业化的蝶变故事，改革开放40多年来，昆山人正是在敢试敢闯中养成了"醒得早、起得早、干得早"的习惯，抓住眼前机遇下手快，发现潜在机遇眼光尖，创造机遇能力强，把机遇转化为发展成效办法灵。新时代要更好地把激发主动性、积极性、创造性的要求落实到"昆山之路"新拓展实践中，就需要我们按照以习近平同志为核心的党中央战略部署，江苏省委、苏州市委决策安排，主动前瞻谋划、捕捉发展先机，应对严峻挑战，回答昆山在新时代如何走好中国式现代化道路，勇当县域全面建设社会主义现代化强市的探路先锋。

（一）敢闯敢试

"昆山之路"在敢闯敢试中前行。回望来时路，"昆山之路"就是敢闯善闯之路，就是敢试善试之路。奋进新征程，建功新时代，昆山勇当县级市全面建设社会主义现代化强市的探路先锋，离不开敢闯的勇气、胆略和闯劲，离不开敢试的精神、作风和境界。只有敢闯敢试，才能柳暗花明；只有敢闯敢试，才能攻坚克难；只有敢闯敢试，才能闯出新路，开出新局。落实"四个全面"敢于试点、重大政策革新敢于试行、市域全面现代化敢于试验，在试点、试行、试验中深化规律认识、增进发展共识、开拓工作新局。

（二）唯实唯干

"昆山之路"在唯实唯干中拓展。农转工、内转外、散转聚、低转高、大转强、强转优，每一次转型发展，昆山都坚定信念、彰显坚毅品格和实干定力。新时代、新发展阶段，我们要牢记习近平总书记关于"空谈误国、实干兴邦"的要求，坚持党的实事求是的思想路线，放眼世界百年未有之大变局和实现中华民族伟大复兴战略全局，立足昆山市域发展实情，锚定在中国式现代化道路上走在前列的奋斗目标，坚持鼓实劲、出实招、干在实处、干出实效。

（三）奋斗奋进

"昆山之路"是奋斗奋进之路，已有成就来自奋斗担当、奋进作为，今后发展更需要接续奋斗担当、奋进作为；党员干部担当作为创事业，各界群众共同富裕创家业，离不开发扬艰苦奋斗精神，离不开团结奋斗、勇于担当、善于作为。奋斗奋进为昆山人奠定幸福生活之基，成为新时代昆山经济社会发展和城市现代化的鲜明特色；要始终保持奋斗奋进的精神状态和工作姿态，努力打造社会主义现代化建设县域示范、走好新时代"昆山之路"。

（四）创新创优

"昆山之路"在创新创优中拓展。追寻昆山建设创新型城市的步伐可以发现，昆山之路就是创新致强、创优致远之路。新时代新发展阶段，要在贯彻新发展理念、构建新发展格局、推动高质量发展上增创新优势；彰显创新的第一动力作用，突出人才的第一资源优势，在经济社会发展和党的建设各方面各领域，在科技创新、产业结构与布局优化、城乡善治法规政策和促进民生民主民乐民安民康政策举措等方面，更加注重自主创新、集成创新和创新集成，不断提高整体发展优质化水平，在促进人的全面发展和全体人民共同富裕取得更为明显的实质性进展上探索新举措、做出新贡献、形成新经验。

敢闯敢试、唯实唯干、奋斗奋进、创新创优，不断丰富新时代"昆山之路"新内涵，对于动员和凝聚昆山干部群众奋发有为创辉煌具有重大价值，对于展示和彰显昆山探路经验和外在形象具有积极意义。新时代"昆山之路"精神，是中华民族精神和时代精神在昆山的生动实践，体现了历史的继承性、新时代的实践性、内在科学性和面向未来的创新性。

"昆山之路"开创、深入、持续的创新实践，为全面建成小康社会率先提供成功经验，为开启社会主义现代化新征程率先探索有效路径。"昆山之路"永远在路上，新时代赋予"昆山之路"新内涵，昆山有信心、有能力走好新时代的"昆山之路"。昆山党员干部和人民群众始终不忘初心、牢记使命，全面激发干事创业的热情，在日新月异的变化发展中闯荡拼搏，传承优良传统，弘扬时代精神，汲取已经走过的"昆山之路"的智慧和力量，不满足、不懈怠、不停步。不断以敢闯敢试、唯实唯干、奋斗奋进、创新创优的精神，动员和凝聚昆山干部群众在新的历史条件下自强不息、奋勇争先，认准前行目标，打造强劲动能，优化发展环境，确保工作成效，实现高质量发展，推动"昆山之路"走向更加光明的未来，续写新时代的崭新篇章。昆山的实践表明，以习近平新时代中国特色社会主义思想为指导,坚持党的全面领导,深入贯彻新发展理念,把地方发展放到世界百年未有之变局和中华民族伟大复兴战略全局中加以谋划和考量,在实际工作中切实贯彻党的思想路线、政治路线、群众路线、组织路线,坚守人民立场,坚持勤奋、廉洁、高效、优质的工作作风,始终做到忠诚干净担当,就一定能不断把"昆山之路"继续推向前进,用"昆山之路"这个窗口展示中国特色社会主义现代化道路在地方、在基层的生动实践,不断丰富创新发展、协调发展、绿色发展、开放发展、共享发展、安全发展的新内涵,真正走出一条高质量发展的新时代"昆山之路"。

第一章
昆山产业升级发展新实践

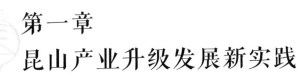

面对着"长江三角洲城市群的相互引力与斥力，昆山在上海和苏锡常都市圈之间不断提升自身张力"①。如今，昆山市是国内首个GDP突破4 000亿元大关、财政收入突破400亿元的县级市，工业总产值历史性地迈上万亿元新台阶，连续十七年荣登全国百强县之首。令人惊艳的经济奇迹是昆山人民踏踏实实干出来的，其秘诀就是产业不断升级，主动构建现代产业体系。农转工、内转外、散转聚、低转高、大转强、强转优，昆山用40余载书写历史性跨越，走出了一条推动产业升级和高质量发展之路，不断丰富"昆山之路"新内涵。

一、产业升级发展的价值和意义

（一）产业升级是实现高质量发展，走向现代化的要求

习近平总书记在杭州出席金砖国家领导人非正式会晤时指出，当前，世界经济正在经历新旧动能转换，复苏缓慢乏力，金砖国家所处

---

① 《昆山》编委会：《昆山》，当代中国出版社2011年版，第196页。

的国际大环境总体保持稳定，但也波澜频起。我国正处于新旧动能转换攻关时期，科技革命与产业升级正在如火如荼地进行，人工智能、大数据、纳米等高科技前沿技术不断取得突破，但是各地区之间发展不平衡的问题仍未消除。

因此，建设现代化经济体系，实现产业升级发展是建设社会主义现代化强国的必然要求和必由之路。中央经济工作会议明确将促进产业升级作为工作重点，强调加强科技创新、统筹规划，着力提升产业竞争力，力促产业和消费"双升级"。党的十八届五中全会提出了五大发展理念，为经济发展提供了重要理念指引。"就目前我国社会发展形势来看，务必要提升科学技术的创造研发，这一工作的实施不仅是生产力发展的助力，也是实现长远战略目标的基础，也充分说明了既定社会主义新的生产力的实现是极有可能的。"① 在"五位一体"的总体布局中，经济建设是根本，伴随着中国特色社会主义进入新时代，我国经济由高速增长转向高质量发展，建设现代化经济体系、建设社会主义现代化强国，才能不断提高我国经济的竞争力。

产业融合的升级发展，也正越来越受到经济学界的重视，一种新型的经济理论正在形成。目前，经济学界有学者提出五大产业，即农业、工业、服务业、信息业、知识业。而产业融合正是指五大产业或同一产业的不同行业间相互渗透、相互交叉，最终融合为一体，逐步形成新产业、新业态、新动能的创新式动态发展过程。产业融合使得原本分立的产业价值链，部分或者全部实现融合。产业间的智慧融合互动将会程度更深，层次更高，范围更广。动因是资源的高效利用，实质是产业链价值系统的设计与再造过程。互联网信息技术作为核心，成为制造业价值链结构不断由低级向高级演化的重要途径。这些年逐渐兴起的"互联网+""智能+""区块链+""农旅融合""文旅融合""融媒体"等皆是产业融合的典型示范。"随着工业结构的高

---

① 蒋丽：《从"第一生产力"到"第一动力"——论社会主义生产力基础与创新发展战略的逻辑起点契合》，《广西社会科学》2018年第9期，第28—33页。

加工度化过程和高技术化过程，在整个产业结构中对管理、技术和知识等'软要素'的依赖度大大加强。"① 新一代信息技术主导的网络平台产业、新一代信息技术深度应用的智能制造、资源和环境相关的绿色产业、生命和食品相关的健康产业等将成为引领未来的新兴产业。

当前，新科技革命正迅猛发展，产业融合升级发展已成为未来经济社会发展的大趋势，全新的融合型产业体系正在催生，或已经催生。"科技兴则民族兴，科技强则国家强；实施创新驱动发展战略决定着中华民族前途命运。"② 国家层面出台的规划与部署，从京津冀协同发展、粤港澳大湾区世界级城市群建设、长江三角洲一体化发展、黄河流域生态保护和高质量发展、成渝地区双城经济圈建设等，均不约而同地紧扣产业融合，紧扣一体化，紧扣区域协调发展。

从另一个意义上来说，产业融合发展正是高质量发展，正是抢占未来全球经济体系高端、构建新型产业体系的方式与路径。"通过产业融合……提升了产业的竞争力，产生产业和经济增长效应，从而形成工业4.0架构下现代产业体系。"③

（二）产业升级是昆山发展一路走来的不懈追求

改革开放之初，昆山是典型的农业县，发展落后，经济排名在苏州末位。而随着改革开放的春风在东南沿海吹过，特别是苏南周边县市崛起，昆山干部群众开始觉醒，不甘落后，充分发挥临沪区位优势，大力发展横向经济联合，吸引外资企业逐步进入，大力发展乡镇工业。1984年开始，昆山自费兴办工业区，做到"滚动开发，逐步

---

① 芮明杰：《产业经济学》（第2版），上海财经大学出版社2012年版，第177页。
② 中共中央文献研究室：《习近平关于科技创新论述摘编》，中央文献出版社2016年版，第23-25页。
③ 赵玉林等：《主导性高技术产业成长机制论》，科学出版社2012年版，第268-269页。

延伸，开发一片，成功一片"。到1992年，昆山实现"农转工"的历史性跨越：工业比重上升到56.2%，农业比重下降到12.7%，由此进入了工业化发展时期。

1992年，上海浦东开发开放，昆山人又一次敏锐地抓住了这一历史机遇，大力实施开放带动战略，依托自身区位优势，全力吸引外资；主动顺应国际产业转移趋势，利用劳动力、土地等比较优势，确立开放型经济发展方向。不到三年，外商及港澳台工业比重就达到41.6%，至20世纪90年代末，完成"内转外"的格局性转变，此时的外资和港澳台资本已经成为昆山经济增长的主体和主力。

1997年亚洲金融危机爆发，昆山在危机中精准制定"主攻台资、巩固日韩、拓展欧美"的招商策略，趁势融入国际产业分工体系。这期间，实际利用外资和港澳台资本29亿美元，引进超亿美元项目2个、千万美元项目217个，昆山的发展也逐步呈现企业由分散向园区聚合、产业向电子信息和精密机械制造等重点产业集聚、土地向规模集中的趋势，"昆山之路"实现了"散转聚"的阶段性拓展变化。

到2007年，昆山开始深入实施"外向带动、民营赶超"战略和"自主创新、自创品牌、自我创业"的创新战略。这期间，形成了光电等十大特色产业基地，建设了省级花桥经济开发区，培育引进了龙腾光电等一大批具有自主知识产权的高新技术企业，同时加快发展现代服务业，促进先进制造业与现代服务业融合发展。2011年，昆山服务业对经济增长贡献率首次超过工业，正式呈现"低转高"的发展新态势。

党的十八大以来，昆山积极适应经济发展新常态，深入践行新发展理念，发展进入了全面转型、创新驱动高质量发展的新阶段，"昆山之路"也处于提质阶段，进入"大转强—强转优"的发展新征程。进入新时代，昆山地区生产总值首次突破4 000亿元（图1-1），实现年增长6.8%，成为全国首个破4 000亿元的县级市。

第一章
昆山产业升级发展新实践

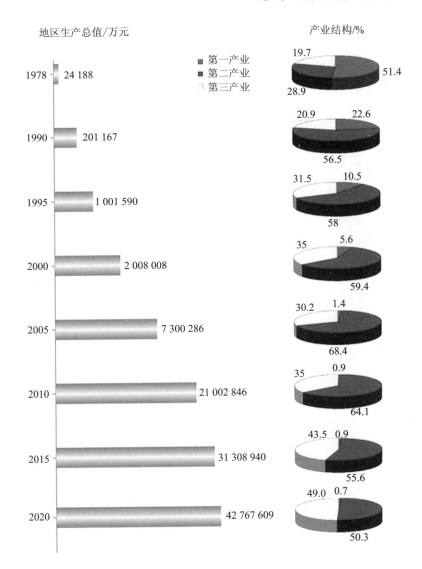

图 1-1　昆山地区生产总值（1978—2020）

数据来源：《昆山统计年鉴—2021》，昆山市经济社会发展数据中心（昆山市宏观数据库）。

由图 1-1 可以明显看到，在昆山经济发展的进程中，第一产业从改革开放之初占比 51.4%，下降到 2020 年占比不到 1%，这完全归功于第二、第三产业的蓬勃发展，昆山产业的不断升级。随着昆山地区生产总值的增加，第二产业由占比近 30% 增加到 50.3%，第三产业发展最为明显，由改革开放最初占比不到20%增加到49%，也成为昆山经济发展的坚强力量。改革开放以来，昆山一路走来的产业升级历程充分彰显了昆山人对经济发展、美好生活的不懈追求。

（三）产业升级是昆山实现现代化高质量发展的需求

2014年12月，习近平总书记视察江苏时深刻指出，"江苏要在扎实做好全面建成小康社会各项工作的基础上，积极探索开启基本实现现代化建设新征程这篇大文章"①。总书记的嘱托，激发起昆山党员干部和群众的无穷智慧和力量：做好高质量发展榜样；建设现代化大城市；打造国家一流产业科创中心，创建科创之城，向党和人民交上一份满意的答卷。2019年2月，江苏省委省政府决定，在昆山市等6个地区开展社会主义现代化建设试点，昆山被评为推进高质量发展先进县（市、区）。

《昆山市经济社会统计资料（1949—1990）》显示，昆山地区生产总值在改革开放之初只有24 188万元，农村人均纯收入201元，职工平均工资496元。而如今，昆山已成为全国首个地区生产总值超4 000亿元、财政收入突破400亿元的县级市，连续十七年位居全国百强县之首。昆山是如何做到的？答案就是昆山人对动能转换的坚守，对赶超发展的执着，对高质量发展、实现现代化的需求，昆山人将创业创新创优精神化作一种基因融入城市发展。

作为江苏省社会主义现代化建设试点地区之一的昆山，始终保持稳中有进的经济发展态势，勇当新时代高质量发展和现代化建设的排头兵，全力打造社会主义现代化建设标杆城市。② 全面推进现代化试点各项工作，昆山始终保持"敢为天下先"的胆识和气魄，更加彻底地解放思想，更加坚决地改革创新，在"无人区"开疆拓土，在"真空层"激扬梦想，在"最高峰"挑战极限，做出"无问之答"，

---

① 《在率先实现社会主义现代化上走在前列》，《新华日报》2020年11月19日第2版。
② 《新一轮高质量发展 昆山驱动强劲引擎》，《苏州日报》2019年10月16日第A02版。

提出"无解之解",更好更全面地展现昆山发展的创新性、探索性、引领性,力求走出一条经济高质量发展的"昆山之路"。

二、产业升级发展的做法和成效

马克思和恩格斯研究了人类社会发展的历史,科学地阐明了生产力的内涵,认为科学是"历史的有力的杠杆"和"最高意义上的革命力量"①,是"生产力的一部分"②。邓小平提出"科学技术是第一生产力"③。党的十九大报告指出:"建设现代化经济体系,必须把发展经济的着力点放在实体经济上,把提高供给体系质量作为主攻方向,显著增强我国经济质量优势。加快建设制造强国,加快发展先进制造业,推动互联网、大数据、人工智能和实体经济深度融合,在中高端消费、创新引领、绿色低碳、共享经济、现代供应链、人力资本服务等领域培育新增长点、形成新动能。"④ 新时代,昆山站在新的发展起点上,做强做大实体经济,建设新型智能制造业体系,将高质量发展融入每一环节。

(一)积极推进新旧动能转换

智能制造是"中国制造2025"的主攻方向。近年来,昆山市智能制造形成了一定规模的产业集群,具有很强的核心竞争力和发展潜力。2017年昆山"聚力创新"金秋经贸系列活动透露出很多新信息:"智造"是企业关注的蓝海,"智变"是昆山转型的方向。从"制造"到"智造",给转型的昆山增添了一抹新亮色。昆山通过项目引

---

① 中共中央马克思恩格斯列宁斯大林著作编译局:《马克思恩格斯全集》(第19卷),人民出版社2002年版,第372—373页。
② 中共中央马克思恩格斯列宁斯大林著作编译局:《马克思恩格斯全集》(第46卷),人民出版社2002年版,第221页。
③ 邓小平:《邓小平文选》(第三卷),人民出版社1993年版,第274页。
④ 习近平:《习近平谈治国理政》(第三卷),外文出版社2020年版,第24页。

进、人才集聚、应用推广、服务提升等举措,具有国际竞争力的智能制造产业正在形成。"昆山制造"正在迅速向"昆山创造""昆山智造"转变。

昆山经济当前正处于转变发展方式、优化产业结构、转换增长极的新旧动能转换关键期,全市各板块、各部门均切实增强忧患意识和危机意识,不折不扣贯彻落实"六个稳"部署要求,全力稳住"除金融服务业以外经过注册的有生产服务活动"① 的实体经济"压舱石"。昆山以创新服务提振"稳"的信心,密切关注重点企业经营状况,创新落实"一企一策"帮扶举措,为广大企业纾困解难、提气鼓劲。新时代以来,昆山以思想解放为先导,"围绕做好高质量发展榜样,吹响科创号角,打造国家一流产业科创中心,创新实施人才科创'631'计划②、'人才头雁'工程,规划建设'一廊一园一港'科创载体"③ 以重大项目增强"稳"的后劲,坚持"项目为王",加快集聚行业旗舰项目和人才科创项目。值得一提的是,昆山开发区、昆山高新区、花桥经济开发区和工业重镇,全力以赴争大项目、上好项目,切实加快重大项目引进落户、建设投产,新生"关键项目"作为"顶梁柱",从制造业扩散到服务业。花桥经济开发区集聚"四新经济"企业50多家,"氪空间"5年内可累计实现营业收入超600亿元;"毛豆新车"全年有望销售新车超15万辆。位于千灯镇的京东(昆山)数字产业园项目开工建设,投产后预计年销售额180亿元,④ 为全市经济稳中有进发展奠定了坚实基础。

产业结构持续优化,为昆山经济高质量发展创造先导条件。"依托于雄厚的制造业基础,致力于工业设计与制造业的融合发展,苏州

---

① 彭琨:《多角度透析当前实体经济的困境与出路》,《当代经济》2016年第13期,第10—12页。
② 即统筹六成的资源去建设一批工程技术中心、企业技术中心等企业研发平台,培育人才科创"森林";安排三成的资源打造国家级产业创新平台,构筑人才科创"高原";集中一成的资源,攻坚科技创新"无人区",奋力攀登人才科创"高峰"。
③ 《"昆山之路",每一步都凝聚起磅礴之力》,《苏州日报》2018年12月30日第A04版。
④ 《"昆山之路"在新时代越走越宽》,来源:新华网,网址:http://www.js.xinhuanet.com/2020-04/28/c_1125917389.htm。

工业设计成为新旧动能转换的新引擎。2017年，全市工业设计增加值约170亿元，同比增长15%以上。"① 一是主导产业蓬勃发展。昆山集聚了库卡、川崎、华恒等300余家机器人及智能装备企业，"机器换人"加速了制造业的"智变"速率。二是传统产业提质增效。以智能制造为切入点，大力推进智能工厂、智能车间建设，引导企业开展新一轮技术改造。三是现代服务业提档升级。目前昆山的总部经济规模不断扩大。花桥国际商务城被批准为国家现代服务业综合试点区域及第二批省级生产性服务业集聚示范区，服务业发展取得新的突破。四是夯实重大项目坚实支持。坚持把招商引资、项目建设作为高质量发展的关键抓手，面向欧美日韩加快科技招商、资本招商、基金招商，以优质增量的持续引入推动产业结构、投资结构的优化升级。光电、半导体、小核酸及生物医药、智能制造四大高端产业集群持续发展壮大，电子信息、装备制造等2个千亿元级产业集群已经形成，丘钛智能视觉模组、富士康5G毫米波连接器、三一创智云谷、迈胜质子医疗等龙头项目成功入驻，李克强总理就昆山引进星巴克中国"咖啡创新产业园"项目致贺信。2020年以来，全市新设外资项目222个，新增注册外资31.8亿美元，同比增长147.2%。

昆山始终坚持以服务优化推动新旧动能转换。坚持"用户思维、客户体验"，用真招实策为企业纾困解难，用真心实意为企业保驾护航。"为进一步优化昆山营商环境，深入实施招商护商政府专员'215'行动，从全市选聘200名干部担任招商护商政府专员，挂钩联系1 000家重点企业，开展宣传落实政策、搜集企业诉求、解决问题困难等5项零距离服务，并在'昆山12345'平台开辟专门网络信息通道提供招商护商专项服务。"② 建立全天候、全链条、全过程服务体系，支持台资、民营等企业做大做强。瞄准区块链、大数据、物联网、人工智能等前沿领域加快布局，打造5G创新中心，提升规模化应用水平。发展壮大总部经济、数字经济、"四新"经济，支持育

---

① 《工业设计助推新旧动能转换》，《苏州日报》2018年12月26日第A04版。
② 《"昆山服务"成就"昆山之路"》，《中国县域经济报》2019年11月7日第1版。

幼、康养、文旅等新兴业态发展，营造"夜间经济"生活圈。坚持以亩产、创新、能耗、安全、环保论英雄，严把项目准入关口，加快淘汰落后产能，支持企业嫁接科创资源，提升产业发展含金量、含新量、含绿量。新旧动能加速转换，为昆山经济高质量发展提供强大驱动力。通过增强科技创新活力和抢占创新驱动制高点，并不断结合自身实际选准未来产业的发展方向，着力培育新技术、新产业、新业态、新模式。

（二）打造现代化产业体系融合新趋势

昆山主导产业不断壮大，着力构建自主可控产业体系。面对资源环境容量趋紧、产业大而不强、关键核心技术缺乏等问题，昆山认真贯彻江苏省委建设"自主可控的现代产业体系"的要求，按照"一体多翼"的发展思路，集中优质资源着力发展光电、半导体、小核酸及生物医药、智能制造四大高端产业。成立昆山杜克大学计算图像技术研究中心、江苏省产研院生物大分子药物研究所、沈阳自动化研究所（昆山）智能装备研究院等高端研发平台。中科可控、深时数字地球研究中心、超算中心等一批院士领衔的大科学装置项目落地建设。成功引进宝能新能源汽车、澜起科技、京东等一批标杆项目。

推动经济高质量发展是构建昆山现代化产业体系的必然选择。党的十九大把加快建设创新型国家作为贯彻新发展理念、建设现代化经济体系的具体内容之一。[1] "实现社会主义现代化强国目标，必须建设创新引领、协同发展的产业体系，实现实体经济、科技创新、现代金融、人力资源的协同发展。"[2] 构建协同发展的现代化产业体系，本质上是要将技术、资本、人才等生产要素与经济发展协同起来，通过改善生产要素质量、生产要素组合质量、生产要素物化成果质量，经济发展才能真正依靠技术创新、资源配置和劳动者素质提升等因

---

[1] 习近平：《习近平谈治国理政》（第三卷），外文出版社2020年版，第24页。
[2] 季晓南：《加快建设适应与引领高质量发展的现代化经济体系》，《理论探索》2018年第3期，第11-18页。

素。对标经济高质量发展及现代化产业体系新要求，只有引导和激励企业不断转型升级，推动发展由以成本、价格优势为主向以技术、标准、品牌、质量、服务为核心的综合优势转变，才能助力昆山朝着构建现代化产业体系的正确方向稳步前进。

昆山坚持以项目突破构建现代产业体系。深化人才科创"631"计划，狠抓有效投入、创新发展、产业招商，提升产业基础能力和产业链现代化水平。以实施"祖冲之自主可控攻关计划"为引领，支持校企联合攻关，打造"国字号"企业研发机构，推动更多企业拥有"硬科技"、具备"硬实力"。树立"项目为王"理念，大力开展精准招商、平台招商，引进旗舰型、地标型、关键型项目，全程保障重大项目建设投产，推动一批千亿级先进制造业集群加速发展、积厚成势。主动承接国家科技重大专项、重点实验室、科研基础设施，高水平运营国家超级计算昆山中心，加快建设深时数字地球研究中心，力争列入国家首批国际大科学计划，打通从基础研究、原始创新到技术应用、产业培育的关键环节，构筑具有核心竞争力的强劲增长极。昆山目前已完成固定资产投资720亿元，增长2.7%，其中工业投资190亿元。中科可控、宝能新能源整车等70个重大产业项目完成投资150.1亿元。京东数字产业园开工建设。立讯无线通信暨智能装置产品生产基地竣工。毛豆新车完成销售额103亿元。好活科技实现营业收入13.6亿元。

没有条件，创造条件；没有优势，创造优势。"社会一旦有技术上的需要，这种需要就会比十所大学更能把科学推向前进。"① 面对大城市的"虹吸"，县域唯有主动作为，积极应对，才能获得机会。主动作为，就是产业的融入与融合，积极参与经济圈的产业分工与协作。昆山积极融入上海，融入世界分工体系。检视昆山的产业发展史，主动融入是其制胜秘诀。2019年，昆山仍旧在持续推进产业融合，中科可控、宝能新能源整车等重大产业项目进入，光电、半导

---

① 中共中央马克思恩格斯列宁斯大林著作编译局：《马克思恩格斯文集》（第10卷），人民出版社2009年版，第668页。

体、小核酸及生物医药、智能制造等四大高端产业实现销售增长，新兴产业、高新技术产业产值占规模以上工业比重显著上升。同时，仅2019年，昆山就依法依规引导退出低端低效产能企业288家，整治"散乱污"企业（作坊）2 342家，腾出发展空间5 196亩（约3.464平方千米），实现低效用地再利用1.1万亩（约7.33平方千米）。与之相对应的是，高新技术企业净增283家，四大高端产业预计实现销售额2 350亿元，同比增长16.2%。①

（三）培育和壮大龙头骨干企业，增强产业竞争力

大力培育和壮大龙头骨干企业是增强产业竞争力的一大法宝。位于昆山高新区的机器人产业园聚集了新时达、华恒、柯昆等30多家国内外机器人领域的高端企业，形成工业机器人和智能机器人两大领域较完善的产业链。

昆山机器人及智能制造产业可以说是昆山的龙头骨干企业，具有很强的竞争力。其能够打响名声，靠的是远见、胆识与智慧形成的强大的产业推动力。昆山智能装备制造产业中心项目建设了大数据服务大厦、双创中心、标准车间等，吸引了国内外知名大数据企业、装备制造企业等入驻，通过打造智能装备制造产业平台，助力机器人企业和高端装备制造产业做大做强。被工信部评为国家级智能制造试点示范项目的昆山沪光汽车电器股份有限公司，三年时间投入巨资进行"机器换人"。对企业来说，每一次实施"机器换人"，都相当于传统制造工艺的重生。江苏昆山沪光汽车电器股份有限公司的智能化导线仓库，是公司实现全流程智能化的数字工厂的一个缩影。在沪光的一个仓库，每天约有5 000桶导线送出，每一桶导线的重量约为100千克，总体相当于每天有100万千克左右的运输任务。经过"机器换人"的沪光现在轻松完成了这项任务，整个导线库整体实现了自动

---

① 《"昆山之路"在新时代越走越宽》，来源：新华网，网址：http://www.js.xinhuanet.com/2020-04/28/c_1125917389.htm。

配送,并且能够自动分辨每个目标的送达位置,与此同时,沪光力求将机器人的出错率降到了零。在 2013 年前,这个导线仓库需要 150 名员工负责配送导线,而现在,仅需 2 名员工负责操控监管这些机器人就足够了。

在昆山,更多"沪光"正在崛起,"机器换人"渐成流水线上的标配。"与沪光公司一样,纬创资通、科森科技等很多新兴制造企业迎头赶上。目前,昆山市共 10 家企业获评省级示范智能车间。"①"机器换人"加速了昆山制造业"智变"速率,企业创新意识的全面觉醒,更是"两化"深度融合的具体体现。"机器换人"正成为昆企投资热点,不仅拉动了工业投资增长,更加速了昆山制造业"智变"速率。

21 世纪初期,昆山就在全国率先筹划建设光电产业园,先后引进了龙腾光电、友达光电、维信诺、旭硝子、奇美等产业链核心企业。树立"项目为王"理念,大力开展精准招商、平台招商,引进旗舰型、地标型、关键型项目,全程保障重大项目建设投产,推动一批千亿级先进制造业集群加速耸起、积厚成势。2005 年年初,继北京"京东方"和上海"上广电"之后的国内第三条 TFT-LCD 第五代生产线由龙腾光电投产落户昆山,首期投资约 6.99 亿美元,项目整体投入近 60 亿美元。全球中小尺寸面板有 10% 在这里生产;全球最大的半导体设备、液晶显示器设备与装备制造商,在这里设立集团内最大的工厂;全球第二大的专业电子玻璃制造厂商在这里;境内首条 6 代低温多晶硅(LTPS)面板生产线也在这里。"经过十多年发展,目前已形成'原材料—面板—模组—整机—装备'的完整产业链,成为国内唯一能够实现 TFT-LCD、OLED、LTPS 三种显示技术的专业光电产业园区。"② 近两年,昆山又开始发力半导体芯片产业,利用千亿级电子信息产业基础,布局"强芯亮屏"战略。从原材料,到装备、面板、模组,再到整机,整条光电产业链上下游聚集 33 个项

---

① 《昆山"智造"激发企业内生动力》,《苏州日报》2017 年 4 月 21 日第 A02 版。
② 《闯关过坎,"昆山之路"越走越宽》,《新华日报》2018 年 10 月 23 日第 T12 版。

目，其中在行业内称得上龙头的项目近 10 个。在国内，一条产业链如此高密度吸聚众多行业内龙头项目的情况还很少见。在昆山相继落户的除友达、奇美两个面板业内的著名企业外，还有行业上游专业电子玻璃厂商、全球第二大的专业电子玻璃制造厂商旭硝子，以及全球最大的半导体设备、高端液晶显示器设备与装备制造商日本东电光电等。昆山光电产业园已成为国内第一和唯一的同时掌握 TFT-LCD、LTPS、AMOLED 三种不同液晶显示面板生产技术的光电产业园。并且在下游整机制造领域，有康佳电子、天乐数码等一批品牌电视整机厂商，均属于国内甚至国际一流的液晶电视生产企业。围绕龙头核心项目，光电产业园还吸引了国内外著名光电产业上下游厂商进驻。目前，有西钛微电子、元盛电子、太极能源、琉明光电等企业入驻，同时还有奇景光电、厚声光电、国力真空、桑诺普光学、天乐数码、毅昌科技等一批重要的配套项目落户，均实现了快速发展。整条产业链在龙头带动下融合发展，"形神兼备"。各项目之间或者落户前已有良好的合作，或者运作后在研发、设计、生产等多个环节形成互补。①

如今，昆山工业经济呈现"2+7+13"发展格局，拥有电子信息和装备制造 2 个主导产业链，平板显示、集成电路、智能制造装备、机器人、小核酸及生物医药等 7 个细分产业链，以及纬创、立讯、三一等 13 家产业链龙头企业。其中，13 家龙头企业创造的产值在全市规模以上工业企业中占比近 50%。②

（四）优先推动科创产业发展，释放科创动能

创新是引领发展的第一动力。党的十八届五中全会把创新驱动发展战略作为国家的重大战略，提出要大力推进科技创新，最大限度解

---

① 《昆山光电产业园——"龙头阵"舞动一条产业链》，来源：昆山市工业技术研究院，网址：http://www.ksitri.com/phone/news_show.php? id=3590。
② 《昆山工业总产值历史性地迈上万亿元新台阶》，来源：名城苏州网，网址：http://news.2500sz.com/doc/2021/01/10/673158.shtml。

放和激发科技作为生产力蕴藏的巨大潜能,从而进一步解放和发展社会主义生产力,使科技成为社会主义第一生产力。① 党的十九届四中全会指出,要推进合作共赢的开放体系建设。②

当前,我国正面临新一轮科技革命和产业变革带来的重要机遇,必须因势而谋、应势而动、乘势而上,举全市之力建设一流城市、集聚一流人才、培育一流产业,在深化改革开放中增强现代城市辐射力,在融入区域发展中提升人才科创显示度。2014 年 6 月 3 日,习近平总书记在国际工程科技大会上发表主旨演讲时指出:"未来几十年,新一轮科技革命和产业变革将同人类社会发展形成历史性交汇,工程科技进步和创新将成为推动人类社会发展的重要引擎。"③ 2015 年 11 月 23 日,习近平总书记在致世界机器人大会的贺信中写道:"当前,世界正处在新科技革命和产业革命的交汇点上。科学技术在广泛交叉和深度融合中不断创新,特别是以信息、生命、纳米、材料等科技为基础的系统集成创新,以前所未有的力量驱动着经济社会发展。随着信息化、工业化不断融合,以机器人科技为代表的智能产业蓬勃兴起,成为现时代科技创新的一个重要标志。"④ 人工智能技术将是未来 30 年推动世界经济社会技术进步的推手,"即将出现的新一轮科技革命和产业变革与我国加快转变经济发展方式形成历史性交汇,为我们实施创新驱动发展战略提供了难得的重大机遇"⑤,也为县域先进制造集群发展提供了重要指引。

改革开放之初,国际分工就像一个微笑型曲线一样,一端是研发、专利、品牌标准制定,另一端是市场营销、服务,两段附加值

---

① 中共中央文献研究室:《习近平关于科技创新论述摘编》,中央文献出版社 2016 年版,第 102 页。
② 《中共中央关于坚持和完善中国特色社会主义制度 推进国家治理体系和治理能力现代化若干问题的决定》,人民出版社 2019 年版,第 39 页。
③ 《让工程科技造福人类、创造未来》,《人民日报》2014 年 6 月 4 日第 2 版。
④ 中共中央文献研究室:《习近平关于科技创新论述摘编》,中央文献出版社 2016 年版,第 85 页。
⑤ 中共中央文献研究室:《习近平关于社会主义经济建设论述摘编》,中央文献出版社 2017 年版,第 127 页。

高,中间是加工制造,附加值低,中国大量的企业集中在中间这块。作为中国制造业的聚集地之一,昆山的经济发展经历了"农转工""内转外""散转聚",使得昆山制造业从无到有,从加工制造到培育创造。在"低转高""大转强""强转优"阶段,昆山正处在从制造走向创造,掌握核心技术和高端产业时期。昆山经济技术开发区的发展为中国制造业从产业链低端向高端的转移提供了范本。1984年,昆山自费建立了昆山经济技术开发区,经过20余年的努力,如今,昆山经济开发区已经成为全球主要的电子信息产品生产基地。2009年,昆山的笔记本电脑产量已经占全球笔记本电脑产量的55%以上。① 昆山在做强实体经济的同时,始终坚持制造业立市不动摇。做深做透存量文章,持续加大产业建链、强链、补链、稳链、护链力度,同时超前谋划布局大数据、云计算、物联网、人工智能等新兴产业,着力培育壮大新能源汽车、新一代信息技术等产业集群。创建省级"互联网+先进制造业"特色产业基地、省级智能制造示范区。近年来,在"昆山智造"加速崛起的同时,昆山市大力推动人工智能和实体经济深度融合,积极引导电子信息产业、装备制造业、汽车零部件产业安上智能的翅膀。

昆山主动抢抓国家创新驱动发展战略和长三角一体化战略机遇,立足雄厚的制造业基础,拿出当年自办开发区的精神和魄力,在国内率先打造具有国际影响力的国家一流产业科创中心。全面开启"昆山就是产业科创中心、产业科创中心就是昆山"新模式,积极探索创建国家一流产业科创中心之路。

苟日新,日日新,又日新。勇于争先创优的昆山人时刻保持危机感,全力开启动能转换引擎。近年来,昆山深入学习贯彻习近平新时代中国特色社会主义思想,认真落实省委和苏州市委决策部署,牢牢把握稳中求进工作总基调,深入贯彻新发展理念,坚持把方向、谋大局、定政策、促改革,突出小切口、实战性、闭环化、重创新。明确

---

① 《"中国制造"走出"微笑曲线"谷底》,来源:搜狐新闻,网址:http://news.sohu.com/20100905/n274721261.shtml。

大力建设现代化大城市,全力打造国家一流产业科创中心,深入实施提升工程,统筹抓好改革发展稳定和党的建设各项工作,现代化建设试点迈出稳健步伐的目标,坚持把科技创新作为高质量发展的核心支撑,瞄准未来产业发展重点,统筹推进产业基础高级化和产业链现代化,积极推动传统产业智能化改造和数字化转型。联合中科院、厦门大学、清华大学等科研院所深入构建创新共同体,高效运行国家超算昆山中心,加快建设深时数字地球研究中心。

昆山着力建设"一廊一园一港"科创载体。"一廊"为昆山经济技术开发区的夏驾河科创走廊,重点关注企业技术开发,紧扣光电、半导体产业,聚焦打造重点企业研发总部、技术总部等研发机构,形成技术开发的城市中枢,夏驾河科创走廊立足打造科技成果转移转化集聚地,加快迈向创新链、价值链、市场链高端,形成科创承载区。"一园"为昆山阳澄湖科技园,重点关注科学基础研究,以杜克大学为产研引擎,积极引入国家级实验室、核心研发企业与机构、文化创意企业等,形成全市创新的策源地,阳澄湖科技园围绕苏南国家自主创新示范区昆山核心区建设,立足打造科技创新策源地,加快培育壮大自主可控的创新产业集群,打造从研发到产业化全链条高度集成的科技园。"一港"为花桥国际创新港,重点关注创新服务与培育孵化,围绕培育和壮大新技术、新经济和新业态,建设一批国家级众创空间、孵化基地、加速器和公共服务平台,花桥国际创新港立足打造人才创新创业首选地,加快建设一批国家级众创空间、孵化器、加速器和公共服务平台,打造科创空间。

昆山坚持以习近平新时代中国特色社会主义思想为指导,全面贯彻党的十九大和十九届历次全会以及中央经济工作会议精神,认真落实省委和苏州市委部署要求,紧扣"强富美高"总目标,突出高质量发展总导向。坚持"优存量"与"强增量"协同发力,推动经济更高质量、更有效益、更可持续发展,确保在总量上遥遥领先、在质量上持续领跑。打响"昆如意"营商环境品牌,坚决守住实体经济基本盘,誓夺疫情防控和经济社会发展"双胜利"。加快创新驱动促转型，围绕产业链部署创新链，探索更加紧密的产学研合作模式，强化资源要素投入，加强智能制造技术应用，打造具有国际影响力的国家一流产业科创中心，不断释放科创新动能。

2021年2月25日，昆山市印发了《昆山市推进制造业智能化改造和数字化转型工作方案（2021—2023年）》《关于推进制造业智能化改造和数字化转型的若干措施》，到2023年，昆山实现规模上以工业企业智能化改造和数字化转型工作全覆盖，实现全市5G信号全覆盖，累计完成智能化改造和数字化转型项目3 000个，新增使用智能装备3 000台（套），新增上云企业3 000家。通过实施《关于推进制造业智能化改造和数字化转型的若干措施》帮助企业抢抓提质增效、转型发展的"机遇期"，加快昆山制造业向数字化、网络化、智能化发展。①

昆山坚持以功能提升打造高端创新载体。面对产业大而不强、关键核心技术缺乏、发展空间有限等短板限制，昆山主动求变，对标国际最高标准，全力以赴推进"一廊一园一港"建设，放大科创产业用地政策效应，着力建设科创综合体，推进传统工业区向科创园区转型。推动国资企业发挥引领作用，全方位融入科创投资、产业培育、载体建设等关键领域。加快工研院改革步伐，提升专业化运营水平。推进中美（昆山）科创中心建设，强化昆山杜克大学支撑作用，引聚国际科创资源要素，全力将科教研发优势转化为产业竞争优势。突出紧凑性、互动性、体验性，布局建设科创街区。高效运作人才与科创（深圳）联络中心，打造昆山对接大湾区科创资源的"前哨阵地"。昆山以国内一流产业科创中心为龙头，以人才和科创为两翼，汇聚创新资源激活发展新动能，实现从制造之城到科创之城的转变。

---

① 《昆山树立新目标：织就数字经济与文化产业发展双面绣》，来源：新浪江苏，网址：http://jiangsu.sina.com.cn/city/csgz/2021-03-01/city-ikftpnnz0393463.shtml？wm=3049_0032。

（五）完善人才科创机制，建设高质量人才队伍

激活创新动能，人才是关键。我们党历来重视人才。1977年，邓小平提出："我们要实现现代化，关键是科学技术要能上去。一定要在党内造成一种空气：尊重知识，尊重人才。"① 新时代，习近平总书记在坚持科教兴国战略的基础上，进一步提出"创新驱动实质是人才驱动，人才是创新的第一资源"②。"人才资源是第一资源，也是创新活动中最为活跃、最为积极的因素"，"人才是创新的根基，是创新的核心要素。创新驱动实质上是人才驱动"。③

昆山早在20世纪80年代中期就在全国率先创办人才市场，可以这样说，"昆山之路"就是人才铺就的发展之路。改革开放以来，昆山通过人才市场引进的人才数量位居全国县级市首位。实践证明，人才是推进产业创新升级的关键，有了人才市场就为引进大量人才搭建了平台，有了各类人才就能为发展科创事业提供智力支撑。昆山正在全力打造具有国际影响力的国家一流产业科创中心，让人才科创成为昆山发展最具标识度、知名度、美誉度的特色品牌，奋力走出高质量发展"昆山之路"。

产业科创中心建设集中把握好以下几个方面：第一，目前昆山拥有国家"万人计划"人才百余人，省"双创"人才团队120个，苏州和昆山市级人才团队600多个，人才贡献率达50.94%。④ 昆山进一步贯彻落实江苏人才强省战略，以人才科创"631"计划为契机，在人才的培养、引进、评价、使用、流动、激励、保障等方面下足功

---

① 邓小平：《邓小平文选》（第二卷），人民出版社1994年版，第40-41页。
② 《习近平在中国科学院第十九次院士大会中国工程院第十四次院士大会上的讲话》，来源：学习强国，网址：https://www.xuexi.cn/c70e802229becec4999b9a93f76c0b31/e43e220633a65f9b6d8b53712cba9caa.html。
③ 中共中央文献研究室：《习近平关于科技创新论述摘编》，中央文献出版社2016年版，第110-111、119页。
④ 《昆山：人才科创引领高质量发展》，来源：搜狐网，网址：https://www.sohu.com/a/322710666_99935469。

夫，统筹推进育"森林"、筑"高原"、攀"高峰"，释放人才创新活力。第二，昆山通过打造人才雁阵、企业锐阵、载体矩阵、政策助阵、服务护阵等五大工程，加快落实创新总体布局，打造创新产业集群，引育创新创业人才，进一步优化创新生态环境，真正形成大众创业、万众创新的良好氛围，为科创中心建设厚植经济高质量发展的创新土壤。第三，昆山出台了"人才新政33条"，建立"1+X"人才政策体系，制定了高峰人才激励政策，抓住产业科创中心建设的重点。不断完善包含科创中心建设、知识产权保护、创新人才激励等内容的制度框架和体系，在人才科创工作的定位布局、人才引育、体制机制改革等方面，为经济高质量发展取得新突破做出努力。

习近平总书记强调："大力度引进急需紧缺人才，聚天下英才而用之。"① 秀林丰茂，才能引来金凤凰。昆山深化人才科创"631"计划，狠抓有效投入、创新发展、产业招商，提升产业基础能力和产业链现代化水平。2018年昆山举行产业科创中心建设推进大会，命名表彰一批标杆型科创企业、研发平台、人才团队和投融资机构，签约落地一批"企业+科创"合作项目，发布推介一批人才科创载体规划、激励政策和重点工程，为昆山做好高质量发展榜样积蓄强大动能、注入持续活力。建设一批工程技术中心、博士后工作站等企业研发平台，挖掘和培育一批"隐形冠军"企业、"瞪羚"企业和"独角兽"企业；聚焦引领性产业发展方向，通过政府引导，深化与中科院等大院大所合作，结合国内外人才科创资源，积极推进一批离岸孵化器建设，着力打造1~2个国家级产业创新平台；通过政府主导，瞄准自主可控，抢占未来发展制高点，在顶尖人才引进、承接国家重大科技基础设施建设等方面取得突破，在突破瓶颈、掌握核心技术上持续用劲，以"精心琢玉"的追求，奋力攀登人才科创"高峰"。

支持广大企业与高校、科研院所开展产学研合作和共建研发平台。近年来，昆山高度重视与大院大所的战略合作，有力促进了创新

---

① 中共中央文献研究室：《十八大以来重要文献选编》（中），中央文献出版社2016年版，第818页。

资源集聚、创新能力提升和产业转型升级。"截至目前，全市拥有省级以上孵化载体 38 个、研发机构 196 个，科技进步率达 64.1%；先后组织 2 237 家次企业赴南京、上海、哈尔滨等地开展成果对接活动，达成合作意向 574 项，签订产学研合作协议 274 项。"①

设立产学研协同创新平台。揭牌成立中美（昆山）科创中心、中科院微电子所功率射频半导体产业创新基地，其中，"中美（昆山）科创中心"设立了武汉大学—杜克研究院、计算图像技术、大数据、人工智能等近 10 个前瞻性技术研发机构，实施杜克大学"卓越学者计划"，力争成为全省乃至全国中美地方科技合作试验区。推进"一带一路"国际科技合作，昆山工研院成为江苏唯一一个加入全国对俄科技合作基地联盟单位。建立与知名高校院所长效产学研合作机制，成立清华—昆山产学研合作办公室，建设"清陶新能源材料技术研究院、国力真空大功率器件工业技术研究院、哈工大机器人产业基地、沈阳自动化研究所智能装备研究院和省产业技术研究院生物大分子新药研究所"等新型研发机构。积极弘扬新时代科学家精神、企业家精神，加大宣传表彰力度，激发各类人才和企业家扎根昆山、勇创大业的昂扬斗志。起用人才科创发展服务中心，提供 275 项"一站式"专业服务。出台进一步营造企业家健康成长环境"25 条措施"、年轻一代民营企业家培养"昆玉计划"。全力打造一支规模宏大、结构合理、素质优良的创新人才队伍，激发各类人才创新活力和潜力，助力创新驱动力提升。

三、产业升级发展的经验和启示

1984 年，作为 80 年代改革伊始的窗口，深圳蛇口成为全国发展的范本。昆山新任县长吴克铨去了一趟蛇口，回到家乡之后，他发誓

---

① 《昆山：创建国家一流产业科创中心 助推高质量发展走前列》，《经济参考报》2019 年 5 月 10 日第 006 版。

也要在昆山建一个开发区。划出一块要建开发区的地之后,昆山"偷偷摸摸"招商引资。凭着坚定的信念、精细的服务和满腔的诚意,终于引进了第一家外资企业"苏旺你"手套厂。此后,外资不断涌入,撑起了昆山强大的外资经济。

昆山牢记习近平总书记"勾画现代化目标"的谆谆嘱托,积极主动实施长三角一体化国家战略;加快推进产业转型升级,不断提升民生福祉,奋力走在全民开启社会主义现代化建设新征程前列;主动对接生态绿色一体化发展示范区,在服务国家战略上展现"前哨"作为。

昆山今天走出了一条闻名遐迩的"昆山之路",成为全国发展外向型经济的排头兵、全国综合实力百强县(市)的第一名,现在正以更加矫健的步伐加快实现社会主义现代化建设的目标。回过头来看,当初昆山自费建设开发区,开展横向联合,发展外向型经济的理念、路子是对的,也是卓有成效的,可圈可点的成绩也很多。

(一)利用区位优势,紧抓发展机遇

昆山,因改革而立,因开放而兴。没有改革开放,就没有"昆山之路"。始终坚持以开放促改革、促发展、促创新,加快构建开放型经济新体系,推进更高水平对外开放,着力打造更有吸引力的营商环境,以不到全国万分之一的土地,聚集了全国5.3%的外资,创造了全国1.9%的进出口,成为沿海地区的"开放明星"、江苏开放型经济排头兵、全国18个改革开放典型地区之一。

昆山经济发展的先天基础并不雄厚,有的就是得天独厚的地理区位优势以及昆山干部群众利用优势抓住机遇的超前思想。昆山始终抢抓重大机遇,争取更大红利,深度融入长三角一体化。长三角一体化国家战略是重大战略,充分发挥临沪区位优势,更大力度对标学习上海、服务融入上海,同时借鉴苏州工业园区等地先进理念,特别是在改革开放、规划建设、医疗教育、社会治理等方面系统移植先进经验做法和制度设计,选派年轻干部挂职学习、拓宽视野、深化沟通,才能真正做到在对标找差中补齐发展短板、打造特色亮点。2019年，第二届中国国际进口博览会在上海举办，昆山全力推进在上海虹桥商务区建设"中国第一经济强县"展区，力图将其打造为昆山在进博会招商引资的桥头堡、会客厅。此前的2019年8月22日，中国国际进口博览局在昆山举行第二届进博会高端装备展区招商路演活动，这是全国首家举办此活动的县级城市。当前，昆山作为长三角城市群一员，迎来了新一轮发展机遇，尤其是在全面融入龙头上海的发展战略有着"近水楼台先得月"的优势，全面对接融入上海是昆山落实长三角一体化发展战略，践行新发展理念，增创竞争新优势的必然要求和迫切任务。①

长三角区域一体化发展国家战略，就是当前昆山发展面临的最重要机遇。2018年6月，沪苏浙皖共同签署《长三角地区打通省际断头路合作框架协议》。昆山市雷厉风行，拟订长三角一体化昆山行动方案，清单化推进"六个一体化"，聘请专家组建融入长三角一体化发展专家咨询委员会，高质量推动对接上海诸多事项。一系列密集举动仅是开始，在做深做透长三角一体化发展国家战略这篇大文章上，昆山市持续发力，将充分用好临沪区位优势，"推动规划对接、设施互通、民生共享、文化交融，以积极主动的姿态、务实创新的作为，把'家门口'的重大机遇用足用好，为苏州全市融入长三角一体化担起'昆山责任'"②。

深度融入长三角一体化。加强与长三角生态绿色一体化发展示范区联动，深化虹桥—昆山—相城、嘉定—昆山—太仓合作机制。主动承接上海"五大中心"建设溢出效应。高水平运营国家超级计算昆山中心，与上海张江国家实验室共建长三角重大科技研发合作共享平台。大力推广沪昆科技创新券通用通兑。推动交通银行设立信用卡分中心。在拥有全国第一条跨省地铁线路和县级轨道交通的基础上，完

---

① 《在对接上海中展现"昆山作为"》，《苏州日报》2020年6月18日第A07版。
② 《勇当新时代高质量发展和现代化试点 走在前列的热血尖兵》，《苏州日报》2019年9月24日第A01版。

善同城化交通网络，开工建设外青松公路改造工程，加快曙光路对接复兴路等省界"断头路"项目建设，优化提升毗邻公交客运体系。发挥长三角"一网通办"专窗作用，推进高频服务事项跨区域政务数据互联互通，实现"一地认证、全网通办、异地可办"。推动教育、医疗、文化、旅游、社会治理等领域合作，共建沪昆高品质生活圈。

昆山充分发挥临沪优势，从自身具体实际出发，走横向联合之路，"借船出海"：主动参与上海全球科创中心建设，力争在联合科研、合作创新、重大基础设施共享等方面取得突破；推进中美科创中心建设，打通中美技术转移通道；积极融入国家"一带一路"建设，探索建立与"一带一路"沿线重点国家和地区的创新合作机制，助力经济高质量发展。

昆山抓住的另一区位优势就是不断拓展空间，做好昆台融合发展。1984年，国务院决定在14个沿海港口城市设立经济技术开发区，昆山作为县级市，一开始没有国家的资金与政策支持，自给自足建立全国首家自费开发区。1990年10月，首家台资企业顺昌纺织有限公司落户昆山，如今，台资已是昆山开放型经济的最大特色，全市地区生产总值的40%、工业总产值的50%都来自台资企业。截至2020年6月底，昆山已累计批准台资项目达5 113个，投资总额达608亿美元，10万名台胞在这里安居乐业。台湾地区名列前100名的制造业企业已有70多家在昆山投资设立了近百家企业，基本形成了光电显示、智能终端、装备制造等完整产业链。① 2020年，昆山乘胜追击，发布执行《昆山深化两岸产业合作试验区条例》，条例的颁布实施，为昆山试验区在更大范围、更宽领域、更深层次改革开放，打造一流营商环境提供了更有力的法治支撑，谱写两地产业合作和融合发展更加恢宏的新篇章。②

---

① 《新昆山之路①｜什么是"中国第一经济强县"成功的最大启示》，来源：澎湃新闻网，网址：https://www.thepaper.cn/newsDetail_forward_4498736。
② 《昆山深化两岸产业合作试验区条例》，《新华日报》2020年12月18日第6版。

昆山始终坚持大力拓展昆台发展空间，大力推进与台资合作产业园建设，促进两地经济协同发展。加快设立两岸消费金融公司等法人金融机构。开展线上审核跨境人民币结算电子单证业务。积极回应台胞台企实际需求，深入实施"68条惠及台胞措施"[昆山市于2018年7月发布了《关于深化昆台经济社会文化交流合作的若干措施》（简称《措施》）①，内容共68条]②和"20条新政"③，此轮推出的20条惠台新举措包括：建立台胞台企双月沙龙制度，每期围绕1~2个主题，就最新法律法规、政策措施及台胞台企关注、反映的问题，进行政策解读、答疑解惑、诉求回应。实施"招商护商政府专员'215'行动"，选聘200名干部，挂钩联系1 000家重点企业，其中包括307家台资企业，开展宣传落实政策、搜集企业诉求、解决问题困难、链接相关部门、服务企业发展等5项零距离服务。支持台资企业就地转型升级，创新土地供应方式，鼓励工业用地转型科创产业用地，批量推出产业用地15.3平方千米。推出科技政策惠台专项计划，台企与大陆高校院所开展技术攻关合作最高可享受200万元政策支持。建立昆山国资集团优先采购台资企业品牌产品制度，促进本市台资企业产品实现示范应用。健全校企双主体共育模式，3年内建设100个台资企业人才共育基地，培养技术技能型人才。此外，20条新政还涵盖优化进口台湾商品快速验放机制，支持在重点台资企业建立知识产权工作站和各类科研机构，支持两岸青年就业创业及台胞购房同等待遇等。④ 由此进一步丰富台商大陆"精神家园"内涵，营造更

---

① 《昆山出台68项措施 加快给予台胞同等待遇》，来源：中国台湾网，网址：http://www.taiwan.cn/31t/zcfb/201807/t20180718_12037067.htm。
② 2018年7月，昆山市积极推动"31条惠台措施"落实工作，从地方实际和台企台胞需求出发研究推出《措施》，因地制宜出台了具体实施办法，全面回应了台企台胞普遍关切的问题。《措施》包括投资经贸合作、金融创新合作、社会文化交流、台胞在昆学习实习工作创业、台胞在昆居住生活等五个方面68条具体举措，除"31条惠台措施"在昆山全部落地之外，另有26条具有当地特色的先行先试措施。
③ 昆山市于2019年11月22日发布服务台胞台企20条特色举措，涉及支持台企就地转型、科技惠台、台企人才培养等。
④ 《江苏昆山推出服务台胞台企20条特色举措》，来源：新华网，网址：http://www.xinhuanet.com/2019-11/23/c_1125265734.htm。

加优越便利的投资、生活环境。建立健全台胞台企双月沙龙制度。建设昆山台青育成中心,扩大台湾大学生实习规模。加强与台湾电机电子工业同业公会深度合作,实施新一轮台资企业转型升级合作专案。

高水平打造载体平台,深化落实"31条惠台措施"①,以昆山试验区条例立法为契机,推进"政区合一"管理体制创新,精心筹备第七次部省际联席会议,围绕台湾优势产业深化对台招商引资,深入推动昆台经济社会文化全面融合,全力争取保税服务贸易创新试点,设立保税服务贸易功能区,打造昆山试验区升级版。

做深做透昆台融合发展文章。自1990年首家台资企业落户以来,台湾地区制造企业在昆设立近百家企业,十余万名台胞在昆安居乐业。充分发挥对台合作特色品牌作用,扎实推进昆山深入两岸产业合作试验区建设,推动一批含金量高的改革创新举措落地实施。昆山秉承"两岸一家亲"理念,落实"31条惠台措施",出台深化两地经济社会文化交流合作的一系列措施,打造台商大陆"精神家园"。努力践行在两岸产业对接、金融创新、两岸人员往来等方面明确了的一批先行先试措施。海峡两岸电子商务经济合作实验区、国家级对台科技合作与交流基地获批设立。昆山七次荣登台湾电子电机同业公会综合实力极力推荐城市榜首。昆山是台商在大陆投资最密集的地区之一,装备制造、现代服务业、光电、可再生能源等领域,已成为台企投资的新方向。要特别注重用优质增量去带动存量、优化存量、改造存量,集中全力引进一批投资规模大、产业带动力强的旗舰型、地标型项目,只有这样才撑得起"第一县"的发展脊梁。

好的发展机遇转瞬即逝,昆山凭借浦东的"东风",从合办联营企业的探索到自费兴建开发区,紧紧抓住了国家外向型经济的发展机遇,成功突围,实现了从农业县到工商业城市的转变。此后,面对金融危机、重大疫情等,昆山总能在危机中育新机,于变局中开新局。尤其是此次新冠疫情期间,在各行各业都受到冲击影响时,昆山在坚

---

① 《关于促进两岸经济文化交流合作的若干措施》(简称"31条惠台措施"),来源:国台办,网址:http://www.gwytb.gov.cn/zccs/zccs_61195/gza31ta/。

持疫情防控的基础上,长远谋划,为实现全面发展目标,千方百计把时间抢回来。昆山全力帮助企业复工复产,对重点企业实施"一企一策、一事一议"精准帮扶,以缓缴社保、减税免租、承包高铁大巴等措施解决企业的燃眉之急,同时开通防疫期间的重要民生与卫生防疫物资的"绿色通道",为企业复工复产保驾护航。"昆山服务"的招牌再次在疫情期间被擦亮,昆山也抓住机遇期,赢在复工复产的"起跑线",也在政府的帮扶下跑出"加速度"。

(二)依托科技创新,引领现代服务业发展

近年来,昆山重点培育发展总部经济、现代物流、电子商务、商贸会展、文化创意、科技研发等现代服务业,国内外知名平台型企业纷纷跃然而至,平台要素快速集聚。总部经济规模不断扩大,恩斯克、统一食品、好孩子、威富服饰等一批企业总部效应开始凸显;新型物流产业加快布局,以京东、众品冷链等为代表的新型物流企业加速布局,构建华东地区总部乃至亚太地区总部;电子商务快速发展,海峡两岸电子商务经济合作实验区建设加快,唯品会、京东等电商增势迅猛,跨境电子商务综合服务平台开始运营,优传供应链等一批国际物流企业开始布局跨境电商。作为国家现代服务业综合试点,花桥国际商务城建成了企业总部基地、服务外包基地和海峡两岸商贸示范区等一批特色产业园区平台,法国迪卡侬、宝湾物流等一批电商、物流企业先后入驻并持续发展壮大。昆山市还加快推进现代服务业试点。开展现代服务业综合试点3年来,花桥国际商务城初步形成服务外包、总部经济、物流展示、商贸服务等主导产业,电子商务、基金产业、文化创意等新兴服务业快速发展的态势。

科技创新是现代服务业的核心竞争力,加快发展现代服务业,对促进经济结构调整和产业结构的优化升级有直接推动作用。近年来,昆山产业结构不断优化,第三产业比重逐渐增大,第二产业和第一产业的比重持续降低,第二产业的转型升级,则意味着传统制造业向高技术特别是信息技术等先进制造业领域转型,这对金融、研发和信息

服务等行业发展提出了更高的要求。

现代服务业必须依靠科技特别是信息技术的支撑才能够得到长足的发展。服务业要发挥以信息导向配置社会资源的重要作用，需要依托信息化手段。通过网络和信息技术，服务业能够发挥在生产者与消费者之间、生产者与生产者之间的沟通连接作用，促进他们及时进行信息的互动与交换，从而动态地调节社会供给与需求，实现经济的平稳协调发展。

改革开放的40多年，也是昆山现代服务业风生水起、扶摇直上的40多年。党的十九大报告指出："支持传统产业优化升级，加快发展现代服务业，瞄准国际标准提高水平。促进我国产业迈向全球价值链中高端，培育若干世界级先进制造业集群。"① 翻开一页页的统计数据，对比一组组的数字，我们可以发现，在1978年，昆山市的现代服务业增加值不足0.5亿元，占GDP比重也不足两成，40多年后的今天，现代服务业已经成为推动昆山市经济高质量发展的重要力量。

昆山树立"大服务，大产业"的发展理念，以满足当地转型升级需求和转变经济增长方式为目标，重点发展软件服务外包、金融数据服务、电子商务、现代物流、科技服务等现代服务业，加快提升科技支撑服务能力，推动现代服务业集聚发展。目前昆山已有国家级经济技术开发区、出口加工区、省级花桥经济开发区、昆山高新区、旅游度假区，以及巴城软件园、周庄传感器产业园、沿沪产业园、农业高科技示范园等，园区经济抓得比较早，发展比较快，为加快发展现代服务业拓展了领域，提供了载体。

昆山充分发挥高新技术产业集群优势，为现代服务业发展提供机遇。改革开放以来，昆山大量吸引外资企业，大力发展民营企业，由先进的外向型经济与活跃的民营经济相互补充配套，共同发展各类先进制造业，特别是IT产业，其发展迅速，这就需要大量的各类现代服务业与之匹配。同时，昆山涌现了一大批为制造业提供服务的软件

---

① 习近平：《习近平谈治国理政》（第三卷），外文出版社2020年版，第24页。

开发、金融结算、企业管理咨询,以及法律、会计、仓储、物流等现代服务型企业。与此相关联,有多家企业建立了研发机构,成为企业自主创新、向高端产业发力的"助推器""动力源"。大量事实证明,只有先进制造业,才有内在需要和激情发展现代服务业,才能衍生、发展、增值服务业,才能实现由"先进制造"向"研发创造"转变,由"世界工厂"向"世界办公室"转变,由"工业经济"畸形发展向"服务经济"协调发展转变,由以投资驱动发展为主向以创新驱动发展为主转变。

昆山抓住国际金融危机后国际服务业加速转移的有利时机,发挥比较优势,采取多种途径加强现代服务业对外开放步伐。深化昆山与我国台湾、香港等现代服务业发达地区的合作,学习新加坡等国的经验,促进高新技术制造业与现代服务企业之间的互相合作和渗透,通过搭建产业平台沟通现代服务业与高科技业的最新动态,促进科技成果向现代服务业实际运用转化,丰富现代服务业的运营手段,对传统服务业进行改造和提升,从而推动服务业转型与升级。

明确服务业发展的方向和重点,从财税、价格、投资、信贷和资金扶持等方面予以支持。进一步优化现代服务业外商投资结构,积极吸引外资进入电信、金融、保险、医疗等领域内国家新开放的行业和业务,鼓励外资来昆山参与服务业资本重组,拓展服务业间接利用外资的途径。鼓励在高科技服务业领域开展创业投资,引导产业投资机构和信用担保机构优先支持现代服务企业运用新技术,发展新业态。

(三)构建高质量营商环境,推动开放型经济发展

党的十九大报告中提出:"从十九大到二十大,是'两个一百年'奋斗目标的历史交汇期。我们既要全面建成小康社会、实现第一个百年奋斗目标,又要乘势而上开启全面建设社会主义现代化国家新征程,向第二个百年奋斗目标进军。"[①] "科技创新作为提高社会生

---

① 习近平:《习近平谈治国理政》(第三卷),外文出版社2020年版,第22页。

产力、提升国际竞争力、增强综合国力、保障国家安全的战略支撑，必须摆在国家发展全局的核心位置。"①结合新发展理念的深刻内涵和高质量发展的基本特征，昆山要围绕质量效益、经济结构、科技创新、人力资源、品牌建设、开放型经济、资源集约、生态环境八大指标，构建经济高质量评价体系。通过科学设置评价体系，开展指标监测分析，真正实现昆山经济高质量发展，"新中国成立100年时使我国成为世界科技强国"②。昆山牢固树立"大树底下种好碧螺春"的理念，深度对接大上海，全面融入一体化，聚力推动科创协同、设施互通、环境共治、民生共享、文化交融，全力把"不可多得"的区位优势转化为"不可替代"的竞争实力。建设开放创新样板区。集聚高端资源要素，完善人才科创机制，促进核心技术、顶尖人才、旗舰项目、专业资本聚合聚变，以高水平开放带动引领创新，以高质量增量优化提升存量，加快建设现代化经济体系。打造开放共享新高地。

  在此方面昆山的经验就是树立前瞻性思维、国际化视野、现代化理念，以最高标准构建高效便捷的营商环境、宽松省心的政策环境、安心放心的法治环境、高效负责的服务环境、浓厚舒心的人文环境，多维度彰显开放气魄，全方位提升城市能级。昆山招商引资的思维首先就是要创造一个高标准高质量的营商环境，投资者怎么顺心，昆山就怎样有针对性地制定政策扶持，只有真正解放思想，营造出一个政策宽松，投资者省心、顺心的政策环境，各方投资者才愿意落户昆山。其次就是昆山让人安心放心的法治环境，无论是良好的社会治安环境，还是在经济纠纷中公正公平的仲裁，都是昆山发展快速的保证。再次就是高效负责的服务环境，对于投资者来说，政府是服务者，昆山政府始终以"用户思维、客户理念"，做好优质服务的"店小二"，做好

---

① 中共中央文献研究室：《习近平关于科技创新论述摘编》，中央文献出版社2016年版，第30页。

② 习近平：《为建设世界科技强国而奋斗——在全国科技创新大会、两院院士大会、中国科协第九次全国代表大会上的讲话》，人民出版社2016年版，第3页。

负责认真的"保姆"。实现了昆山投资者在有需求时零障碍、低成本、高效率地得到反馈。同时还有专业高效的急事快办、特事特办等服务手段，切实提高政府的办事效率。最后就是打造浓厚舒心的人文环境，昆山人深知，发展外向型经济需要营造浓厚的人文氛围、建设舒心的娱乐休闲设施，这样才能留住外来投资者以及吸引更多的投资者。昆山凭借自身浓厚的人文底蕴，结合传统与时尚，打造许多适合外商、港澳台商的场所、设施，促成许多项目的成功落地。

党的十九届四中全会指出，要推进合作共赢的开放体系建设①。当前，我们面临四大国家战略交会叠加的历史机遇，面临新一轮科技革命和产业变革带来的重要机遇，必须因势而谋、应势而动、乘势而上，举全市之力建设一流城市、集聚一流人才、培育一流产业，在深化改革开放中增强现代城市辐射力，在融入区域发展中提升人才科创显示度。

昆山为不断加大双向开放力度，积极应对国际经贸新变化，用好"双层挂钩"机制，狠抓专项举措落地见效，大力推广"应对六法"，全力服务龙头企业和产业链关键项目。推进综保区"五大中心"建设，鼓励企业发展保税物流、保税研发、跨境电商等业态，争创国家进口贸易促进创新示范区。争取设立花桥海关保税监管场所。精心做好第五届进博会参展组织工作。推进中国（江苏）自由贸易试验区联动创新区建设。加强与"一带一路"沿线国家和地区科技交流合作，不断拓展对外开放、国际合作空间。昆山主动把发展放在更高的坐标系中进行全面审视，向先进城市学习，同更强对手比拼较量，下好集成超越"先手棋"，抢占未来发展"制高点"，争新旧动能转换之先，奋力走在创新发展最前沿；争推动城乡融合之先，奋力走在协调发展最前沿；争生态文明建设之先，奋力走在绿色发展最前沿；争融入国家战略之先，奋力走在开放发展最前沿；争创高品质生活之先，奋力走在共享发展最前沿。

---

① 《中共中央关于坚持和完善中国特色社会主义制度 推进国家治理体系和治理能力现代化若干问题的决定》，人民出版社2019年版，第39页。

第二章
昆山生态文明建设新实践

习近平总书记指出:"绿色发展,就其要义来讲,是要解决好人与自然和谐共生问题。"① 党的十八大以来,昆山积极响应党和国家加强生态治理的号召,始终把生态文明建设作为城市发展的重要工作来抓,用"绿水青山就是金山银山"的理念引领发展,着力发挥经济、社会和生态效益的协同效应;注重用科技为体制机制创新赋能,力求全面而高效地整治生态环境,打赢碧水蓝天净土保卫战;坚持守土有责、守土尽责,致力于提升地方政府的生态治理能力,履行生态保护责任;坚持用系统思维谋划发展,有序规划、项目支撑、人人尽责、久久为功,构筑"美丽昆山"的建设蓝图。通过全方位的生态文明建设,昆山不仅将正确处理人与自然的辩证关系作为人与自然和谐共生的重点,而且实现了将生态红利转化为经济社会发展的福利、动力、支撑力,以生态文明建设新实践不断提升昆山人民获得感和幸福感。

---

① 习近平:《深入理解新发展理念》,《求是》2019年第10期,第4—16页。

一、生态文明建设的价值和意义

党的十八大指出,"建设生态文明,是关系人民福祉、关乎民族未来的长远大计"。党的十八届五中全会提出五大发展理念,绿色发展成为推动高质量发展的题中之义,党的十九大明确提出加快生态文明体制改革,建设美丽中国。党的十九届五中全会强调"推动绿色发展,促进人与自然和谐共生"。一系列重大部署,宣示了以习近平同志为核心的党中央推进生态文明建设的坚定决心。党的十八大以来,在习近平生态文明思想指引下,我国把生态文明建设摆在改革发展和现代化建设全局位置。昆山作为国家生态文明建设示范区,自觉将新发展理念融入产业发展、城市建设、公共服务、社会治理各方面和全过程。这既是贯彻落实党中央决策部署的责任所在,也是不断将生态环境作为最普惠的民生福祉着力满足昆山人民美好生活需要的必然要求,具有重要的理论价值和现实意义。

(一)生态文明建设是关乎民族未来的长远大计

2018年5月,习近平总书记在出席全国生态环境保护大会时指出:"生态文明建设是关系中华民族永续发展的根本大计。中华民族向来尊重自然、热爱自然,绵延5 000多年的中华文明孕育着丰富的生态文化。生态兴则文明兴,生态衰则文明衰。"昆山高度重视生态文明建设的民族意义,强化走人与自然和谐共生发展道路的使命感、责任感,明确生态文明建设在人民生产生活中的价值导向。一是强化顶层设计,站在"为子孙计"的战略高度将生态文明建设作为产业发展、城市建设、公共服务、社会治理各领域工作重点,全方位、全过程贯彻落实绿色发展理念。二是凝聚社会共识,通过有效方式促进绿色、低碳、可持续发展之路的经济效益和社会效益提升,强化人民对走绿色发展道路的广泛认同,增强昆山人民共同构建绿色生产、绿色生活、绿色生态美好家园的自觉性与主动性。

（二）生态文明建设是对昆山人民最普惠的民生福祉

2013年4月，习近平总书记在海南考察工作时指出："良好生态环境是最公平的公共产品，是最普惠的民生福祉。"习近平总书记的重要论述深刻揭示了生态保护的民生本质，昆山高度重视生态文明建设的民生意义，将昆山人民对干净的水、清新的空气、安全的食品、优美的生态环境等需要作为奋斗目标，通过体系化的生态文明建设举措，着力满足人民日益增长的美好生活需要。一是提高政治站位，将生态环境改善视为关系昆山政府使命宗旨的重大政治问题，以改善民生、造福人民为生态文明建设成效的衡量标准和目标要求，真正让昆山百姓体会到"环境就是民生，青山就是美丽，蓝天也是幸福"的真谛。二是注重精准施策，坚持经济与环境并重、遵循自然发展规律的发展要义，以生态为民，以生态惠民，以尊重规律、科学施策为准则，既强调生态环境保护等不起、慢不得，以解决损害群众健康的突出环境问题为首要任务，全力保护人民生命健康权；又坚持治理与预防兼顾的长效机制，通过综合长效的生态治理切实保护昆山人民的生态环境权益。

（三）生态文明建设内在机理的揭示是破解生态难题的关键

2013年5月，习近平总书记在十八届中共中央政治局第六次集体学习时强调："党的十八大把生态文明建设纳入中国特色社会主义事业五位一体总体布局，明确提出大力推进生态文明建设，努力建设美丽中国，实现中华民族永续发展。这标志着我们对中国特色社会主义规律认识的进一步深化。"昆山高度重视生态文明建设对中国特色社会主义伟大事业的战略意义，贯彻落实新发展理念，并不断在生态文明建设的昆山实践中深化对生态文明建设内在机理的认识，力求找到破解生态难题的关键，获取高质量的生态文明建设成效。一是深化对生态发展与经济发展内在耦合机理的认识，深入贯彻落实习近平总书记关于"保护生态环境就是保护生产力，改善生态环境就是发展生产力"的重要论述，将生态文明建设目标与发展高效的绿色生态产业实践结合起来，秉承昆山开放、融合、创新、卓越的发展理念，在生态建设产业化、产业发展生态化的互促共进中实现生态持续改善和经济健康发展的双丰收。二是深化对生态发展与人的全面发展有机统一机理的认识，牢固树立"人与自然和谐共生"的生态理念，深入贯彻落实习近平总书记关于"山水林田湖草是生命共同体"的重要论述，统筹兼顾、整体施策、多措并举，全方位、全地域、全过程开展生态文明建设。将提高生态环境整治水平作为工作重点，一手抓好基础设施建设，顺应水乡工业城市特点，推动海绵城市建设；一手抓好环境保护，打赢碧水蓝天保卫战，把资源节约、安全生产、乡村振兴、文化旅游等方面工作统筹协调起来，使优质的生态保障为昆山经济社会高质量发展服务。

二、昆山生态文明建设的做法和成效

昆山全市上下深入学习贯彻习近平生态文明思想，深入践行"绿水青山就是金山银山"理念，牢记习近平总书记对昆山"把保护生态环境摆在更加突出的位置，转变发展方式，优化发展思路，走出一条生态优先、绿色发展的新路子"的嘱托，坚持将"良好生态环境是最公平的公共产品，是最普惠的民生福祉"的理念融入昆山各项发展规划，提高政治站位，强化责任落实，保持生态文明建设战略定力，深入打好污染防治攻坚战，努力建设人与自然和谐共生的现代化。昆山在高效发展绿色生态产业、提高生态环境治理水平、强化政府生态保护责任、建设生态宜居美丽家园等方面做出了全方位的实践探索，生态文明建设取得了明显实效，为昆山高质量发展厚植生态绿色基底，为昆山人民对美好生活的向往填充美丽色彩。

（一）高效发展绿色生态产业

开放、融合、创新、卓越是昆山长期以来秉承的发展理念，其建设思路是生态建设产业化、产业发展生态化，着力化解经济发展与生态保护之间的矛盾，以绿色生态产业发展实现两者相互促进。为此，昆山在经济发展中始终坚持底线思维，保证环保准入制度的严格实施；注重思维创新，推进产业转型升级高速高效；坚持协调发展理念，运用推进企业小循环、产业中循环、社会化大循环的绿色循环理念指导区域发展，实现产业发展与生态建设的有机融合，为建设绿色生态城市提供了坚实的产业基础。

1. 实施严格的环保准入制度，划定产业发展的生态红线

随着经济发展水平的不断提升，昆山人民的发展需求也日益提升且趋于多样化，对生态环境的需求已超过对单纯经济增长的要求。环保准入和生态红线是避免经济增长以环境破坏为代价的重要保障，走产业发展与生态保护有机融合之路是满足新时代昆山人民美好生活需要的必经之路，为此昆山在产业发展中坚持实施严格的环保准入制度，划定产业发展的生态红线。一是在招商引资中实施最严格的环保准入制度。制定了《昆山市绿色招商转型升级环境准入指导目录》并实施严格的环境准入标准和落后产能淘汰制度，提高引进外资的生态环境门槛，拒绝污染企业进驻昆山，为常态化发展绿色生态产业预留空间。"十二五"期间，共劝退了包括投资总额达 2.82 亿美元的 14 个外资项目、投资总额达 11.98 亿元的 38 个内资项目在内的各类重污染项目 52 个，坚定不移地守住绿色发展线、环境安全线这"两条底线"。二是划定和严格遵守产业发展的生态红线。编制了《昆山市生态红线区域保护规划》，在重要水源、湿地、水体、林木等生态红线基础上，还新增了 1 个特殊物种保护区和 3 个生态公益林，二级管控区累积增加 40.4 平方千米。昆山市的生态红线保护区域面积目前占全市面积的20.4%，已达189.9平方千米，严守耕地保护、开发强度、生态保护"三条红线"。三是推进生态功能区建设，致力于打造"一圈一带一区"。主体功能区战略主要实施在淀山湖流域和阳澄湖区域生态保护圈，科学划定城市开发边界，把好空间、总量和项目准入的关口，将财政、土地、产业、环境政策差别化。针对阳澄湖、淀山湖、吴淞江和娄江等区域进行专项整治与生态修复，建设生态安全带。建设生态保护屏障，落实最严格的水资源保护政策。为优化空间布局，全面推进生态保护的引领区和典型区域建设，推动经济结构绿色转型，完善环保基础设施。开展森林公园建设，仅一年时间建成35个"口袋公园"，新增了661万平方米的绿化面积，闲置用地覆绿面积229.4万平方米，形成了良好的生态绿地分布格局。

2. 加快推进经济升级转型，实施传统产业的绿色改造

坚持贯彻落实新发展理念，昆山积极推动经济结构调整和发展方式转变。一是将传统产业进行绿色改造。组织实施环保"领跑者"行动，实施创新发展"六年行动计划"，每年投入不少于20亿元作为专项资金，努力实现驱动方式从要素和投资向创新和改革的发展动力转变，从规模速度粗放型向质量效率集约型的发展方式转变，产业结构也实现从中低端到中高端的转变。当前，昆山经济发展构成中，新兴产业和高端产业已占据主导地位。2019年，四大高端产业共获得2 350亿元的销售额，包括光电、半导体、小核酸及生物医药、智能制造等，实现16.2%的增长。新兴产业和高新技术产业占规模以上工业比重分别达49.5%和46%。二是推进经济发展动力多元化。消费拉动加速，2019年，就全市的社会消费品来说，零售总额达1 080亿元，进出口总额达810亿美元。三是尊重科技创新，营造良好氛围。昆山在全社会研发投入上占比提高至3.5%。其中，高新技术企业达1 491家，人才科创项目仅新入驻的就有704个，"一廊一园一港"投运科创承载空间139.1万平方米。昆山坚持内外需并进、科创引领，在转变发展方式、优化产业结构方面下功夫，走绿色与科技相结合的发展之路，着力推动经济高质量发展。

3. 优先发展生态工业，夯实绿色生态产业的产业基础

昆山优先发展生态工业，一是重视绿色产业，大力推进重点项目建设。先进制造业是昆山产业基础，昆山坚持优先发展生态工业，在"十二五"期间组织实施"十个一批"重点项目，将"老树开花""插柳成荫""腾笼换鸟"这"三篇文章"做深做实。全市新兴产业产值、高新技术产业产值分别占规模以上工业的43.7%、50.2%，全市共审批建设项目环评1.533万个，建成1个国家级生态工业示范区、1个省级生态园区和全国第一个省级现代服务业生态园区，培育151家循环经济试点企业、864家清洁生产审核企业、700家ISO14000认证企业。① 二是充分发挥生态园区对绿色产业的支撑作用。昆山经济技术开发区早在2010年就获评国家生态工业示范园区，在全市经济发展中发挥了"压舱石"的作用，昆山注重工业新旧动能转换，不断强化高新要素支撑，推动产业结构向高端化迈进。为了实现传统工业区向科创园区转变、高新技术产业为城市发展赋能的目标，昆山积极探索促进经济发展质量效益不断提升的转型路径，用产业布局的调整和优化助力于昆山绿色生态产业的建设和发展。昆山高新区坚持走绿色协调发展道路，以循环经济和工业生态学为指导，基础设施建设不断加强，积极构建生态工业链，促进节能减排与低碳化改造的持续推进，2020年成功升级为国家生态工业示范园区。三是优化生态园区网格化监管机制，完善环境保护监管体系。昆山各工业生态园区以习近平生态文明思想为指导，贯彻生态环境部《关于进一步深化生态环境监管服务推动经济高质量发展的意见》相关要求，坚持环保优先的工作思路，实施环保网格化监管和分级分类管理，建立了"网格区"和"监管网格"两级网络，强化事中事后监管。为了更好地给企业提供服务，还配备了专职网格监管员，主动服务企业

---

① 《昆山打造绿色生态产业体系》，《昆山日报》2016年7月28日第A01版。

绿色发展，为企业优化生产工艺和流程提供引导，践行"全方位+整过程"的服务理念，以便节能减排的深入开展，走绿色发展道路，实现资源利用效率的最大化和废物产生的最小化。

4. 推动节能减排，打造可再生能源基地

能源清洁化是绿色生态产业的重要标志，也是打造蓝天碧水的现实需求。昆山因地制宜，集合可利用的天然可再生能源优势，加大对太阳能光伏、光热、风能等可再生能源产业的支持，实现可再生能源产业的产业链不断趋于完整和功能强化。一方面，对于研究可再生能源利用技术的研究机构，加强聚集性，进行全方位招商，引进可再生能源领域内国内外优秀企业，包括世界领导型企业和自主创新型产业等。另一方面，注重以市场为导向，着力建立昆山可再生能源产品及技术交易、交流中心，使"昆山"制造的可再生能源产品和最新可再生能源技术有效地流通、推广和增值，实现资源最优配置和产业发展的效果最大限度提升。

5. 围绕都市服务，发展绿色生态农业

昆山坚持生态优先、绿色发展的原则。一是更加重视农业的生态功能，推进现代农业、绿色农业发展。推进农业减排和循环技术应用，大力发展生态循环农业，注重种养结合、农牧配套、规模适度。更加重视湿地保护，逐步形成田、水、林、湖自然景观和城乡环境相互融合的都市田园。在农业产业发展方面，结合市场需求，重视科技创新，追求质量效益，培育新型农业经营主体，整体推进了"全国绿色食品原料（稻麦）标准化生产基地"和"省级农产品质量安全市"的创建。突出龙头企业的示范引领，研究和宣传无公害农产品、绿色食品和有机产品，建立了一批示范企业。推进农旅融合，建成了一大批生态休闲观光农业经营主体，包括农业观光采摘园、休闲农庄、现代农业示范园等。二是全面构筑江南"鱼米之乡"的生态安全屏障。在全市农村全面实施"六大工程"建设，囊括了河湖林网构建、生态片林建设、绿色通道提升、园区基地绿化、村镇环境美化、森林质量提升等方面的内容，提升林木覆盖率。形成了以天福国家级湿地公园、锦溪省级湿地公园、巴城阳澄东湖苏州市级湿地公园为统领，湿地建设管理量质并进的格局。

（二）提高生态环境整治水平

区域生态恢复是生态环境整治的重要一环，也是建设绿色生态城市必须破解的难题。近年来，基于苏州市委市政府的正确领导和苏州市生态环境局的有力支持，昆山将提高生态环境整治水平作为工作重点，在重视城乡建设的同时，毫不松懈环境保护，一手抓好基础设施建设，顺应水乡工业城市特点，推动海绵城市建设；一手抓好环境保护，打赢碧水蓝天保卫战。同时，把资源节约、安全生产、乡村振兴、文化旅游等方面工作统筹协调起来，将乡村人居环境整治作为重点，使其成为优质的生态保障，为昆山经济社会高质量发展服务。

1. 建设海绵城市，推进绿色发展

在生态环境的城市建设方面，昆山市坚持顺应自然、将城市轻轻放在大自然中的理念，推动海绵城市建设的大力建设。"海绵城市"是指城市能够像"海绵"一样，下雨时吸水、蓄水，需要时再将蓄水"释放"出来，加以利用，是新一代城市雨洪管理概念。习近平总书记在2013年的中央城镇化工作会议上，提出要大力建设海绵城市，实现三个自然，即自然积存、自然渗透、自然净化。2018年，江苏省委省政府将海绵城建设目标任务纳入高质量发展监测评价指标体系。昆山地势平坦、水系密布，全市以圩区为单元排水，普遍存在水动力不足、水体自净能力较差等问题。"水脏""水堵"等水环境"城市病"随着工业化、城镇化的快速推进和产业规模、人口规模、建设用地规模急剧增长而出现，昆山城市发展可持续性和宜居性也受到了严重影响。

在首批海绵城市建设过程中，昆山作为省试点城市，始终将山水

林田湖草生命作为共同体看待，致力于实现人民群众对高品质生活的追求，率先探索海绵城市建设路径，着力打造生态宜居城市。高起点编制《昆山市海绵城市专项规划》，构建"蓝、绿、灰"三网统筹的海绵城市空间格局，在城市规划蓝图中纳入海绵城市建设。根据规划，昆山市域共分为98个作为独立的排水分区和水环境治理分区的海绵城市建设分区。以海绵城市的建设实现水生态系统的修复、城市水环境的改善和城市内涝的缓解，实现水资源的节约使用和充分利用，也使城市韧性和宜居性大大提升，以此促进城市发展方式的转变，而水环境的改善和水资源的合理利用也将助力于城市可持续发展。充分利用昆山经济技术领先的发展优势，以先进的科学技术为海绵城市建设提供支持。编制了《昆山市海绵城市规划设计导则》等14份技术指导文件，建立了一套带有昆山特点的技术标准规范；制订了《昆山市海绵城市建设监测方案》，构建了一体式管理模式。

根据海绵城市的建设要求，结合昆山生态空间结构体系，以昆山的山、水、林、田、湖等作为海绵基底要素，构建"七横、四纵、四区、六园"等独具特色的自然生态空间格局。"七横"包括同周路生态廊道、苏沪生态廊道、吴淞江生态廊道、京沪高铁生态廊道、太仓塘生态廊道、杨林塘生态廊道和苏昆太生态廊道；"四纵"包括夏驾河沪昆生态廊道、金鸡河—青阳港—千灯浦生态廊道、张家港—小虞河—大直港生态廊道和东绕城生态防护廊道；"四区"包括南部农业生态集中区、北部农业生态集中区、南部湖群生态敏感区、阳澄湖生态敏感区；"六园"包括振苏生态园、陈巷生态园、天福生态园、振东生态园、城隍潭生态园和森林公园。纵横交错、区园并立，构成了昆山海绵城市的坚实基础，形成了良好的生态空间，促进了城市绿色发展。

2. 建立全天候环保监督机制，确保绿水蓝天

严格监管机制是生态环境保护的制度保障。针对市域内工业企业众多、环境污染压力巨大等情况，昆山市对环保监督管理工作展开全面强化，着重加强大气污染防控和水污染治理，做好农业面源污染防治工作。一是强化水污染监管防治。全市主要针对各饮用水源取水口和国控、省控、市控重点断面以建设自动监测站的方式监测水环境质量，目前已建成18个。主要针对阳澄湖蓝藻、电镀企业重金属、千灯化工区空气质量等建设智能在线监控系统和平台，针对与全市6家2万吨以上的污水处理厂建成了中控系统联网工程，染源方面，建成600套在线监控污染源的设施。共整治36.5万平方米的河湖违法圈圩和违法建设。建成43万平方米的污水处理尾水生态净化湿地。全部实现稳定达标的国省考断面水质达到8个，优Ⅲ比例达到100%，这是历史性的成果。劣Ⅴ类水质河道基本消除。傀儡湖作为全省首批生态样板河湖，夺得了长江经济带最美湖泊的荣誉。二是多部门形成建设合力，实现大气污染防治的联合推进。大气质量自动监测站共建成13个，分布在全市11个区镇，形成与区域和部门联防联动、齐抓共管的大气污染防控体系。环保部门主动发出苏州市首道污水排放"禁止令"和全国首道大气污染"执行令"。污染源、环境风险源等是要重点加强管理的方面，针对这些项目开展执法检查，大气、水源地、重点污染源企业、重点环境信访、核辐射和固危废等都包括在内。其中，2019年完成122项大气污染防治工程，细颗粒物（$PM_{2.5}$）平均浓度33.1微克/立方米，81.9%属于优良天数，在苏州市空气质量排名中名列前茅。三是针对农业面源污染实行全面整治。昆山推广先进的农肥技术，在此基础上采取补偿等措施，化学农药施减率达到5%；还注重借鉴吸收高标准农田改造工作的优势，在包括千灯、周庄和锦溪镇等在内的连片种植业区域内实施了7 000亩（约4.67平方千米）氮磷拦截工程。分四期建设的昆山生态农业肥水处理改造工程，规划设计根据池塘工程化循环水养殖工艺要求进行，投资超10亿元，总面积达3万亩（约20平方千米），实现对7个村的全覆盖，形成10 467亩（约6.978平方千米）的建成面积，以此推动在阳澄湖流域水产养殖总氮和总磷的达标排放，进而提升阳澄湖水环境质量。经过不懈努力，污染防治攻坚战和河湖长制两项工作在昆山取得重大进展，顺利通过苏州考核并获得优秀，在"第二届江苏生态环境十大先进典型"中，昆山组建的全省首支区镇环保执法检查员队伍赫然在列。

3. 做好人居环境整治，让乡村生活美起来

人居环境整治对农村生态环境改善至关重要，对于绿色生态城市建设具有良好外围环境营造作用。近年来，昆山在大力发展地区经济的同时，把更多精力放在农村人居环境整治上，以乡村振兴"二十字"为指导，坚持"高站位推动、项目化推进"导向，积极推动乡村振兴战略的实施，将农村人居环境整治作为"硬任务"和"一把手"重点建设。制订出台了《昆山市农村人居环境整治三年行动实施方案（2018—2020年）》《昆山市农村人居环境整治"红黑榜"考核办法（试行）》等文件，具体措施以农房翻建为统领，致力于提升农村基础设施建设，"全面开展农村生活垃圾处置、农村水环境管护、农村公厕管护、村容村貌提升等工程，越来越多的村庄日新月异，书写着乡村发展的'美丽日记'。

首先，加强规划，注重引领，推进乡村农房翻建工作，突出水乡特色。建立市域到村镇，再到村庄和农房规划设计的实用性乡村规划体系，致力于优化乡村的生产、生活和生态空间，并出台专门政策促进督查考核，开展了对农村房屋"刷白见新"等行动，实现"白墙黑瓦、清清爽爽"，展示江南水乡特色。昆山市人大常委会在2018年的"一号议案"中加入了"高度关注、及时解决农房建设管理存在的问题和矛盾"的内容，以有效监督促进农房翻建的顺利进行，使昆山乡村生活更加舒适和幸福。农房翻建后，在围绕的配套设施建设中，各区镇累计投入5 402.6万元，新建、改造了186座农村公厕；新建了26座农村生活垃圾就地处置站，使处置站总数达65座，以基础设施的完善来推动农村垃圾分类工作的有效进行，行政村覆盖率位列苏州大市第一，达90%以上；在农村环境整治行动中，清理了1.3万余处乱堆放、1 000余处乱养殖、4 000余处乱搭建；完成了134座新改建桥涵工程，疏通了33.3千米农村河道，致力于推动清水工程的实施；生活污水治理覆盖率提升，覆盖了427个自然村，得益于此，污水治理率高达86.5%。

其次，以重要机制作为农村人居环境整治的保障，坚持科学考核，精准督查。重点出台了《昆山市农村人居环境整治"红黑榜"考核办法（试行）》，"加码"工作力度，针对自然村、行政村、区镇进行每月、每季度、每半年公示"红黑榜"，为了对农村垃圾处置、农村水环境管护、农村公厕管护、村容村貌提升等四个方面15项内容开展督查考核，采取日常巡查、随机抽查和重点督查相结合的方式，督察考核范围涵盖了全市11个区镇、166个行政村（涉农社区）、526个重点自然村，考核结果直接与区镇目标考核和村干部百分制考核挂钩。

再次，探索多元运营模式，实现村庄人居环境的长效管理。通过公开竞争承包经营保洁工作模式，建立物业化托管和责任包干工作制，村内环境整治、村内道路、植树造林等小型涉农工程项目等支持村级组织和农村"工匠"带头人等承接，建立健全"五有"管护长效机制，坚持有制度、有标准、有队伍、有经费、有督查，提升村庄环境高效化、专业化、社会化管理水平。

最后，在人居环境整治与乡村旅游开发方面，坚持保护与开发并举，不断提升农村内在"气质"。昆山为高效开发乡村旅游资源，实施多项举措，推动"乡村"变"风景"，"风景"成"产业"，推动实现"乡村+旅游、文化、科创"的融合发展。在此基础上深化美丽村庄建设，建成康居特色示范村2个、三星级康居乡村121个，金华村北华翔、祁浜村三株浜、朱浜村祝甸3个省级特色田园乡村试点任务实现高质量、高标准完成。通过一批特色田园乡村昆山"样本"的建设，田园乡村兼顾了农民幸福生活和城市人旅游养老的需求，成为家园和福地。越来越多令人向往的、独具特色的美丽小村庄在人居环境整治中显现。祝家甸村的砖窑文化馆变成"网红"打卡地；三株浜村抓住江苏省级特色田园综合体建设的机遇，全力打造"香村·祁庄"民宿品牌,成为水乡古镇旅游文化品牌之一;张浦镇尚明甸村坚持弘扬传承传统稻作文化,成为江南圩田景区的核心区和启动区。

(三)强化政府生态保护责任

地方政府是生态城市建设的责任人,担负好环境管理和生态保护的责任是其职责所在,日趋严峻的环境污染形势凸显了环境治理的迫切性,美丽生态环境对人民群众的重要性也对地方政府的环境管理执行力提出了更高要求。政府要提升环境管理执行力,首先就要建立环境管理机制,在此基础上实现环保相关法律法规的完善,最重要的就是各项环保政策的实践与落实,只有这样才能更加有效地实现经济、社会和环境的全面协调发展。近年来,昆山始终紧抓生态环境保护的政治任务,将工作重点放在补齐生态短板上,以良好生态作为对人民群众的有益回馈,推动了经济的持续快速发展。在全市生态治理过程中,始终坚持对各项环保管理制度的逐步完善,在环保资金上不断加大投入,对工作力度的监管日益加强,有序开展生态治理工程,不断提升环境管理水平。环境保护相关政策和法规全面贯彻落实,各项环保管理工作扎实开展,区域生态治理能力不断提升,生态文明建设的有效成果充实了"五位一体"现代化建设布局。

1. 规范生态管理工作制度,明确环境保护责任制

根本性、全局性、稳定性和长期性是制度建设的根本特性。加强生态文明建设,必须把制度建设贯穿其中,推进生态管理制度化、程序化、规范化,保证生态文明建设的长效化。首先,在生态文明建设的体制机制方面,建立垂直管理的环境保护行政机制。苏州市机构改革要求出台,由生态环境机构监测监察执法垂直管理制度改革工作统一部署,昆山市环境保护局更名为苏州市昆山生态环境局,成为苏州市生态环境局派出机构,受其直接管理,在所在地和监管区域生态环境保护工作方面明确职责部署。市里统一收归原昆山市环保局所属事

业单位,由苏州市昆山生态环境局领导具体工作。其次,在污染防治攻坚战的制度建设方面,出台了一系列政策文件,严明政治责任。昆山市相继出台了《昆山市生态环境保护工作责任规定》《全市生态文明建设领域"问责行动"工作方案》《关于"两减六治三提升"专项行动司法保障的十条意见》等文件来应对污染防治攻坚战时间紧、任务重、难度大的问题。为进一步推动生态环境保护工作任务落实,结合昆山实际,昆山于2018年5月15日印发了《关于在全市污染防治攻坚战中提供坚强纪律保障的实施方案》。全市纪检监察机关立足"五个强化","重点落实13项具体举措:有效督促责任落实;加大挂牌督办力度;加强日常监督检查;建立约谈教育机制;督促移送问题线索;深入开展生态文明建设专项巡察;充分发挥巡察'利剑'作用;选准专责监督对象;分析提出监督意见;建立跟踪监督机制;坚持问责必严;坚持违法必究;坚持通报曝光"①。此外,昆山还出台了《昆山市突发环境事件应急预案》和《昆山市环境保护局突发环境事件应急预案》来更好地应对全市环境突发事件,为督战污染防治攻坚战提供坚实政策保障。再次,完善落实生态环境损害赔偿制度,明确责任制。2020年3月31日,为实现对生态环境损害赔偿资金的规范管理,着力推进公益诉讼修复机制,根据规范性文件制定要求,昆山发布了《昆山市生态环境损害赔偿资金管理办法(试行)》,并向公众广泛征求意见。在基本农田、生态公益林和重要湿地等方面实施生态补偿,还针对水环境资源污染损害开展补偿试点工作,出台了《昆山市吴淞江流域环境资源区域补偿方案(试行)》和《昆山市基本农田生态补偿实施办法(试行)》等生态补偿机制。最后,结合江南水乡实际,深化河湖长制等系列制度建设。建立市、镇、村三级河湖长体系,以607名各级河湖长推动河湖长制管理全覆盖,使河水治理一直在路上,保证河水清澈长流。河湖长制管理覆盖昆山全市2 815条河道、38个湖泊,以有针对性的、差别化的护河措

---

① 《打造责任落实闭合链条 推动环境保护任务完成》,来源:昆山市人民政府网,网址:http://www.ks.gov.cn/kss/ksyw/201805/d97295573ef240e38da90b76e96dbcae.shtml。

施来保证河水长清，累计完成676项"一事一办"清单任务。同时，昆山还在全省首创"四办合一"，"四办"即河长办、治水办、农污办、黑臭水体办，以此实现生态修复和综合治理。同时，充分发挥基层河长履职六步工作法作用，"一看水、二查牌、三巡河、四访民、五落实、六回头看"，一方面明确各级河长的工作职责，规范其行为，另一方面对其工作予以督促。将市级"智慧河长"平台与区镇河湖长制进行平台对接，充分利用平台便利实现对各级河长巡河数据的实时关注。全面推行河长制以来，昆山市各级河长累计开展一线巡河217.7万次。

2. 加大环保投资力度，有效保障生态治理资金的充足稳定

政府环境管理执行力得以实现的重要保障之一是保证生态治理资金充实稳定的投入，昆山市全市全年环保投资自2012年以来呈稳步增长趋势。其中，2012年全年环保投资总额101.2亿元，占当年度地区生产总值的3.7%；2013年全年环保投资总额较2012年增长6.9亿元，占当年度地区生产总值比例不变；2014年全年环保投资总额119.2亿元，占当年度地区生产总值的4.0%；2015年全年环保投资总额较2014年增长了6.2亿元，占当年度地区生产总值比例增长了0.1%。几年来，昆山重视生态文明建设的重点项目，不断加大投入力度，按照"高起点规划、高标准建设、高水平运作"的要求，注重制度化安排和项目落实。2018年全市集中开展了7大类工程83个项目，包括污水处理设施、工业企业废水、水环境治理、海绵城市示范区等，投入了超110亿元的资金。2019年在全市生态文明建设工程项目上总投资143亿元，共安排了804个生态文明建设工程。

3. 坚持重点管理与综合施策相结合，在动态管理中落细落实分管任务

坚决打好打赢蓝天、碧水、净土三大保卫战，健全生态环境保护长效机制，开展生态空间全要素整治修复，不断筑牢生态环境基础。

一是实施环保督察案件销号管理。将重点问题进行梳理和汇总，根据任务清单实行动态管理，并根据实际情况随时对任务清单进行更新。根据任务清单确定责任部门和主要职责，以此形成履职清单，对分管领导、责任人员、完成时限和具体工作内容等逐项明确。每完成一项任务都予以销号处理，但已销号的任务也要做好完整的工作记录。中央生态环境保护督察及"回头看"反馈问题在2019年全面完成整改销号。昆山在水污染治理方面先行一步，在苏州全市率先针对194条劣V类水质重点河道进行监测，验收成果达标并完成销号工作。截至2019年年底，水质达标的河道累计159条，其中更是有131条连续保持水质达标六个月，国省考断面水质优Ⅲ比例历史性达到100%。二是深入推进"263"专项行动。昆山市着眼全局，突出重点，通过专项行动的开展，确保按时足量完成减煤目标，着力削减煤化污染总量。主要针对大气污染和水环境进行强化防治和改善，对于垃圾和危废的管控贯穿全程，对环境中存在的风险做好防范。对于具有突出问题的重点区域建立专案制并不断完善，对治理方案的制订要求相关部门集中讨论，工作人员实行现场办公。例如，针对化工产业污染大、难治理的问题，昆山市坚定目标、紧抓重点、重在落实、集中发力，严格将化工企业联合执法检查关停的整改要求予以落实。早在2017年间，全市关停54家化工企业，关停、淘汰152家低效产能企业，资源的优化配置为昆山腾出了达3 659.54亩（约2.44平方千米）的发展空间。严格落实、规范"一案一档"工作，确保有计划、有部署、有落实、有推进地完成"263"交办件办理。到了2019年，接收交办件达29件，已全部完成回复工作。三是综合施策治理道路扬尘污染。将法制宣传覆盖到建筑工地，加强冲洗设施、沉降池、围挡设施等的规范设置。运输企业应该按照要求办理《建筑垃圾（工程渣土）运输车辆通行证》《建筑垃圾（工程渣土）处置证》。在建筑工地附近道路增加巡查频次，对节假日和夜间施工进行专项整治，充分利用建筑工地和道路的视频监控系统，对运输车辆状况进行实时掌握。自2019年起，只运输车辆污染路面案件就查处了972起并结案，收缴了175.95万元的罚款。四是有序开展餐饮业油烟污染治理。对重点商业路段更加细致地进行排查，尤其是紫竹路、衡山路、春晖路等。充分了解市民投诉内容，关注社区反馈的热点区域，两者相结合，排查存在油烟扰民问题的重点餐饮店名单。与环保、市场监督管理等部门合作，形成建设合力，共同治理，形成商户自律、媒体监督、部门查处、社会参与的全面整治，构建全方位的治理格局。充分发挥无人机等新型智能化设备在治理过程中的重要作用，以人机结合的方式巡查背街小巷和楼顶，油烟污染管控确保全覆盖、无盲区。自2019年起，共查处了56起油烟污染案件并收缴罚款29.6万元；查处了34起露天烧烤行为并收缴罚款2.05万元。

4. 强化领导干部环保绩效考核，构建全民参与的综合治理体系

干部环保绩效考核制度是着眼于解决干部推动生态文明建设积极性的重要制度安排，也是生态文明治理体系和治理能力现代化的发展要求。一方面科学制定与经济社会发展和生态文明建设相关的目标责任制。昆山在2016年就有预见性地看到了生态文明建设的重要性，并将其考核纳入全市市级机关部门绩效考核中，区镇生态文明建设考核比重随着时间不断提升，已达21%，突出绿色GDP考核的重要性。生态环境高质量考核总分在《2018年区镇目标管理考核实施细则》中占比较大，高达150分。近年来，江苏省、苏州市认真推行新时代高质量综合考核，把共性考核与个性化考核结合起来。在对于昆山市的个性化考核指标中，绿化和污水管网建设及危废处置占了20分。项目包括新增绿化面积、新建改造污水管网、危废处置、河湖"两违"整治等内容。昆山市相继出台了《昆山市生态红线区域保护实施方案》和《昆山市生态红线区域保护监督管理考核暂行办法》，始终把生态红线区域的保护与监管工作放在突出位置。另一方面积极引入社会监督力量促进环境整治和生态文明建设。在民间，全市首家环保民间组织——鹿城环保志愿者服务社在2012年成立，以开展志愿服务的方式提升市民参与全市环境保护管理工作的热情，也以这种方式实现了环保公益组织对全市环境保护管理的有效监督。充分利用微博、微信等互联网工具，借助官方微博和公众号引导市民对环境保护工作展开讨论并提出建议。开发相关手机App，推出新系统对昆山市空气质量进行实时发布，使昆山人民能实时了解全市环境质量、国控企业重点污染源及所有新建项目环境影响评价等信息。

（四）建设生态宜居美丽家园

昆山受其所处地理位置的影响，有着悠久的历史，经济发达，物产丰富，环境优美，占地面积931平方千米，只水域面积就超过24%，素有"江南鱼米之乡"美称，因此，昆山得天独厚的生态资源是其一大优势，而生态美是昆山的一大特色。昆山自改革开放以来，坚持发展开放型经济，走出了一条独具特色的"昆山之路"。在经济发展和人民物质生活水平提高的同时，人们对生态宜居环境的需要更加迫切，这也是加强生态文明建设的当务之急。党中央明确了"五位一体"的奋斗目标，"美丽"成了现代化强国的新追求。习近平总书记视察江苏时殷切希望建设"环境美""社会文明程度高"的"强富美高"新江苏。针对中央的要求、群众的需求，昆山把建设生态宜居美丽家园作为发展的追求，实施了"美丽昆山"建设三年提升工程，走出一条以绿色美丽为特征的新时代"昆山之路"。

1. 制订三年提升计划，明确建设"美丽昆山"时间表与路线图

昆山在生态宜居建设方面有良好的基础，住房和城乡建设部2016年评出的首批"国家生态园林城市"中，昆山赫然在列。为贯彻习近平总书记对江苏工作重要指示的要求，昆山集中精力、主动作为，把建设美丽昆山生态宜居家园作为重大发展目标，下好绣花功夫、实施精准治理、注重标本兼治，让城市形态和面貌更加美好，全力推动城市精致化发展，实现"全新一跃"。2018年4月昆山召开了推进"美丽昆山"建设三年提升工程动员大会，决定2018—2020年，在全市范围内开展长达三年的"美丽昆山"建设提升工程，主

要包括三个方面：美丽家园工程、美丽街巷工程、美丽镇村工程，开展两个提升行动，主要是对城市道路畅行和交通干线环境的提升。努力形成建设生态宜居昆山的常态长效机制，明确了建设生态宜居美丽家园的时间表和路线图。昆山市委十三届四次全会将"建设生态宜居的美丽昆山"作为一项重要的战略部署，促进改善人民群众居住环境、提升政府在城市治理方面的能力和水平，进而增强人民群众对昆山生活的归属感和认同感。昆山下辖各镇区也制订了相应的实施方案，如水乡古镇锦溪镇在全市的规定动作外增加了"美丽古镇工程"和"水环境提升行动"。

2. 综合治理与精准施策相结合，着力建设全方位美丽昆山

建设"美丽昆山"，最迫切的就是要走好"昆山之路"。为了跟上高质量发展的潮流，昆山跳出单一经济发展的思维模式，以建设美丽昆山来推动"昆山之路"的发展，致力于以城乡面貌和人居环境的优化和改善来提升城市形象。"美丽昆山"建设在城乡建设、环境治理等方面精准施策，在规划合理形态美、设施完善功能美、绿色生态环境美、干净有序面貌美、宜居宜业生活美等方面综合施策，着力建设全方位美丽昆山。加强住区环境整治，开展美丽家园工程建设。对老旧小区进行全面更新改造，提升小区物业管理服务水平。仅2019年就完成1 237项"美丽昆山"建设整治任务。"拆除违法建设590万平方米。新建、改建标准化厕所399座。生活垃圾分类投放设施覆盖率达100%。棚户区改造建设实现全覆盖。完成房屋征迁113.3万平方米。中环内443个老旧小区物业实现国企接管。解危D级危房3.3万平方米。投放纯电动公交车110辆。新建、改建公交候车亭513座，亮化611座。"① 以"十无"标准，开展美丽街巷工程建设。街巷整治的"十无"标准，即无私搭乱建、无乱停车、无乱

---

① 《政府工作报告（2020年1月4日在昆山市第十七届人民代表大会第四次会议上）》，来源：昆山市人民政府网，网址：http://www.ks.gov.cn/kss/zfgzbg/202001/9d1522d830374705b59ed9aa84b7986e.shtml。

占道、无乱堆放、无违规经营、无违章广告、无外立面破损、无破墙开店、无道路破损、无绿化缺失。按照标准实施基础设施、市容环卫、绿地美化三个方面整治。打造特色田园乡村，开展美丽镇村工程建设。推进特色田园乡村建设整治和康居村建设提升工作，将生态文明绿色细胞工程予以实施和落实，实现100%国家级生态镇覆盖率，把绿色理念渗透到城乡的每个角落。周庄、锦溪等古镇还开展了美丽古镇建设工程，加强保持古镇主干道、河道范围内、绿化区域环境干净整洁。修复古镇建筑破损、危险区域，规范沿街店铺的违规经营，提升古镇旅游服务水平，提供高质量旅游产品及服务。

3. 突出精细化品质化实战化，打造"美丽昆山"生态品牌

为全面促进美丽昆山建设工程提质增效，针对美丽昆山建设中存在的痛点、堵点和难点问题，采取了一系列有效方略，着力打造"美丽昆山"生态品牌。一是坚持以精细化为导向，围绕群众需求做细做实。着力关注人民需要，广纳人民意见，将功夫、质量和情怀体现在微小处，以"小切口"治"大毛病"；重视创新、久久为功，坚持不懈、注重转化、狠抓落实；节约资源、提升效率，严格以百姓要求来决定建设和投入的时效。例如城市道路畅行提升行动，抓住老百姓停车难、停车乱的痛点，把停车管理整治作为重要任务，提升闲置空地、桥下空间等场地资源的高效利用，设置临时停车场，划设停车泊位；针对停车管理制定并出台政策，实现智能化。二是坚持以品质化为引领，树立精品意识。将精品化的标准践行在每一项设施、每一条街道、每一座建筑的建设中。特别是老旧小区改造，昆山在镇区一级，动员了建管部门、房开公司、城管部门、消防部门、文卫办、创建办、社区、管线单位，八个部门通力合作，确保建设品质，抓好施工现场，把实事办好。充分发挥信息科技的重要作用，实现"城市大脑"的加快建设，提升城市治理体系和治理能力现代化水平。三是坚持以实战化为路径，突出问题导向。注重搜集市民反映强烈、矛盾突出的问题并予以梳理，做到及时高效解决，例如，统一"厕所革命"的标准、对农贸市场的改造升级等，以小区物业管理质量的全面提升为最终目标。昆山在"美丽昆山"建设实践中促进了一批务实管用的制度机制的完善、一批环境治理的标准规范的健全、一批可复制的操作思路总结，从而形成了适应昆山环境治理的一整套工作经验与方法，订立昆山规矩、体现昆山水平、形成昆山经验。

总之，改革开放四十多年来，昆山人民筚路蓝缕、开拓奋进，用一个又一个"第一""唯一"铺就了县域经济发展的"昆山之路"，创造了令人瞩目的发展奇迹。在全面深化改革新时代，昆山人学习历史经验，传承优秀基因，以一种昂扬的奋发姿态，奋勇向前、与时俱进，不断在探路和发展中丰富"昆山之路"的新内涵。新时代"昆山之路"以绿色生态文明为发展底色，昆山绿色生态城市创建的新实践为昆山的"创新、协调、绿色、开放、共享"的发展奠定了坚实基础。近年来，昆山市委市政府带领人民群众坚决打好打赢蓝天、碧水、净土三大保卫战，健全生态环境保护长效机制，开展生态空间全要素整治修复，全面补齐环保设施短板，全域化建设海绵城市，持续提升生态环境容量。昆山正在奋力推进绿色发展新突破，力争生态文明建设取得更显著成效，把昆山打造成为中国的绿色生态之城。

三、昆山生态文明建设新时代的经验和启示

以习近平新时代中国特色社会主义思想为指导，深入贯彻落实习近平总书记生态文明思想，自觉将新发展理念融入产业发展、城市建设、公共服务、社会治理各方面和全过程，奋力书写建设美丽中国宏伟篇章中的"昆山答卷"。在实践中形成了适合昆山特点、符合昆山发展要求的一系列基本经验，为昆山继续深入推进高水平生态文明建设奠定了重要思想和实践基础。

(一)"发展"为要,生态发展与经济发展互促共赢

昆山将生态文明建设目标与经济发展目标有效衔接,大力发展高效绿色生态产业。通过实施严格环保准入制度划定产业发展红线、实施传统产业绿色改造和转型升级等系列措施,昆山在探索产业发展与生态环境共赢的实践中不断促进资源整合、功能共享、优势互补、产业集聚、合作共赢,为走好新时代创新发展、绿色发展、科学发展的"昆山之路"奠定了重要基础。

昆山在发展绿色生态产业的新实践探索中,坚持以新发展理念为引领,结合昆山发展实际和昆山人民需求,形成了一系列独具昆山特色的新时代高效发展绿色生态产业的模式和经验。一是制度规范与引导行动并重,促进先进理念向先进产业布局的转化。注重体现绿色生态发展理念、绿色生态发展保障制度和绿色生态产业发展行动的综合性,既坚持理论联系实际,坚持用科学发展理念指引昆山发展的制度设计,又注重通过制度规范和引导行动有机统一,在依据循环经济理念和工业生态学原理的基础上坚持走绿色协调发展之路,积极构建生态工业链,从而在理念和行动、理论与实践的互动中形成完整的生态体系。二是聚焦城乡一体化现代局部,实现城乡融合发展。围绕都市服务,通过一系列政策导向和实施举措,发展绿色生态农业,打造现代化农业园区,构建新型农业生产体系。实施严格的环保准入制度,划定产业发展的生态红线;加快推进经济升级转型,实施传统产业的绿色改造;优先发展生态工业,夯实绿色生态产业的产业基础;推动节能减排,打造可再生能源基地等取得实效,2021年昆山高新区获批国家生态工业示范区。按照"五位一体"总体布局,昆山把生态文明建设放在更加突出位置,积极践行"两山"理念,统筹城乡协同发展,美丽昆山"颜值"更高、"气质"更佳。昆山在探索产业发展与生态环境共赢的实践中不断促进资源整合、功能共享、优势互补、产业集聚、合作共赢,为走好新时代创新发展、绿色发展、科学发展的"昆山之路"奠定了重要基础。

（二）"协调"为基，公共服务与生态治理共促发展高质量

坚持生态治理和社会治理有机统一，昆山将提高生态环境整治水平作为工作重点，在重视城乡建设的同时，毫不松懈环境保护，一手抓好基础设施建设，顺应水乡工业城市特点，推动海绵城市建设；一手抓好环境保护，打赢碧水蓝天保卫战。同时，把资源节约、安全生产、乡村振兴、文化旅游等方面工作统筹协调起来，将乡村人居环境整治作为重点，使其成为优质的生态保障，为昆山经济社会高质量发展服务。

近年来，昆山全面贯彻习近平生态文明思想和总书记视察江苏重要讲话指示精神，认真落实上级各项决策部署，坚定扛起"争当表率、争做示范、走在前列"的重大使命，大力践行"两山"理论，提高生态环境整治水平。一是以建设"美丽昆山"为价值导向，生态环境治理现代化水平逐步提升。为实现全力交出污染防治攻坚战的全胜答卷，精心描绘"美丽昆山"建设的崭新画卷，昆山在生态环境治理现代化水平提升上下功夫，建设海绵城市，推进绿色发展；建立全天候环保监督机制，确保绿水蓝天；做好人居环境整治，让乡村生活美起来。近年来，昆山在聚力打好污染防治攻坚战，生态环境质量持续向好，空气质量优良天数位居全省前列。二是聚焦提升群众获得感"落脚点"，为高水平全面建成小康社会筑牢生态基底。昆山始终把解决突出环境问题作为民生优先领域，以城市"颜值"持续提升、"体质"日益强健为基准，以做好生态文明建设各项工作为责任，把创造良好的生态环境作为基本公共服务，努力提供更多优质生态产品，不断满足人民群众日益增长的优美生态环境需要。昆山正处在高水平全面建成小康社会、推动高质量发展走在前列、全力打造社会主义现代化建设标杆城市的关键时期，更加增强加快提升生态环境治理现代化水平的责任感和紧迫感，牢固树立绿色发展理念，抓牢重点、主攻难点，加快构建与昆山经济社会发展水平相适应的现代化生

态文明治理体系。动员广大群众积极投身绿色发展、共建美好家园，共同为昆山打造社会主义现代化建设标杆城市奠定坚实的生态环境基础。

（三）"制度"为核，综合制度体系筑牢全面建成小康社会根基

将生态文明建设部署制度化、常态化，切实增强生态环境保护的战略定力，坚定履行政府生态保护责任，在探索实践中逐渐形成了以生态优先、绿色发展为导向的高质量发展路径和以政策导向与问题倒逼相结合的生态管理工作责任制，更加有效地促进了经济、社会和环境的全面协调发展。

昆山深入贯彻习近平生态文明思想，紧扣新发展理念要求，切实增强生态环境保护的战略定力，坚定履行政府生态保护责任，在探索实践中逐渐形成了以生态优先、绿色发展为导向的高质量发展路径和以政策导向与问题倒逼相结合的生态管理工作责任制。一是"把生态环境保护与加快转型升级、实施创新驱动、统筹城乡建设等重点工作紧密结合起来，坚定不移走以生态优先、绿色发展为导向的高质量发展路径，实现经济社会发展和生态环境保护的协同共进"[①]。以高水平的生态文明建设和高质量的生态保护成效为高水平全面建成小康社会筑牢生态基底。二是聚焦提升群众对绿色发展的满意度和获得感，把优先解决突出环境问题作为民生保障重要内容，规范生态管理工作制度，明确环境保护责任制。加大环保投资力度，有效保障生态治理资金的充足稳定。坚持重点管理与综合施策相结合，在动态管理中落细落实分管任务。强化领导干部环保绩效考核，构建全民参与的综合治理体系。把创造良好的生态环境作为基本公共服务，努力提供更多优质生态产品，不断满足人民群众日益增长的优美生态环境需

---

① 《绘"美丽昆山"全力交出污染防治攻坚战全胜答卷》，来源：昆山市人民政府网，网址：http://www.ks.gov.cn/kss/jsxm/202010/122d8d380abc4629bcdf41e43a6a4bdf.shtml。

要。确保生态文明建设经得起人民的检验。

(四)"人民"至上,全民共享生态宜居美丽家园

将以人民为中心的发展思想融入建设生态宜居美丽家园,明确建设"美丽昆山"时间表与路线图,以建设全方位美丽昆山为导向,坚持综合治理与精准施策相结合,突出精细化品质化实战化,打造"美丽昆山"生态品牌,不断提升人民群众在水清、岸绿、天蓝中的获得感和幸福感。

近年来,昆山在建设生态宜居美丽家园的实践探索中,坚持长远目标与近期规划相结合、综合统筹与精准施策相结合,取得了建设生态美丽家园的昆山成就和昆山经验。一是坚持顶层设计与细化路线并举,昆山以坚定生态宜居美丽家园建设任务导向为前提,制订阶段性提升计划,突出精细化品质化实战化,打造"美丽昆山"生态品牌。明确建设"美丽昆山"时间表与路线图,各部门协同作战、迅速行动,有效分解落实阶段性目标任务,以"不获全胜誓不收兵"的攻坚韧性,推动全市生态环境质量持续改善。二是坚持综合治理与精准施策相结合,着力建设全方位美丽昆山。以全民共享、全方位建设为主基调,一方面聚焦发展的全面性,坚持系统推进,建立健全生态建设的联防联控机制,强化宣传引导,动员企业等社会力量参与生态环境保护工作,合力开创生态文明建设新局面,更大幅度改善生态环境质量。另一方面着力聚焦问题短板,把源头治理作为根本策略,全力提升生态环境治理能力,用心用情用力解决好群众"急难愁盼"问题,把经济效益转化为民生效益,通过改善环境质量,不断提升宜居品质,不断提升人民群众在水清、岸绿、天蓝中的获得感和幸福感。

第三章
新时代昆山人才高地构筑之路

40多年前的昆山还是一个名不见经传的农业小县城，与大多数县城的发展面貌别无二致。经过40多年的快速发展，昆山以一座现代化城市的崭新形象奇迹般地崛起在长江三角洲边上，崛起在中国版图上。作为"强富美高"新江苏建设的排头兵，新时代的昆山拥有着诸多头衔，不仅获得"全国文明城市"的称号，更是连续多年卫冕全国百强县之首。这些辉煌的成就离不开高层次人才的助力，高层次人才也需要借昆山这片沃土施展才华，可以说，人才成就了昆山，昆山也成就了人才。

一、昆山构筑人才高地的重要价值

《国家中长期人才发展规划纲要（2010—2020年）》提出："人才是指具有一定的专业知识或专门技能，进行创造性劳动并对社会作出贡献的人，是人力资源中能力和素质较高的劳动者。"[1] 古往今来，

---

[1] 中共中央文献研究室：《十七大以来重要文献选编》（中），中央文献出版社2011年版，第615页。

人才都是富国兴邦之大计。如果人才资源能够得到充分发掘，人才的积极性、创造性得到充分调动，那将给一个地区的经济社会发展带来不可估量的积极影响。因此，要正确认识人才对昆山发展的重要作用。

（一）人才为昆山振兴积聚了源源不断的动力

一个城市的发展应重视资源、资本和技术等多重因素的结合。其中，人力资源是非常重要的因素。过去城市与城市之间的竞争主要体现在科技和GDP发展水平上，而如今则演变为高层次人才力量的竞争。人才不仅是推动城市经济转型升级的关键因素，也是促进城市创新能力提升的重要因素。

人才铺就"昆山之路"，昆山发展需要人才。无论是宏观环境的要求，还是昆山自身发展的需要，在未来的发展道路上，昆山都需要把注意力投向人才的引进和培养。面对国际国内宏观发展环境的变化，特别是资源环境约束、价格要素波动、市场竞争日趋激烈等各种现实环境，昆山正积极寻求解决办法，推进人才科创战略，提高自主创新能力，而提高自主创新能力的关键是科技和人才。高新技术领域需要的是科技创新人才，开放型经济发展需要的是国际化人才，优势产业发展需要的是高技能人才，提升城市建设功能需要的是管理人才。昆山的城市建设工作如同生态系统平衡一样，需要人才布局的合理化。只有构建科学完备的人才结构，树立科技创新引领经济发展的理念，才能高水平撬动昆山的发展。

（二）昆山为人才发展提供了广袤的平台环境

昆山的发展也为人才提供了发展的舞台。昆山市良好的工作环境和完善的就业政策吸引了一大批人才争先恐后地涌入。引进的各类高水平人才在昆山创新创业过程中，获得了当地政府全方位的支持和帮助。昆山在人才引进后提供配套的贴心服务，这让来到昆山的人更加坚定留在昆山的决心和信心，并持续不断地为昆山创造价值，为昆山发展做出自己的贡献。

昆山积极发挥自身特色和已有基础条件，出台诸多吸引人才的政策，包括加大资金补贴、给予项目支持、提高高层次人才待遇等政策，通过这一系列切实有效的政策，高层次人才在这片土地上创新、创业，尽情发挥自己的热情和才能。一方面，在工作上能够发挥才能创造价值，获得事业的成就感；另一方面，在生活上能够照顾好家人，获得家庭的幸福感。

昆山始终致力于为企业和人才发展提供全方位的金色服务，营造出一个最舒心、最优质的经济发展环境，使昆山这个县域小城成为海内外企业投资兴业、海内外人才创新创业的首选之地。昆山优质的环境，助力各类人才实现在昆山工作发展有空间、才能施展有舞台、家庭生活有滋味的美好愿景。

二、昆山人才工作的突出成效

改革开放以来，我国坚持实施人才强国战略，加快培养高层次人才和紧缺型专业技术人才，在人才培养、引进等方面积累了大量的宝贵经验，取得了一系列显著成效。习近平总书记强调："人才资源是第一资源，也是创新活动中最为活跃、最为积极的因素。要把科技创新搞上去，就必须建设一支规模宏大、结构合理、素质优良的创新人才队伍。"[①] 从昆山在人才工作方面取得的显著成效来看，强化人才资源管理工作，为优化政府部门职能效能，为人力资源提供有效规划与安排等都创造了无限的可能性。

2003 年年初，江苏省委省政府有关领导在对昆山进行全面考察后，建议全省应以昆山为样本，制定省级全面小康社会指标体系，共

---

① 中共中央文献研究室：《习近平关于科技创新论述摘编》，中央文献出版社 2016 年版，第 110-111 页。

计四大类 18 项 25 条指标。总结昆山成功的经验，可以归纳为四点：一是注重民富；二是注重产业结构升级；三是注重自主创新；四是注重城乡统筹。这四点经验的背后与昆山的人才政策密不可分，昆山领导干部很早就意识到昆山的发展需要技术型人才、技能型人才、学术型人才、管理型人才等各种类型的专业人才，昆山唯有采用全方位的优惠政策吸引人才，聚天下英才而用之，才能创造属于昆山的发展奇迹。

昆山是江苏省三个试点省管县（市）之一，连续 17 年被评为全国百强县之首。在全力抓好经济快速平稳增长的同时，昆山也不忘关注民生，注重全市人才队伍建设，发展公共事业，完善公共服务，积极发挥政策优势，构筑新时代昆山人才高地，努力让全市人民拥有更多的获得感、幸福感。昆山目前有杜克大学、解放军外国语学院昆山校区、苏州大学应用技术学院等高等院校，人才资源总量和高层次人才数量在全国同类城市中保持领先。自江苏省县市人才竞争力排名开展以来，昆山连续四年获得全省第一的好成绩。

（一）货真价实且成效显著的人才政策

人才政策为昆山经济发展奠定了良好的基调。曾经，昆山市为两个"头雁人才"院士团队发奖金，每个项目获得奖金资助一亿元的照片刷遍了昆山人的"朋友圈"。昆山市委市政府用行动证明了昆山的人才引进政策是"说到做到"。近年来，昆山也通过组织实施"双创"人才计划、高层次人才购房补贴、高校毕业生人才计划、江苏"外专百人计划"、高层次金融人才计划等系列高层次人才计划项目，吸引和培养了一大批海内外人才和学术技带头人才，取得了一大批重要学术原创成果。

（二）兼顾各方又突出重点的工作布局

昆山市委于十三届八次全会上明确提出：要坚持以项目突破构建

现代产业体系、以功能提升打造高端创新载体、以要素集聚营造浓厚科创生态、以服务优化推动新旧动能转换。这一提法为昆山下一步发展奠定了创新基调。苏州市委主要领导在深入昆山市调研时强调："昆山要积极主动融入长三角一体化，走在现代化建设新征程前列。"昆山市以抓住人才资源的提升为发展的关键点，由抓人才数量向抓人才质量进行转化，重点强调国家科技重大专项、重点实验室、科研基础设施的建设，瞄准区块链、大数据、物联网、人工智能等前沿领域，加快布局打造 5G 创新中心，提升规模化应用水平，全面激发现代化建设强大动力，走在全国人才队伍建设的前列。与此同时，昆山市注重给予新昆山人安居、教育、社会保障等优厚的政策优惠，让新昆山人拥有更多的融入感与舒适感。在新时代，外来人口已经超过昆山市户籍人口的总和。昆山没有忽视这部分人才资源，充分发挥这部分人才优势，满足新昆山人的需求，彰显城市人性化的关怀，努力解决他们最关心、最直接、最现实的利益问题，有力地促进了昆山的稳定和谐发展。

为使昆山上下形成"敢担当、善作为、勇创新"的干部精神，昆山市政府对干部提出了高要求、高规范，出台激励干部担当的"1+N"系列文件，如《关于激励干部担当作为再燃干事创业激情的意见》《关于进一步加大交流轮岗力度激发干部队伍活力的实施办法》《关于进一步加大选育用管力度推动优秀年轻干部脱颖而出的实施办法》《昆山市公务员平时考核实施办法（试行）》等，进一步激励引导广大干部践行"四闯四责"，勇当热血尖兵。这一系列政策打破了干部使用上论资排辈、求全责备的观念，大胆启用那些能干事、敢干事、干成事的干部，也使全市上下形成一股敢闯、敢拼、敢创新的良好社会风气。

（三）广泛吸纳兼重点培育的政策导向

昆山为构建高水平人才高地，始终坚持以更加积极、更加开放、更加有效的人才引进政策招揽人才，达到汇聚天下英才而用之的目标。在企业发展上，无论本地人才还是外来人才，昆山都尽力吸引过来、凝聚起来，发挥其作用。对于那些已经在本地扎根的企业，则帮助其成长壮大，进一步引进国际知名孵化机构、技术经纪人等科技"红娘"，打造企业孵化成长全周期服务体系。在校企合作上，昆山与近半数"双一流"工程院校签署全面人才合作协议，通过到高校举办各类活动、推进科研人员进企业等方式，促进产学研深入合作，同时加强国内外合作，建设"昆山日"主题推介活动和苏州国际精英周昆山专场等活动，拓宽与海外高层次人才联系的渠道，搭建海外高层次人才来昆创新创业的桥梁和平台。积极推进中美（昆山）科创中心建设，强化昆山杜克大学支撑作用，引聚国际科创资源要素助力地方企业发展。多举措引进国外优秀的高层次人才、知名企业，大力实施人才强市战略，推动人才发展体制机制改革。

培育人才也体现在对干部的培训上，昆山每年都选派优秀年轻干部到国家部委、标杆地区、条线部门、大型国企跟班学习，借助网络平台，举办"昆山干部培训网络学院"，开展菜单式讲座，加快提升干部的战略思维、能力素质。

三、新时代昆山构筑人才高地的宝贵经验

（一）创新人才引进政策，不拘一格引人才

一个城市的发展离不开人才力量的支撑，人才的引留就显得格外重要。习近平总书记始终高度重视人才资源，指出："人才是实现民族振兴、赢得国际竞争主动的战略资源"，"实行更加积极、更加开放、更加有效的人才政策，以识才的慧眼、爱才的诚意、用才的胆识、容才的雅量、聚才的良方，把党内和党外、国内和国外各方面优秀人才集聚到党和人民的伟大奋斗中来"。[①] 新时代对人才工作也提

---

① 习近平：《习近平谈治国理政》（第三卷），外文出版社2020年版，第50页。

出了新要求,昆山创新人才引进和培育扶持政策,采取更加开放、完备的人才政策,为新时代人才建设注入强大能量源泉。对于人才引留问题,昆山要做的不仅是吸引人才,更重要的是留下人才。

1. 推进创新人才政策制定与落实

采取更加开放的人才引进政策。制订各类人才引进计划,并加强各类人才计划的优化调整,统筹紧缺产业人才计划、海外智力"海鸥计划"、姑苏科技创业天使计划、昆山市外专人才计划、昆山市高层次人才教育计划等各项重大人才项目的申报与实施,梳理人才发展的总体脉络,把人才引进政策制定内容的重心放在追求人才质量、提高资源效益、优化人才结构、解决昆山市发展需求上。努力开展可信度高、水平高、成果多的创新人才项目,真正做到让人才资源成为科技创新的原动力。

昆山不断完善海外高层次人才引进的配套政策。建立高效运转的海外人才工作管理机制,加快出台海外人才在昆山工作管理条例,借鉴发达国家、发达地区工作经验,逐步建立灵活便捷的人才政策,给予海外高层次人才特殊政策扶持,争取形成具有竞争性的人才引进政策优势,逐步实现从短期依靠政策计划吸引国外人才到长期依靠制度优势吸引人才的方向转变。

昆山不断创新人才引进政策的制定与实施。在高层次创新人才引进政策的制定中,昆山因地制宜,既充分认识自身经济发展对人才的需求,也充分认识引进人才所具备的优势,协调好两者之间的关系,对人才引进政策做出具体调整,凸显地方在人才引进上的政策特色,达到需求与满足之间的匹配。同时在落实人才引进政策的过程中,对政策执行者以及政策执行过程进行严格有效的监督与管理,对政策本身的可操作性与风险做出及时的评估与调整,确保各类型人才引进政策计划能够顺利执行与实施。

昆山给予引进人才最贴心的配套政策优惠。在人才引进工作开展过程中,对高层次创新人才给予充分的关注与激励,使其产生充沛的工作信心与动力。其实，大多数高层次创新人才承担着较重的学习培训工作、技术创新工作以及科研实验工作，这些繁重的工作必然会使他们承受较大的工作压力与精神压力，适当的激励措施有助于为高层次创新型人才创造良好的环境。通过优化人才科创政策，可以放大人才安居、医疗保障、贡献激励等特色服务撬动效应。比如，当前昆山市政府正着力解决高层次创新人才最关心的住房问题，消除他们生活上的顾虑。在引进高层次创新人才的过程中，不仅要提高他们的工作待遇，同时还要解决他们最为关心与关注的基本生活问题。

2. 完善创新人才引进机制与模式

一是人才引进的规划。人才引进规划是指根据国家和地方政府部门相关政策要求及昆山当地创新发展的需要，"预测一定时期高层次创新人才引进的需求量和总量的变化趋势"①，从而结合各个单位的实际需要制订引进计划，确定引进数量和专业领域，做出宏观预测的方式。整个引进规划与计划的制订过程，需要充分考虑这个时期工作整体与局部的统一，以及高层次创新人才队伍建设的动态性，从而消除产业规划与人才规划之间的壁垒，达到两者的衔接与平衡。昆山每年出台的人才政策有20多项，主要聚焦各类型创新型人才的引进，同时人才政策也会依据当年的实际情况进行一定程度的调整，以适应发展所需。

二是人才引进的选拔。人才引进评价是指在引进环节对候选人进行评估、筛选，为选取最适当人选提供直接评选依据。因为人才的选评既需要质性评估，也需要量化评估，所以设计更偏重于宏观政策要求的人才评价指标体系是很有必要的。在此基础上，各单位、部门也可根据自身条件对评价指标进行微观调整，允许存在一定的弹性空间。整个评价工作流程应该透明、流畅，应建立评价指标体系公示、评价方法公示等制度。若存在徇私舞弊的情况，则给予相应惩罚，以

---

① 曹丽娟：《政府部门高层次创新人才引进研究》，《山东社会科学》2015年第2期，第151–153页。

保证评价工作的公平、公正、公开。昆山对于达到政策要求的人才在给予政策优惠的同时,也提出了硬性要求,首先要满足"附件材料清单"条件,不满足直接剔除,同时,多部门会对达到要求的个人、企业等进行考察,决定优惠力度。

三是人才引进的监督。在高层次创新人才引进之后,要防范安于现状、消极怠工、创新意识不强等消极现象的出现。因为创新型人才引进前期投入的成本很大,所以引进后必须使其能持续发挥动力,提高人才利用的效率,为昆山发展提供源源不断的活力。一方面,制定监督制度和淘汰机制,使引进人才有危机意识;另一方面,建立相应的考核体系和人才流动预警机制,以便随时掌握人才工作情况和人才流动情况,对引进人才的效果进行反馈,及时发现引进人才各个环节可能存在的问题并解决问题,提高引进人才的工作效率。中共昆山市委十三届八次全会上提到"动态优化人才科创政策",其中"动态"一词就在强调对人才流动的关注、对人才监督的关注、对人才更替的关注。

3. 打造创新人才服务亮点与品牌

用更长远的眼光来看待人才问题。人才不仅关乎昆山的发展,更关乎整个长三角地区的高质量发展,应有命运共同体的整体意识。要进一步打破人才工作的地域限制,更好地融入长三角一体化。人才协同发展是区域社会经济协同发展的前提和保障,长三角人才政策互通、人才成果共享工作机制正不断完善。为此昆山也加快制订行动方案,丰富"4+2"高质量一体化发展实践联盟等合作内涵。强化与长三角的经济、文化、生态的对接,注重人才政策的协同发展,在兼收并蓄中形成地方特色,积极逐步建立中央层面对长三角工作协同、人才协同的考核指标,构建适应长三角发展战略和市场机制需要的人才工作体制机制,让长三角共同享受一体化带来的民生红利。

良好的环境是提高人才吸引力的重要因素。创建良好的环境不仅需要地方政府在环境方面进行优化,包括优化吸引高层次创新人才的环境及人才队伍建设的环境等，而且应当引导社会企业以及高层次创新人才队伍自身构建良好的学术氛围与创新氛围。马斯洛需求理论证明，经济利益的诱惑只是在基础层面发挥作用，当高层次人才的基础需求得到满足时，必然追求更高层次的需求，因此创建一个优质的环境就显得更为重要。昆山重视人才承载环境的优化，强调通过构建良好的文化氛围以及优越的生活与工作环境来提升对高层次创新人才的吸引力。同时在企业、单位层面也要定期举办培训、研讨、学术交流活动，使地方人才队伍环境能够符合高层次创新人才需求，提升对高层次人才的吸引力，满足他们精神层面的需求。昆山打造昆曲和顾炎武两张文化"金名片"，设立"昆山市顾炎武日"，成立昆山当代昆剧院，创新举办戏曲百戏（昆山）盛典，成立昆山职业足球俱乐部等，正以一项项措施打造宜居之所，满足人才精神需求。

昆山致力于建设良好的创新创业载体。昆山的外商投资企业较多，相应的产业人才培养基地、科研基地、院士工作站等各类创新创业园区也吸引了一大批优秀的高学历人才、创业人才。昆山打造"国字号"企业研发机构，支持校企联合攻关，推动更多企业拥有"硬科技"、具备"硬实力"，大力开展精准招商、平台招商，全程保障重大项目建设投产，推动一批亿级先进制造业集群加速崛起，让更多项目获得专项资金资助，让更多创新人才的创业梦想变为现实。利用聚集产业的优势，承接国家科技重大专项、重点实验室、科研基础设施，高水平运营国家超级计算昆山中心，加快建设深时数字地球研究中心，力争列入国家首批国际大科学计划，设立针对战略新兴产业的专项研究资助，以高水平平台建设引聚高端人才。开展高层次人才一系列专项服务活动，妥善解决有关人才的户籍、人事档案管理、子女教育和配偶就业等实际问题，让新昆山人更有归属感与适应感。打造鼓励创新创业的环境文化和制度文化，让人才有获得感和荣誉感，提高对高端创新人才的吸引力、服务力，让人才引得进、留得住，实现持续长久发展。

(二)优化人才发展环境,激发人才队伍活力

能否吸引人才,是看地方政府有没有魅力;能否识别人才,是看地方政府有没有眼力;能否用好人才,是看地方政府有没有魄力;能否留住人才,是看地方政府有没有凝聚力。习近平总书记提出的一系列关于人才工作的新思想、新观点、新论断,为指导加快建设人才强国、广聚优秀人才步伐,为组织路线更好服务政治路线提供了科学指引。要从实际出发,树立与时俱进的科学人才观,地方政府继续优化人才使用环境,最大限度地发挥人才的优秀能力。

1. 建立"以人为本"的人才激励机制

习近平总书记指出:"要把《关于深化人才发展体制机制改革的意见》落到实处,加快构建具有全球竞争力的人才制度体系,聚天下英才而用之。要着力破除体制机制障碍,向用人主体放权,为人才松绑,让人才创新创造活力充分迸发。"昆山强化为人才服务的理念,鼓励和信任人才,以富有人情味的管理措施为人才创造一个良好的工作环境。以昆山市外来人口为例,67.6%的外来人口想在昆山安家定居,这就说明昆山是一个生活满意度高的城市,这些外来人口被亲切地称为"新昆山人"。昆山创新外来流动人口管理服务"六大计划",成功地缓解了城市外来人口压力,还被中央社会治安综合治理委员会作为经验在全国推广。在"新昆山人"的教育、居住、服务等方面,昆山也形成了一套完整的管理体制,开拓了一系列创新和谐管理城市的有效路径,专门成立了"新昆山人"建设工程领导小组,以市委书记、市长牵头,实施安居工程、教育工程、关爱工程、成才工程、文明工程、维权工程六大工程。昆山运用人才激励方式,激发人才个体的内在驱动力,充分调动其积极性、主动性和创造性。

2. 确立"求才""惜才"的工作理念

聚天下英才而用之,关键是要树立强烈的人才意识,习近平总书

记指出:"要树立强烈的人才意识,做好团结、引领、服务工作,真诚关心人才、爱护人才、成就人才。"构筑新时代人才高地必然需要强大的资金投入。昆山雄厚的经济实力支撑着人才政策的落实,每年对人才工作的资金投入都显示出巨大的决心。昆山市财政每年设立优秀人才专项资金,将人才专项经费纳入财政预算。"昆山高新区的中科院安全可控信息技术产业化基地奠基,一期总投资120亿元,目标是打造年产100万台高性能服务器的生产基地,形成千亿级的信息技术产业集群,创新产业集聚地。"① 想要做好人才工作,要有足够的经济支持,但更重要的是决策者要有大胆投入的魄力、科学用财的方法、重视人才的理念以及求贤若渴的行动。昆山破除了在经济发展中"见物不见人"的狭隘观念,牢固树立"人才资本是第一资本"的观念,研究并实现人才资本与物力资本、货币资本等资本要素的结合,真正把人才作为首要的生产要素,让人才活起来、动起来,给予实实在在的优惠,使其产生倍增效益。② 昆山认真贯彻"尊重劳动、尊重知识、尊重人才、尊重创造"的理念,大力推进劳动、资本、技术、管理等生产要素皆参与分配的原则,逐步实现以知识、智力、资本和科技成果享受经济实惠,让拥有一流能力的一流人才得到一流的回馈。

3. 构建优势互补的人才资源储备体系

个体之间客观上是存在差异的,每个人都有自己擅长的某个领域或者某个领域的某方面,政府在使用人才时需要考虑到这一点,优势互补有利于人才个体互相补短板,充分发挥个体优势,扬长避短,助力产生1+1>2的效果。人是社会中的人,大多数工作的开展还是需要群体意识、群体合作的,只有优势互补,每个人的能力才能得到充分发挥,集体的价值才能实现最大化。具体而言,人才资源的优势互

---

① 《昆山:人才科创引领高质量发展》,来源:《中国青年报》,网址:https://www.sohu.com/a/322717201_678594。

② 杨淼:《对优化人才使用环境的思考》,《劳动保障世界》2016年第20期,第23-24页。

补主要体现在三个方面：

第一是组织内的知识优势互补。这是从宏观层面考虑人才的引进与使用，既要考虑专业领域、高科技领域需求的人才，也要考虑管理人才、领导人才、技术人才的有机结合，做到"术业有专攻"，因此选才就要有针对性。昆山人才结构日益优化，创新智库不断升级。昆山将人才分为"双创"人才、紧缺人才、高技能人才、外专人才、乡土人才等，再根据所需人才的比例招聘相应的人数。不同人才都能在自己领域发光发热，相互配合又能发出更大、更强的光热。

第二是人才间的专业优势互补。在新时代的背景下，一方面，知识总量在迅猛地增长，知识在不断地更新发展；另一方面，不同专业间的渗透合作增强，一体化的步伐在加快。如今的社会，一个专业结构单一的人才群体，是很难适应新发展要求的。以企业的人才构成为例，企业的人才结构要多元化，避免同质化，技术型、管理型、创新型、营销型、外向型、内向型、稳定型等各种各样的人才都要囊括在内。对地方政府来说，人才群体应涵盖不同的专业领域。只有这样，各个领域的人才才能在日益激烈的市场竞争中找到最合适的搭档，在每个领域都做到最佳。

第三是部门间的层级优势互补。横向来看，专业和知识互补后，还要考虑纵向上的层级互补。任何一个机构都由不同的层级构成，按一定的比例决定人才在各层级的分配。恰当的人才必须放在合适的位置，给人才最大的可能与机会，使个体的条件相互补充、相互融洽，使不同层级形成叠加优势。

昆山通过落实行之有效的措施，真正形成了吸引人才、爱惜人才的良好环境。各种人才在工作中大胆探索，刻苦钻研攻克专业技术难题，充分发挥各自的聪明才智，为提高昆山的生产效率和经济效益做出重要贡献。

（三）拓宽人才培养渠道，别出心裁育人才

1. 实施多层次人才培训项目

人才的持续引进就像给昆山提供了不尽的"水流"，但是昆山发展还需要解决自己"造水"的问题。昆山市政府为各类人才培养机构、地方组织、企业等各层次人才，制定了详细的人才培训规划，不断提高其能力和水平。新一代电子信息技术产业汇集了中科曙光、富士康科技集团、丘钛集团等一批业内龙头企业，依托转型升级效应，优化传统产业模式，培育了一支高素质技能人才队伍，培养出一批省级高技能人才，全区万名劳动力高技能人员数超600人。重点产业人才培养多元化。统筹推进以科技创新为核心的全面创新，围绕全市人才科创"631"计划，加快构建现代产业体系。机器人及智能制造产业集聚了德国库卡、芬兰通力、意大利柯马、华恒焊接等机器人及智能制造相关企业超200家，构建了涵盖关键部件制造、技术软件支持、系统集成服务的机器人全产业链。新兴产业人才培养团队化。目前全区已形成小核酸、创新药物、医疗器械和生物材料共同发展的格局，引进、培育了一批以顶尖专家为核心的高层次人才团队。2020年昆山高新区以建设"一流创新型特色园区"为目标，围绕"一廊一园一港"科创载体布局，全力建设国家一流产业科创中心核心区，创新人才服务方式，擦亮"昆山服务"金字招牌，加大各级各类人才引育力度为高新区各项事业高速发展注入强心剂。"小康不小康，关键看老乡。"在昆山，"人人有工作"是很早就被提出的一种构想。"技术工人队伍是支撑中国制造、中国创造的重要力量"[①]，为此，昆山市通过"田间课堂""实地培训"等形式教授农民、外来务工者学习专业技能，培养新型职业农民、高素质工人，同时也培养了一群基

---

① 王慧，汪亮等：《昆山市卫生监督人员教育培训情况分析》，《中国卫生监督杂志》2014年第1期，第16-20页。

层技术骨干人才。

提供在职研习机会，鼓励人才进修。早在 2014 年，昆山市卫生监督机构"鼓励和支持在岗人员参加在职继续教育，全面提高卫生监督员的综合素质。昆山市建立促进终身学习的学术、职业和继续教育等研修的机会"①。学习是人类进步的阶梯，提供学习机会能让有需求的专业人才根据自身的实际需要和长远目标，选择合适的培训机构开展进修，不断丰富专业知识，提升自身的理论水平。这种措施，在一定程度上能有效防止人力资源的流失，实现人力成本的优化。

2. 建设高端人才培养基地

昆山现有五所高等院校，分别为昆山杜克大学、苏州大学应用技术学院、硅湖职业技术学院、昆山登云科技职业学院、苏州托普信息职业技术学院。人才培养最专业的载体还是高校，因此昆山架起了企业与高校之间的桥梁，大力支持高校学科建设，大力支持当地高等院校加强专业型人才的培养。根据人才培养需求、学科特点、专业性质等方式，制订合理的人才培养和输送计划，与政府建立合作，培养企业需要的紧缺型实用人才。除了政府与高校的合作，企业与高校的合作也至关重要。企业是学校实习、锻炼学生和开展科研活动的重要载体，高校是企业培养培育人才的重要渠道，二者加强沟通合作是人才交流互动的重要方式。昆山积极采取措施，鼓励企业主动为当地高校专业毕业生、实习生提供实习和工作机会，建立实习实训基地和就业基地，集聚专业人才后备力量。由昆山市牵头，积极开展"政校企"合作，承担全市人才培养培训任务，设立专门的培训基地，人社部门计划再扩大 100 个劳务合作基地，再办 300 个"昆山班"、企业冠名班。昆山阳澄湖科技园将"课堂"搬进企业里，"专业"设在产业链，在全国首创校地企工程硕士研究生产教融合联创培养新模式，促

---

① 汪亮，周宇扬等：《昆山市卫生监督人员学历变化情况分析》，《中国卫生监督杂志》2014 年第 2 期，第 116-119 页。

进教育链、人才链与产业链、创新链有机衔接、无缝对接,① 给予人才更多的培训教育机会、更大的培训教育平台。

昆山市政府支持各类协会、机构、高校定期举办咨询研讨、信息发布交流等活动,为人才创新、技术交流等提供对话的平台,促进学术问题和业内动态的交流与探讨,加快人才与企业的发展步伐。同时积极参加江苏大数据产业发展高端论坛,举办首届中国人工智能与智能制造高端论坛、半导体产业发展高峰论坛等活动,筛选与培育骨干技能人才。在人才队伍的建设中,既重视"白领",也重视"蓝领",挖掘和培养各行各业的"工匠"。遴选与培育出一批具有高技能水平、实践经验丰富的一线骨干技能人才,全方位、全角度地挖掘、培养与使用人才,建立合理的人才结构。

3. 树立全球视野,培养高层次国际化人才

人才国际化是江苏省赋予昆山"人才特区"的试点主题,也是"人才特区"的特色所在。昆山把人才国际化作为加强高层次人才队伍建设,提升城市自主创新能力、国际竞争力和加快创新型城市建设的重要措施来抓,"截至 2020 年 3 月,昆山共引进外籍人才(港、澳、台)3 146 人,接收海外留学人员 300 人;对昆山投资海外企业技术、管理派员 4 000 人左右,在昆用人单位选送出国(境)培训 24 万人次"②。昆山加大与外国企业、学术团体等各类机构的合作交流力度,吸引一批专家来昆山讲学。

在国际化的今天,国际人员流动大,很多外国学生毕业后来中国工作生活。昆山抓住时机,积极吸引外国人才,加强校企合作,加快本地区人才国际化的进程,既送大批量的本地人才出国深造,又加强向居住在本地区的外籍人才学习,两措并举,与国际社会接轨。其

---

① 《课堂搬进企业里,专业设在产业链,昆山"产教联培"培育实用人才》,来源:名城新闻网,网址:https://ks.job256.com/article/822.html。
② 《江苏昆山建设"人才特区"抢占发展先机》,来源:昆山人才网,网址:https://ks.job256.com/article/822.html。

中，位于张浦镇东部，核心区域 8 平方千米的德国工业园就是一个典型例子，7 年的时间先后获批国家级中德国际科技合作基地、国家级精密机械特色产业基地、中德（昆山）中小企业合作区，"已入驻欧美企业 158 家，其中德资企业 81 家，既有益海嘉里、泰科等 7 家世界 500 强企业，也有科埃斯、爱杰姆、安海等欧美优质企业，还在以每年新增 20 家欧美企业（其中 10 家德国企业）的速度加快集聚"①。

（四）完善人才配套服务体系

昆山致力于完善、创新人才配套服务体系，实行更加积极、更加开放、更加有效的人才政策，不断创新人才服务机制，提升人才服务保障水平，使得全市人才工作呈现崭新的面貌，为昆山城市建设与发展提供了强而有力的智力支持。

1. 完善政策体系

给予人才更多的政策优惠，提升人才工作效率和工作质量。通过优化积分落户、发放工作居住证等热点政策，解决人才的居住问题，为其创造便利条件，实现吸引人才的第一步。将人才引进后，重视对人才的培训与开发，加强校企合作，支持学校为人才的成长提供条件，支持依据企业需求加强人才胜任力、执行力素质方面的开发。出台《昆山市关于加快优秀人才引进与培养的若干政策》，每年设置科技专项资金、人才专项资金，给予继续教育津贴等补助，通过这些举措提升人才综合素质，同时培养他们对学校、企业、昆山的熟悉感与融入感，使其更加愿意留在昆山、建设昆山。

从改善生活环境视角给予政策优惠，提高人才生活幸福感。在衣食住行方面，人才最关心的是住地政策扶持。在住房方面，昆山市政府对符合条件的人才提供购房补贴，高层次人才购房时可享受住房公积金贷款优惠的政策帮助。完善住房制度，统筹优化人才住房总量和

---

① 《一流园区平台》，《昆山日报》2019 年 11 月 5 日第 B04 版。

结构供给，加强房屋出租管理和消防安全管理，以此解决人才生活最基本的问题。在人才的身心健康方面，完善医疗保障制度，制定了《昆山市高层次人才享受医疗保健服务实施办法（试行）》，全方位关爱人才，丰富其业余生活。同时对人才的家庭生活予以关心，为其子女入学提供便利条件，制定了《昆山市高层次人才子女入学管理办法（试行）》，解决其后顾之忧。开展社区文化娱乐活动，丰富业余生活，增进社区内居民的感情。

留住人才需要的不是某一个政策，而是一套政策优惠体系。目前昆山已形成完整的人才政策体系。纵向方面，政府将人才服务的引进与人才服务的供给、人才政策的优化与产业发展的需求联合成一定的网络形式，这是昆山市政府尽可能地扩展现有人才服务业务的一种发展战略。横向方面，政府与学校、行业形成人才服务的网络格局，扩大人才的服务规模，降低人才服务的成本，提高人才服务的竞争优势。人才政策体系覆盖培养人才，改善其生活环境、家庭工作平衡等各个方面，也为不同行业、不同类型企业的人才需求提供最低的成本。

2. 优化服务环境

完善知识产权环境。政府高度重视知识产权工作，知识产权作为激励创新的基本保障越来越受重视。党的十八届五中全会进一步提出要深化知识产权领域改革，加强知识产权保护和知识产权交易平台建设。当前，昆山正在加快实施创新驱动发展战略，建设具有全球影响力的科技创新中心，加大知识产权运用和保护力度，让各类人才的创新智慧得到充分发挥，勇当人才科创尖兵。健全知识产权信用管理，不断优化知识产权服务体系，创造良好的知识产权生态环境，构建人才公平发展环境。

完善创新创业服务环境。在创新创业平台载体建设方面，昆山市加大平台载体建设力度。2018年，昆山市对一站式科技创新服务中心的财政扶持政策做了一定程度的调整，对社会投资、市场化运作的新批国家级特色产业基地等创新载体给予100万元奖励,对新批国家级众创空间给予50万元奖励,对新批省级科技企业孵化器等创新载体给予80万元奖励,对新批省级众创空间给予30万元奖励。在商事制度改革方面,昆山市场监管局着力推进登记注册便利化,加强事中、事后监管,提升行政服务效能,深入推进"放管服"改革,取得了显著成效,江苏省工商局给予昆山市工商局集体三等功奖励。在创新创业服务方面,昆山将携手粤港澳台共同创新创业,打造具有国际影响力的国家一流产业科创中心。昆山通过一系列政策"干货"、改革举措,吸引了一大批海内外优秀人才前来创新创业工作,加速科技成果转化。

完善人才生活环境。在居住问题上,目前外地迁入昆山户籍,除夫妻团聚、子女随迁、老年投靠等正常途径外,根据《昆山市户籍准入登记暂行办法》,还有三种途径:外地人员通过购房置业、投资纳税、人才引进成为昆山市民。昆山出台了人才引进购房政策,让更多的满足学历及公积金、社保等要求的新昆山人在昆山安家。在子女教育方面,教育部门制定《昆山市新市民子女公办学校积分入学办法(修订)》《昆山市2019年新市民子女公办学校积分入学实施细则》,实施昆山新市民的子女积分入学制度,准入学校95所,为新市民子女入学提供"绿色通道"。在生活保障上,昆山在求职就业、签证办理、人才绿卡、人才就医、人事代理方面开辟了"绿色通道",提供跟踪式的医疗服务,建立特殊的医疗档案,为人才配偶推荐就业等。

3. 搭建服务平台

依托园区集聚人才。昆山市规划重点发展三个园区,分别是昆山经济技术开发区、昆山国家级高新技术产业开发区和花桥经济开发区。昆山经济技术开发区已基本形成一个具有现代化气息的综合园区,自1998年以来,开发区先后创办了出口加工区、留学人员创业园和国际商务区,作为招商引资的新载体,努力发展高科技产业。以光电产业园、综合保税区、留学人员创业园、企业科技园为载体提高电子信息产业研发设计人才比重，大规模集聚光电产业人才，引进新兴产业人才。昆山国家级高新技术产业开发区坚持开放带动与创新驱动相结合，大力培育具有竞争优势和发展前景的高新技术产业，培育拥有自主知识产权和发展潜力的新兴产业，使其成为昆山科技创新的重要载体。重点发展新兴产业，通过昆山阳澄湖科技园整合资源，利用工业技术研究院、清华科技园、软件园等平台，加强与清华、北大、中科院等知名高校、科研院所的合作，充分发挥人才政策的激励效应，建设留学人员创业园、邻里中心、人才公寓等功能设施，建造高层次"双创"人才、海外留学归国人才库。花桥经济开发区总体目标是通过5年至10年的努力，建设成为上海经济圈内的商务聚集区，成为江苏省发展现代服务业的示范区，该区重点吸引高层次人才和紧缺型人才，大规模集聚服务外包、总部经济、物流配送、商贸服务人才。昆山为鼓励和支持全市各镇、企业与商校、科研院所共建产学研基地，积极推进校企合作，发展特色产业，加快培养自主创新、转型升级急需的紧缺人才。

人才科创服务清单。昆山正致力于打造具有国际影响力的国家一流产业科创中心，不断升级"人才+科创"优享服务，推出"人才科创服务清单"服务，创新体制机制，调动企业、人才积极性，激发人才企业创新活力，推动昆山市经济实现高质量发展。首先，服务清单一站式，努力建成实体化运作的人才科创发展服务中心，发布实施政策服务、生产服务、生活服务"三张清单"，提供200多项"一站式"专业服务，全方位覆盖人才在昆山创新创业的全流程。其次，政策兑现"一网通"，打造人才科创"一网通"平台，推出人才科创服务"随心搜"业务，实现政策发布、项目申报、资金兑现核准等一网受理、一网通办。昆山紧跟时代步伐，搭建网络平台，借助科技的力量提供最优质的服务，为人才创造精彩的服务生态圈，用实际行动证明留住人才的诚心与决心，为人才的工作、生活甚至其家人的工作和生活创造一个安定、和谐的生活圈，提供如管家般的贴心服务。

昆山的人才工作取得很大成就。"截至2019年，全市高新技术产业产值占规上工业比重提升至45.9%；高新技术企业达1 208家，居全国县级市首位，全社会研发投入占GDP比重达3.3%，人才贡献率达50.9%，人才综合竞争力多年保持全省县市第一。"① 这些成绩的取得与昆山人才高地建设工作密不可分。第一，建立健全工作机构，市级人才工作领导小组办公室、镇级人才工作办公室、高层次人才社团等各级各类人才服务网络覆盖了各类人才。第二，制定实施人才政策。昆山发挥地域人才政策优势，充分运用引才育才留才政策；制定全面的人才政策，包括宏观指导类、微观操作类和配套支持类，并配以财力支持，覆盖了人才服务发展的各领域和环节；根据区域发展特点不同，开发不同的园区集聚不同类型的人才；与国内多所院校及国外著名高校进行深入的产学研合作，拓宽与海内外高层次人才联系的渠道。昆山市的人才政策涉及范围广、数量多、优惠力度大，引进对象明确，对高层次人才有着很强的吸引力。第三，人才服务细致，密切关注人才关心的问题，关注他们的切身利益，帮助解决住房问题、子女教育问题、医疗问题、签证问题等，创造舒适、无忧的生活服务环境，真正使人才无后顾之忧、安居乐业。第四，健全人才培养渠道，给人才更多发展、提升的机会，加强政府、学校、企业的三方合作，建立人才培养基地，发展高端人才论坛、帮助人才走出去，汲取最前沿的科技知识，为人本发展提供更多的平台，创造更多的可能，使人才有更加美好的前景，昆山的发展也拥有广阔的前景。

从新时代昆山构筑人才高地的成功实践中，可以分析昆山取得如此成就的硬件因素和软件因素。从硬件因素来看，昆山是多年全国百强县首位城市，有着雄厚的经济基础，同时昆山制定的各项政策都建立在特定的背景和需求之上，符合实际需求。首先，具有成熟的产业基础。无论是创业型还是创新型高技能人才，要发挥才能需要以产业为基础。其次，需要强大的资金支持。昆山有着雄厚的财政实力和对

---

① 《昆山：昆山有玉 玉在其人》，来源：《中国组织人事报》，网址：http://www.jszzb.gov.cn/info_16.aspx? itemid=28256。

人才工作大投入的决心和毅力,一直将人才工作放在关键的位置来抓,并用对投入的方法。最后,要有灵敏的嗅觉,抓住时机,制定正确而有吸引力的人才政策。从软件因素来看,昆山市持续多年开展丰富多彩的文化活动,如昆曲文化活动、顾炎武文化活动等,加强文化阵地建设,营造良好的社会文化氛围,增强城市的凝聚力,促进城市和谐发展。

  人才工作要紧跟时代步伐,抓住机遇,开拓创新,才能为昆山发展注入持久动力,进而推动产业升级、经济发展、科技进步。未来昆山在发展中要继续把人才工作放在至关重要的位置,根据时代变化、人才需求、地方发展等变量,不断调整和完善相应的人才政策,以有效的策略沉稳应对未来未知的发展变化,不断丰富新时代昆山人才高地构筑之路的内涵。

第四章
昆山乡村振兴新实践

乡村振兴战略是以习近平同志为核心的党中央做出的重大战略部署，是基于我国发展新的历史方位、基于新时代社会主要矛盾和经济社会发展变革提出的符合国情的重大战略判断，顺应了新发展阶段的国情与农情。江苏在全国发展大局中具有重要地位，争当表率，争做模范，走在前列，为国家乡村振兴事业发展探路是中央对江苏的一贯要求，江苏各地区立足自身实际，担当起全面推进乡村振兴的使命和责任。昆山市作为苏南现代化发展的标杆城市，连续17年位居全国百强县之首，围绕"农业全面升级、农村全面进步、农民全面发展"，加快推动农业农村高质量发展，全面实现乡村产业现代化、生态美丽宜居、乡村乡风文明、乡村治理有效、生活富裕富足，成功塑造了中国县域经济发展的求道者和中国乡村建设的示范者形象，是中国特色社会主义乡村振兴战略在苏南大地上的一个生动缩影。

一、昆山乡村全面振兴的价值和意义

习近平总书记在全国脱贫攻坚总结表彰大会上指出："乡村振兴是实现中华民族伟大复兴的一项重大任务。要围绕立足新发展阶段、贯彻新发展理念、构建新发展格局带来的新形势、提出的新要求，坚持把解决好三农问题作为全党工作重中之重，坚持农业农村优先发展，走中国特色社会主义乡村振兴道路。"① 自党的十九大正式提出实施乡村振兴战略以来，以习近平同志为核心的党中央高度重视乡村振兴，总书记多次发表重要讲话，从理论和实践高度深刻阐释乡村振兴的重大意义，为中国特色社会主义乡村振兴道路指明了方向。与此同时，近四年来，党中央加强顶层规划，将乡村振兴战略作为我国推进"三农"工作的顶层战略，2018 年中共中央、国务院印发《乡村振兴战略规划（2018—2022 年）》《关于实施乡村振兴战略的意见》，2019 年国务院印发《关于促进乡村产业振兴的指导意见》（国发〔2019〕12 号），2020 年中共中央办公厅、国务院办公厅印发《关于调整完善土地出让收入使用范围优先支持乡村振兴的意见》，2021 年 4 月 29 日通过《中华人民共和国乡村振兴促进法》，自 2021 年 6 月 1 日起施行，均对乡村振兴战略做出一系列部署安排，乡村振兴成为关系国家发展、民生福祉的一项重要战略。

（一）扎实做好新时代"三农"工作的重要基础

党的十九大报告指出："农业农村农民问题是关系国计民生的根本性问题，必须始终把解决好三农问题作为全党工作重中之重。"② 2020 年年底，习近平总书记在中央农村工作会议上发表重要讲话，向全党全社会发出鲜明信号："新征程上三农工作依然极端重要，须臾不可放松，务必抓紧抓实。"③ 2021 年我国实现了全面建成小康社会的第一个百年目标，下一阶段，全面建设社会主义现代化国家最艰巨最繁重的任务、最广泛最深厚的基础依然在农村，实施乡村振兴战

---

① 《全国脱贫攻坚总结表彰大会在京隆重举行》，来源：中国共产党新闻网，网址：http://cpc.people.com.cn/n1/2021/0226/c64094-32037141.html。
② 习近平：《决胜全面建成小康社会 夺取新时代中国特色社会主义伟大胜利——在中国共产党第十九次全国代表大会上的报告》，人民出版社 2017 年版，第 32 页。
③ 《习近平出席中央农村工作会议并发表重要讲话》，来源：新华网，网址：http://www.cppcc.gov.cn/zxww/2020/12/30/ARTI1609288702470104.shtml。

略是解决"三农"问题的良策,全党全社会都应当齐心协力推进乡村振兴,促进农业提质增效、促进乡村美丽宜居、促进农民生活富裕。当前"三农"问题表现在部分地方农村人口老龄化严重,发展农业的劳动力十分匮乏;农村现代化进程缓慢;农村人居环境亟待改善,农民的幸福感不强,要针对"三农"工作存在的现实问题,深入贯彻落实新发展阶段提出的《中华人民共和国乡村振兴促进法》,让农业成为有奔头的产业,让农民过上富足的物质生活,享有丰富的精神生活。昆山市委深入贯彻习近平总书记关于乡村振兴的重要讲话指示精神,率先担当起实现农业农村现代化的历史使命,将三农工作作为头等任务来抓,大力实施乡村振兴战略三年提升工程,各个乡镇因地制宜谋发展,在实践探索中为建设社会主义现代化城市交出一份满意的"三农"答卷。

(二) 加快推进农业农村现代化,推进城乡融合发展的关键

2012年,党的十八大提出要"推动城乡发展一体化",形成以城带乡、城乡一体的新型城乡关系,侧重于发展城市,坚持以城市带动乡村的发展。十九大提出乡村振兴战略,坚持农业农村优先发展,把乡村发展提高到了和城市发展同等重要的地位,并将城市和乡村逐渐作为一个有机整体,促进城乡融合发展,城乡发展进入了新的发展阶段。中国特色社会主义进入新时代,我国社会主要矛盾也发生了深刻变化,要解决好人民对美好生活的需要同发展不平衡不充分的矛盾,要深刻领会主要矛盾中的不平衡最主要是城乡发展不平衡,不充分最主要是农村发展不充分,面对农村发展的短板,国家提出实施乡村振兴战略,健全城乡融合发展体制机制和政策体系,促进城乡融合发展。基于我国社会主义事业发展的总体布局,城乡融合发展应当是由城市和乡村在经济、政治、文化、社会、生态环境这五个方面的融合发展构成的,乡镇振兴战略中提出的"产业兴旺、生态宜居、乡风文明、治理有效、生活富裕"五点内容也指向促进乡村在五个方面

逐步同城市缩小差距，协同发展。昆山市作为现代化城市，不仅要实现推动城市发展的现代化，作为现代化进程中的重要一环，各级村镇也要实现现代化，昆山市委及各级政府高度重视昆山农业农村事业，加快推进乡村治理体系和治理能力现代化，以实施乡村振兴战略为契机，推动农业转型升级，产业化、规模化、集聚化发展，农业从此成为群众热爱的产业，农民成为群众向往的职业，农村成为群众安居乐业的地方，实现了城乡协同推进与融合发展，有效解决发展不平衡、不充分的问题。

（三）坚持人民立场，满足人民美好生活需要的必然要求

人民立场是我们党的根本政治立场，党领导的一切事业都要坚持以人民为中心，把人民群众的利益放在第一位。首先，实施乡村振兴战略就是发展好农村经济，"产业兴旺是解决农村一切问题的前提"①，加快农业转型升级，为农民提供更好的就业环境和更多的收入，不断提升农民的生活质量和水平。其次，人民对美好生活的需求不仅仅体现在经济方面，也体现在生态环境和文化方面。良好的生态环境是最公平的公共产品、最普惠的民生福祉，要坚持绿色发展，保护生态环境，在全面实现乡村生态宜居进程中，建设美丽家园；文明乡风、良好家风、淳朴民风是乡村发展的巨大精神动力，要大力涵养文明新风，净化农村不良社会风气，提升农村社会文明程度，让群众成为文明乡风的树立者、维护者和受益者，让文明乡风建设能够落到实处，取得实效。再次，确保乡村治理有效，保证广大农民安居乐业、农村社会安定有序，逐步实现乡村自治、法治和德治三者有机结合，实现乡村"美""富""强"的目标，由广大人民群众共建共治共享美好乡村。最后，做好三农工作，实施乡村振兴战略的根本就是

---

① 习近平：《把乡村振兴战略作为新时代"三农"工作总抓手》，《求是》2019年第11期，第4-10页。

让农民过上好日子，实现共同富裕，这也符合社会主义的本质要求，对共同富裕的追求最主要的就是要增加农民收入，让人民群众享受富足的物质生活和丰富的精神生活，提升农民幸福感、满足感以及对中国特色社会主义的认同感。昆山认真贯彻中央、省、市三农工作决策部署，将人民利益放在第一位，积极为高质量发展和现代化试点试色，通过产业振兴、人才振兴、生态振兴、文化振兴、组织振兴，推动农业全面升级、农村全面进步、农民全面发展，满足昆山广大人民群众的美好生活需要，走出了一条独具江南特色的乡村振兴之路。

（四）巩固脱贫成果，建设社会主义现代化国家的战略安排

2021年国务院扶贫办正式更名为国家乡村振兴局，表明了我们下一阶段的工作重点是动员全党、全社会力量，全面推进乡村振兴战略，要做好巩固拓展脱贫攻坚成果同乡村振兴的有效衔接。2021年也是实施十四五规划、开启全面建设社会主义现代化国家的第一年，全面建设社会主义现代化国家，实现中华民族伟大复兴，最艰巨最繁重的任务在农村，最广泛最深厚的基础在农村，在新的起点上，首先，要坚持正确的发展方向，坚持走中国特色乡村振兴道路，将坚持党的领导、贯彻新发展理念、走中国特色社会主义道路作为实施乡村振兴战略的指导思想。其次，要坚持将乡村振兴纳入国家发展全局，实现乡村全面振兴，统筹推进农村经济建设、政治建设、文化建设、社会建设、生态文明建设和党的建设。最后，要充分发挥农民在乡村振兴实施中的主体作用，尊重农民群众意愿，调动农民的积极性、主动性、创造性。2021年4月29日通过的《中华人民共和国乡村振兴促进法》明确指出乡村振兴应当遵循的基本原则，就是要坚持农民主体地位，保障农民合法权益，维护农民的根本利益。《中华人民共和国乡村振兴促进法》的颁布建立健全了乡村振兴的工作机制，也为做好三农工作、实施乡村振兴提供了稳定的制度保障，昆山作为全国百强县之首，有能力有责任率先落实部署中央、江苏省委、苏州市委的各项

要求，积极开展乡村建设行动，遵行上级要求的规划先行、建强硬件、抓好软件、保护传统村落四条规定，率先为乡村现代化建设摸索探路，奋力在推进乡村振兴建设中提供昆山经验，打造昆山样板。

二、昆山推进乡村振兴的实践与成效

习近平总书记指出："农业强不强、农村美不美、农民富不富，决定着全面建成小康社会的成色和社会主义现代化的质量。要深刻认识实施乡村振兴战略的重要性和必要性，扎扎实实把乡村振兴战略实施好。"① 昆山市连续17年位居全国百强县之首，其乡村振兴已呈现百花齐放态势，围绕"农业全面升级、农村全面进步、农民全面发展"，昆山加快推动农业农村高质量发展，全面实现乡村产业现代化、生态美丽宜居、乡村乡风文明、乡村治理有效、生活富裕富足，探索昆山乡村振兴新实践，奋力在推进乡村振兴中打造"昆山样板"，提供昆山经验，走出一条新时代昆山全面振兴之路。

（一）坚持质量兴农，推进昆山农业产业现代化

产业兴旺是实现农民增收、农业发展和农村繁荣的基础，最直接地解决了农民就业和收入两大问题，作为连续17年登顶全国百强县之首的"第一标杆"，昆山坚决贯彻中央、省、市三农工作决策部署，大力实施乡村振兴战略，坚持把产业兴旺摆在乡村全面振兴的核心位置，作为推动昆山高质量发展的首要任务，成为建设"经济强"新江苏生动实践中最鲜明的基层缩影。

1. 坚持因地制宜，做强做大现代都市农业

昆山农业占比仅为1%，多年来，昆山坚持高起点谋划，高标准

---

① 《习近平在参加十三届全国人大一次会议山东代表团的审议时的讲话》，来源：光明网，网址：https://difang.gmw.cn/cq/2018-03/09/content_27935745.htm。

推进,积极拓展农业功能,使产业发展更加蓬勃。昆山一以贯之坚持高质量兴农、绿色兴农、品牌兴农和"藏粮于地""藏粮于技"方略,形成优质水稻、特色水产、高效园艺等三大主导产业和阳澄湖大闸蟹、锦溪大米、张浦四季瓜果等"一镇一业、一村一品"为特色的高效农业产业集群,充分体现了牢牢依靠因地制宜,做强做大现代都市农业。[①] 其中当地锦溪镇发展模式也成为因地制宜推进产业兴旺的示范典型。锦溪镇紧紧牵住"产业兴旺"这个牛鼻子,因地因村制宜,积极培育有优势、有潜力的特色产业,做大做强优势产业,构建了一个新业态、新模式、高质量的产业体系。锦溪镇经过逐步摸索实践,开创了"旅游+X"发展模式,探索出四条产业发展路径:一是以祝甸村为代表,通过创意设计、文旅融合探索"文化+旅游"路径;二是以计家墩村为代表,积极拓展民宿、休闲、康养等产业探索"田园+旅游"路径;三是以长云村为代表,重点发展有机循环、观光休闲、农事体验等现代农业,探索"农业+旅游"路径;四是以南庄村为代表,通过发挥临近古镇核心的地域优势,实现古镇元素与生态资源有机衔接,探索"古镇+旅游"路径。锦溪镇将产业发展与自身独特的地理生态优势相结合,开创新的产业发展模式,培育独特的四条发展路径,带动昆山经济发展跃上了新的台阶,也充分体现了因地制宜发展现代农业产业的重要性。

2. 做好顶层规划,实现一二三产业融合发展

为增强一二三产业融合的实效性,昆山根据乡村功能定位与实际情况,制定科学系统的产业发展规划。围绕"五大振兴"和"二十字"总要求,建设昆山乡村振兴十八年提升工程和十个一批重点项目,以"项目化、清单化、制度化"推进产业振兴,构建市领导挂钩乡村振兴重点项目制度、乡村振兴重点任务督查制度、项目进度月报制度、脱幅项目督查通报制度等,通过一系列顶层设计绘就了新时

---

① 王文:《水美锦溪 乡村振兴》,《唯实(现代管理)》2018年第8期,第22-24页。

代昆山产业全面振兴的蓝图。其中张浦镇积极推动农业发展规模化、品牌化、现代化，在推动农业规模化上，坚持规划先行，在载体、模式、主体、品牌基地等方面下足功夫，建立吴淞江现代农业产业园，开发家庭农场经营模式，培育乡土人才，打造张浦片水果采摘、南港片优质大米蔬菜、大市片优质水产三个优质农产品集聚地，通过这些规划实行，张浦镇实现了产业规模化发展。在推进农业品牌化上，打造一个统一的农产品品牌，建立一支专业的农产品经销队伍，建成一个完善的农产品产销链条，不仅有助于改善乡村主体就业状况，同时也便于精准地做好农产品产销服务工作。在推进农业现代化方面，加快烘干中心二期、姜杭粮食不落地等项目建设，提升农业生产全程机械化水平，加快农业的现代化转型升级。

3. 创新发展思路，开创"龙头产业+美丽乡村"新模式

昆山坚持与时俱进，解放思想，不断创新工作思路，尽管农业产值占地区生产总值不足1%，但当地农业不仅有保障功能，同时还有生态功能和休憩功能，要充分发挥当地农业发展独特优势，通过开创"龙头产业+美丽乡村"新模式，推进一二三产业融合，同时加快推进农业农村现代化，大力实施田园综合体、农业龙头企业、高校农业等乡村振兴"十个一批"重点项目，让农业成为有竞争力的产业、农民成为有吸引力的职业、农村成为有凝聚力的家园。张浦镇对尚明甸村发展定位进行明确规划，致力于将尚明甸村打造成为具有创新性和引领性的乡村振兴示范区，以"乡村+科创"为主题，是尚明甸村的明确定位，充分利用腾退的乡村存量空间资源发展科创产业，打造"乡野硅谷"；引导村民闲置的农房开发为专业化、规模化、规范化的村民宿集；以政府引导、村民主体、社会参与的"三位一体"模式有效运营，一方面引进科创产业增强就创业机会，另一方面大力发展乡村宿集建设，按照规模化发展、规范化管理的要求，激发市场主体进入乡村民宿产业的活力，引进布局高端民宿、文化创意、休闲书店、精品咖啡、无人超市等旅游配套产品，引导尚明甸村自办民宿的积极性，特别是吸引本地青年人才返乡创业。尚明甸村打造"乡村+科创"示范区，也为昆山乡村振兴提供了全新模式，体现出昆山的产业发展和城市定位。①

（二）坚持绿色发展，建设现代化标杆城市"美丽昆山"

近年来，昆山将生态文明理念融入乡村建设发展历程中，不断改善农村生态环境。这是昆山市近两年实施乡村振兴战略的重点任务，昆山在这方面下功夫，促进人与自然和谐共生，走绿色发展之路，全力推进"美丽昆山"建设，持之以恒地保护生态。绿色发展也增加了昆山的美誉度和知名度，在《2020年中国中小城市科学发展指数研究成果》报告中，昆山市蝉联全国绿色发展百强县市榜首，昆山用生动实践建设了一座生态宜居美丽的现代化新城市。

1. 有序推进人居环境整治，刷新乡村"颜值"

习近平总书记指出："要推动乡村生态振兴，坚持绿色发展，加强农村突出环境问题综合治理，扎实实施农村人居环境整治三年行动计划。"② 农村人居环境整治是一项操作性强、见效快的重要举措，昆山始终把农村人居环境整治作为打赢乡村振兴战略攻坚战的第一仗，按照"干净、整洁、有序"的标准，立足工作实际，扎实有序地推进各项工作的开展，全面提升农村人居环境。淀山湖镇西南临近天然湖泊淀山湖，因湖得名，坐拥15千米的美丽湖岸线。苏州大学马克思主义学院方世南教授曾将昆山淀山湖镇作为基层生态研究基地，开展了中国21世纪示范镇绿色发展实证研究，相继出版了《风水宝地淀山湖》《源远流长淀山湖》《智者乐水淀山湖》《风生水起淀山湖》等关于淀山湖绿色生态发展的系列丛书，全面介绍了淀山湖不忘初心，坚持绿色发展，致力于勾画生态宜居、和谐发展的尚美

---

① 《尚明甸绘就乡村"大写意"》，《苏州日报》2019年6月17日第A01版。
② 《习近平在参加十三届全国人大一次会议山东代表团的审议时的讲话》，来源：光明网，网址：https://difang.gmw.cn/cq/2018-03/09/content_27935745.htm。

淀山湖蓝图，淀山湖在绿色发展理念的指引下逐步实现乡村美丽"蝶变"，先后获得"全国环境优美乡镇""国家园林城镇"等荣誉称号，在昆山当地生态发展历程中也起到了示范引领的作用。近年来，淀山湖镇更是将"绿水青山就是金山银山"的发展理念转化为引领推动农村人居环境整治的具体实践，聚焦农村"厕所革命"、生活污水治理、生活垃圾治理等重点工作，组织实施一系列整治，建立完善机制，使乡村焕发了新的容颜。首先，淀山湖镇通过制订《农村人居环境整治"红黑榜"考核方案》，明确牵头单位和具体实施单位，落实责任分工，用长效管理机制保障人居环境整治的实效性。其次，开展垃圾定时定点投放工作，将垃圾分类这件关键小事深化为群众的自觉习惯；通过实施污染防治和生态修复并举，深化河湖长制改革，高质量推进水环境治理工作。最后，完善村庄基础设施、提升村容村貌，形成民居、道路、水景、绿化等布局合理、功能多元、错落有致的乡村风貌，展现出了新时代乡村的内涵美，淀山湖镇有序推进人居环境整治工作也得到了苏州市委的认同，在 2019 年荣获了苏州市人居环境整治工作示范镇荣誉称号，该镇的永新村也光荣获得示范村称号。①

2. 着力保护自然生态环境，保存乡村传统风貌

乡村建设不同于城市，乡村与城市有着文化与生活方式的差异，由于历史和地域形成的村落各具文化特色，建设美丽乡村要因地制宜，以生态保护为契机保存当地传统风貌，保留当地文化特色。苏州相关领导班子成员曾指出农村建筑面貌既要注重统筹规划，也要防止千篇一律，注重保留乡村气息，凸显江南风貌，避免盲目大拆大建。昆山作为乡村振兴排头兵实现从昔日的经济薄弱县向经济强市的华丽

---

① 《江苏昆山淀山湖：立足人居环境整治，催生乡村美丽蝶变，来源：学习强国苏州学习平台，网址：https://article.xuexi.cn/articles/index.html?art_id=14332113990140738748&item_id=14332113990140738748&part_id=14332113990140738748&study_style_id=feeds_default&t=1584708368462&showmenu=false&ref_read_id=2fddaeda-ef32-4567-82bf-9cff5e6c551a_1623750157189&pid=&ptype=-1&source=share&share_to=wx_single。

转变，保存了千年江南水乡的风貌，村内小桥流水，绿树成荫，同时村民共享的现代娱乐设施、健身房、医疗室、咨询室、商店，以及各类小巧玲珑的公园等公共场所一应俱全，充分体现历史遗迹与村落景观共融，古村特色与现代文明共美。昆山锦溪镇按照乡村振兴的总要求，紧紧围绕生态人文"水美锦溪"建设目标，打造生态宜居江南小镇。锦溪镇秉承着"种下绿色就是种下希望"的理念，像对待生命一样对待生态环境，精准施策，一河一策、一村一策，解决河湖管理突出问题，提升水环境整治水平；重点做好白莲湖、明镜荡、棋盘荡等沿湖区域生态优化，持续推进40千米生态廊道建设，构建布局合理、水乡气息浓郁的生态系统；量质并举，以"彩色化、珍贵化、效益化"为引领，继续做好全域复绿增绿；努力做到"水清、岸绿、路净、村美"，还自然以宁静、和谐、美丽。张浦镇的姜杭村，由姜里、杭上两个村合并而成，其50%以上的面积被水覆盖，是一个名副其实的古朴水村。多少年来，不论在撤村并村时，还是在河道整治、公建动迁中，都积极维护水村的原生态风貌，生态资源与人文历史的结合促进了姜杭村的可持续发展，先后获得江苏省卫生村、最具魅力的休闲乡村和国家美丽乡村等荣誉。① 千灯镇歇马桥村里石拱桥、石板桥、石牌坊和黄杨、桂花等古木，至今保存完好，在镇政府的扶持下，绿化景观、环境卫生不断保护整治，通过挖掘历史遗迹，彰显古村落特色，逐渐构成江南水乡"水街相依、街巷深弄"的传统风貌格局，使歇马桥村充满了历史韵味和水乡风情。

3. 深入开展农村"两项革命"，提升群众生活品质

农村"两项革命"分别是厕所革命和垃圾分类处理革命，其中农村"厕所革命"既是美丽乡村基础设施建设必要组成部分，也是乡村公共服务的重点领域；而"垃圾分类处理革命"关系广大人民

---

① 张树成，徐永明：《行走在昆山的大地上，看乡村振兴》，《中国老区建设》2018年第5期，第7—9页。

群众的生活环境，关系资源节约利用，是社会文明程度的一个重要体现。昆山淀山湖镇被建为苏州市农村垃圾分类处理试点镇，为其他乡镇两项革命的实施树立了先进典型，淀山湖镇聚焦农村"厕所革命"、生活污水治理、生活垃圾治理等重点工作，组织实施一系列整治，一方面，推进居民生活垃圾定时定点投放工作，将垃圾分类这件关键小事深化为群众的自觉习惯；另一方面，开展"厕所革命"，改变农村公厕环境脏乱差的现象。近两年，昆山加大管理投入，首先实施农村"厕所革命"，全市已投入资金1.68亿元，新建改建厕所总量达1 866座，其中农村公厕1 334座，做到城乡全覆盖，超额完成全市厕所革命三年行动计划目标任务，努力补齐影响群众生活品质的短板。其次，有序开展"垃圾分类处理革命"，开展垃圾分类行动，新建生活垃圾资源化处理站，实施垃圾分类定时定点投放模式，精致打造垃圾四分类样板校区，建设农村生活垃圾分类就地处置站，基本实现行政村全覆盖，农村生活垃圾分类处理覆盖率达到90%。[①] 人与自然是生命共同体，当我们爱护自然、顺应自然、保护自然的时候，大自然对人类的回报是慷慨的。昆山持之以恒，久久为功，将农民美丽的心愿化作美丽的乡村图景，昆山生态环境发生了深刻变化，涌现了一批生态先进典型村庄，经济发展红红火火，众多的田园风光、湖荡月色、恬静的漫步休闲大道，以及古村韵味等乡村美景，成了农村经济发展的摇钱树、聚宝盆。

（三）注重文化涵养，实现昆山乡村乡风文明

2019年，中央农办等11个部门印发《关于进一步推进移风易俗建设文明乡风指导意见》，确定了文明乡风建设的总体目标。昆山深入贯彻党中央方针政策，进一步提高认识，加大乡风文明建设力度，提升农村精神风貌，在实现乡风文明进程中，精准发力，主动作为，

---

① 张树成：《新时代大作为 新农村更妖娆——来自昆山实施乡村振兴战略的一线报告》，《上海农村经济》2019年第11期，第42-46页。

自觉肩负起举旗帜、聚民心、育新人、兴文化、展形象的历史使命。

1. 重视文化软硬件建设，丰富群众精神文化生活

文化建设包括软件环境建设和硬件环境建设，其目标在于创设一种氛围，潜移默化地陶冶当地群众情操，提升人民群众的道德素质。昆山将文化软硬件建设摆在第一位，采取综合措施，舍得投入，加强农村思想道德和公共文化建设，实施公共文化服务提质增效工程，高标准完善镇、村综合文化站等文体配套设施，切实把"精神食粮"送到农村的千家万户。农家书屋是承载乡风文明的有效载体，作为五大惠民工程之一，是为满足农民文化需求，建设在行政村且具有一定数量的图书、报纸、电子音像制品和相应阅读、播放条件，由农民自主管理、自我服务的公益性文化场所，昆山以"农家书屋"建设为推手，大力推进乡风文明建设，在千灯镇，农家书屋建设已有十多年，正逐步实现农家书屋图书馆的体系化全覆盖，并通过多项举措确保书屋的书能够及时更新，提升农家书屋的管理和服务水平。为了给千灯镇农家书屋带来本土的精神食粮，用当地文化涵养村风民风，千灯镇文联每年都会编写一本关于千灯文化的书籍，目前已相继出版了《诗华千灯》《走近千灯》《美丽千灯》等系列书籍，为推动社会主义核心价值观在千灯落地生根，让文明新风传遍千灯乡村大地，千灯镇积极推动"日知·书房"文化项目落地生成，并以此为契机推进农家书屋项目化运行，实质化运作，有效满足了农民群众的文化需求，丰富了农民群众精神文化生活，为乡风文明建设注入了新活力。

2. 开展新时代文明实践活动，巩固乡村思想阵地

2018年，习近平总书记在全国宣传思想工作会议上强调："推进新时代文明实践中心建设，不断提升人民思想觉悟、道德水准、文明素养和全社会文明程度。"[①] 开展新时代文明实践活动关系到实现乡

---

① 《习近平总书记在全国宣传思想工作会议上的讲话》，《人民日报》2018年8月23日第1版。

村全面振兴和培养时代新人的重任,也关系到彻底打通群众工作"最后一公里"的目标实现。三年来,昆山响应党中央决策号召有序推进新时代文明实践工作,积极开展在基层宣传思想文化和加强精神文明建设工作,在巩固好乡村思想文化阵地上争做示范,走在前列。张浦镇持续加强农村思想道德建设,巩固党在农村的思想阵地,推动文化振兴,采用符合农村特点的方式方法和载体,发挥基层党建阵地宣传群众、教育群众的作用。一方面,推进新时代文明实践站全覆盖建设,深入开展文明创建,积极选树宣传道德模范、"张浦好人"等优秀典型,常态化开展"张浦好人"评选活动,也形成了好人示范、乡贤引领、见贤思齐、崇德向善的良好氛围,在传统礼俗和陈规陋习之间画出一条线,告诉群众什么是应提倡的,什么是应反对的,坚决遏制大操大办、厚葬薄养等陋习,培育文明乡风、良好家风、淳朴民风。另一方面,坚持"富口袋"与"富脑袋"并重,持续开展好百姓舞台、公益电影村村演、周周演系列活动。与此同时,张浦镇创新文明实践形式,建成"文明益站",引入张浦镇志愿者协会开展项目化、常态化运营管理,搭建起公益互助服务共享平台,营造出了邻里守望相助的浓郁氛围。

3. 注重挖掘传统文化,推进文化事业全面复兴

中华优秀传统文化是中华民族历史上道德传承、思想文化和观念形态的总体表现,是文明成果根本的创造力,江苏省委领导在昆山调研时强调,要从优秀传统文化中汲取精神力量,昆山正是拥有文化底蕴深厚的独特优势,注重挖掘优秀传统文化成为新时代昆山乡风文明建设的不二法宝。其中千灯镇多年来注重挖掘当地传统文化的优势,发挥了昆曲效应、名人效应,有效推进了文化事业全面复兴,千灯镇是明末清初思想家顾炎武的故里,也是昆曲的发源地之一,作为全国历史文化名镇,拥有深厚文化底蕴和良好文化发展基础。近年来,千灯镇上下坚持中国特色社会主义先进文化为引领,深刻融入顾炎武先贤文化、昆曲文化等优秀传统文化,大力培育和践行社会主义核心价值观，弘扬主旋律、唱响正能量，明确提出要全力打造人文特质更亮的"文化千灯"，和谐氛围更浓的"尚善千灯"。在新时代文明实践的道路上，千灯立足乡风文明，挖掘农村传统道德教育资源，开展移风易俗行动，遏制大操大办、厚葬薄养、人情攀比等陈规陋习。充分挖掘乡村传统文化的深厚底蕴与内在价值，并不断赋予其新的时代内涵，发挥其在聚民心、教民行、化民风等方面的作用。在开启全面建设社会主义现代化国家的新征程上，昆山仍要乘势而上，深刻理解乡风文明建设工作的重要地位，不断增强乡风文明建设的行动自觉，坚持依靠群众，积极引导群众主动参与、自觉参与，有效发挥村民自治，实现乡风文明的重塑与振兴。

（四）注重乡村善治，健全昆山乡村治理体系

昆山市作为现代化城市，不仅要实现推动城市治理的现代化，还要推动乡村治理的现代化。要形成完善党委领导、政府负责、社会协同、公众参与、法治保障的社会治理体制，走昆山特色乡村善治之路，坚持党建引领乡村现代化治理，规章制度引导乡村有效治理，提高乡村治理主体素质，坚持科学治理、智慧治理，助力乡村治理有效性提升。

1. 坚持科技助力，实现乡村治理现代化

"科学技术是第一生产力"①，科技如果运用得当便能对社会的生产发展起到强力促进作用。随着中国特色社会主义进入新时代，社会的主要矛盾发生了改变，乡村人民对美好生活的需要日益增长，这不仅体现在对美好环境、就业工作、生活医疗等方面，也体现在乡村治理现代化上。日益多样化的不同群体的利益诉求给传统的乡村治理模式带来巨大的挑战，这就决定了乡村治理传统模式需要跟紧时代发展需求，不断求变、创新，充分发挥科学技术的作用，打造智慧乡村治

---

① 邓小平：《邓小平文选》（第三卷），人民出版社1993年版，第275页。

理新模式。近年来，昆山市大力实施数字乡村、智慧农业 136 计划，2012 年启动建设昆山农业农村管理系统，2018 年系统开始运行，建立了 19 类 186 项 2 000 单项数据标准，赋能农业农村信息化发展，助推乡村全面振兴，走出了独特的智慧农业"昆山之路"。首先，昆山市凭借累积的科学技术优势，积极开发昆山智慧农业农村系统，智慧农业农村系统的建立涉及农村资金、农村集体资产监管，给乡村治理现代化提供了技术支持和信息的便利共享；其次，昆山市充分利用新媒体优势，建立了全国首家田间课堂直播室，专家和种养户线上、线下互动的新型种养方式得到了实现，这及时且有效地解决了农户在农业生产中碰到的实际问题。①

2. 坚持制度保障，建立"三治融合"的乡村治理体系

没有规矩不成方圆，在乡村治理的过程中，仅仅依靠人民群众的自发参与是不能完全将治理的有效性激发出来的，因此，还需要法治和德治的参与，用法治和规章制度来规范乡村治理，推动乡村治理朝着更科学、更规范的方向发展。以村规民约规范引导基层群众，充分发挥自治章程、村规民约在农村基层治理中的独特功能，以高标准制定村规民约，用村规民约滋润乡村。

坚持自治、法治和德治的有机融合，破解基层治理的诸多难题。淀山湖镇重视法度与温度相补充，探索自治为基、法治为本、德治兼备的"三治融合"乡村治理经验，开创基层治理新模式。建章立制推动自治，以社会主义核心价值观为引领，要求各村制定本土化村规民约，用好微信群、公众号等新媒体，鼓励村民民主协商，参与农村建设。在农村人居环境整治推进过程中，淀山湖镇通过探索建立"三会"制度（群众代表参加整改动员会、规划论证会和项目验收会），营造"人人参与、全民支持"的良好氛围，荣获 2019 年度苏州市农村人居环境整治示范镇称号。村庄环境管护过程让群众参与、

---

① 《昆山打造智慧农业农村助推乡村全面振兴》，来源：中华人民共和国农业农村部，网址：http://www.moa.gov.cn/xw/qg/202004/t20200424_6342250.htm。

成效让群众评判。创新平台践行法治,设立公众评判庭化解社会矛盾,推进普法宣传。在聚焦长三角一体化深度融合中,加大力度推动与上海毗邻乡镇街道的融合对接,形成"临沪平安线""临沪尚法"等法治创新项目,为践行法治更添一份保障。移风易俗促进德治,在稳步推进经济发展和美丽乡村建设的同时,始终坚持把深化移风易俗作为全面实施乡村振兴战略的重要内容,落实昆山市倡导移风易俗"红7条""白9条""六个到位"保障措施,结合本镇实际,建立报备、监督、劝导和奖惩"四项机制",实施国旗下秀一秀、公益事做一做、爱心屋捐一捐、宴请费降一降、份子钱减一减"五个一"倡导机制,创作"乡村文明七字歌""移风易俗三字经",设置"家风家训长廊""婚事新办指导菜单"等,营造文明氛围,提倡文明新风。①

3. 提高主体素质,提升乡村治理有效性

乡村治理的主体是人,包括党员干部和人民群众,党员干部需要不断提升自己的政治站位和治理能力,需要受到制度的制约;人民群众同样也需要加强自身的修养,包括道德素养、文化修养和法律意识等。这样,在乡村治理的实践中,党员干部和人民群众才能更好地发挥能动作用,将乡村治理变成一种自觉,提升乡村治理的有效性。昆山用先进文化教育基层群众,大力弘扬顾炎武精神,推动整个乡村形成人人爱文化、人人有文化的良好面貌。通过开设"道德讲坛",吸引基层群众,开设昆曲、绘画等村民喜闻乐见的课程,提高村民文化素养,从而营造"讲道德、做好人、树新风"的氛围。通过开展"法律进乡村"宣传教育活动,提高农民法治素养,引导干部群众尊法学法守法用法。推进农村"全要素、一体化"网格,加强农村精

---

① 《昆山淀山湖:乡风文明"三聚力",乡村振兴再发力》,来源:学习强国苏州学习平台,网址:https://article.xuexi.cn/articles/index.html?art_id=17282132496648761044&item_id=17282132496648761044&part_id=17282132496648761044&study_style_id=feeds_default&t=1586865275711&showmenu=false&ref_read_id=6c0f336d-54b8-4aed-8150-dfed88fd2299_1623754229316&pid=&ptype=-1&source=share&share_to=wx_single。

细化管理。深入开展扫黑除恶专项斗争,尤其是涉赌等非法金融专项整治,持续净化社会环境,保障人民安居乐业。挖掘乡村道德规范和乡贤社会作用,结合新时代要求,27个村(社区)全部创新推出结合实际的村规民约,强化道德教化,引导农民向上向善、孝老爱亲、重义守信、勤俭持家。①

(五)推动共同富裕,实现昆山城乡振兴发展目标

《乡村振兴战略规划(2018—2022年)》中指出,实施乡村振兴战略是实现全体人民共同富裕的必然选择,而在实施乡村振兴战略过程中,生活富裕是根本,不断拓宽农民增收渠道,全面改善农村生产生活条件,促进社会公平正义,有利于增进农民福祉。我国是社会主义国家,"社会主义的本质,是解放生产力,发展生产力,消灭剥削,消除两极分化,最终达到共同富裕"②。实施乡村振兴战略,目的就是促进农民增收,缩小城乡贫富差距,这是实现共同富裕不可或缺的一环,也是我国社会主义本质的体现。昆山根据党中央的决策部署,立足自身发展实际情况,在产业振兴、人才振兴、文化振兴和生态振兴等方面展开工作,拓宽农民增收渠道,提高农民就业质量,改善农民居住环境,丰富农民精神生活,使党中央的方针政策落地生根并取得实效性。据《2018年昆山市人民政府工作报告》公布的数据显示,2017年昆山居民人均可支配收入为50 000元,其中农村常住居民人均可支配收入为30 489元。《2020年昆山市人民政府工作报告》公布的数据显示,2019年昆山居民人均可支配收入为59 650元。可以看出昆山农民的生活水平正在逐步提高,朝着富裕的方向发展。这其中的巨大的发展离不开乡村振兴。苏州市委在工作会议上曾强调

---

① 《昆山张浦:奋力打造乡村振兴"昆山样板"》,来源:学习强国苏州学习平台,网址:https://article.xuexi.cn/articles/index.html?art_id=16288382088537092487&study_style_id=feeds_default&t=1579060238214&showmenu=false&ref_read_id=f6e4f60e-5c55-4a1f-b8cd-21bf9d85d6e2_1623753703481&pid=&ptype=-1&source=share&share_to=wx_single。

② 邓小平:《邓小平文选》(第三卷),人民出版社1993年版,第373页。

要着力提升乡村品质，进一步统筹乡村基础设施建设和公共服务配套，在推动共同富裕和城乡融合上率先取得新成效。正是由于乡村振兴战略的实施，昆山乡村发展谱写了新的篇章。

1. 实施乡村产业振兴战略，拓宽农民增收渠道

产业振兴推动收入增长。在乡村振兴过程中，农村产业的发展是一个关键的因素。乡村振兴战略的实施最关键的就是要帮助农民增收增产，带领农民奔小康。在乡村振兴战略的实施过程中，农村产业的发展是一个强力的推动器。产业的发展不但能解决农村剩余劳动力问题，也能为农民开辟新的增收渠道，还能带动其他产业乃至基础设施建设的发展。昆山市通过强调继续做大做强现代都市农业，聚焦第一、二、三产业融合发展，扶持龙头企业等措施推动产业振兴再上一个台阶。

传统产业升级换代能很好地激活乡村振兴内生动力。张浦镇以吴淞江现代农业产业园为依托，以家庭农场经营模式建立健全为突破，打造张浦片水果采摘、南港片优质大米蔬菜、大市片优质水产三个优质农产品集聚区，推进农业规模化。通过打造一个统一的农产品品牌，建立一支专业的农产品经销队伍，建成一个完善的农产品产销链条，推进农业品牌化。通过深化"龙头企业+农地股份合作社+基地"模式，依托鲜活果汁公司等加工型农业龙头企业，发展农产品精深加工产业，完成鲜活果汁公司姜杭蓝莓园二期 12 万平方米基地建设。通过推进农业产业规模化，对传统农产品进行深加工、精加工，张浦镇逐渐实现了农村产业转型并大幅度提高了农业收入。①

---

① 《昆山张浦：奋力打造乡村振兴"昆山样板"》，来源：学习强国苏州学习平台，网址：https://article.xuexi.cn/articles/index.html?art_id=16288382088537092487&study_style_id=feeds_default&t=1579060238214&showmenu=false&ref_read_id=f6e4f60e-5c55-4a1f-b8cd-21bf9d85d6e2_1623753703481&pid=&ptype=-1&source=share&share_to=wx_single。

2. 实施乡村人才振兴战略，提高农民就业质量

人才振兴助力农村发展。富国强民，交通先行；乡村振兴，人才为本。在当代，人才代表着科技进步，代表着生产力发展，已经成为国家竞争力的重要影响因素。无论是城市还是农村，都需要各行各业的人才来为其发展贡献力量与智慧。

张浦镇积极培育新型职业农民，力求将农民这一职业打造成受人尊重的职业、令人向往的职业，以提高农民素质、扶持农民、提高农民收入为方向，以吸引年轻人回乡务农、培养职业农民为重点，全面落实昆山市新型职业农民培育认定办法，通过培训提高一批、吸引发展一批、培育储备一批。2020年，张浦镇建成一支100人左右的有文化、懂技术、善经营、会管理的新型职业农民队伍。同时加强农村专业人才队伍建设，加大"三农"领域实用专业人才引进和培育力度，继续挖掘培养优秀农业技术、时代乡贤等乡土人才。张浦镇鼓励社会人才投身"三农"事业。利用张浦镇尚明甸村"乡野硅谷"、金华特色田园乡村等优质资源，进一步加大与乡伴、田园东方等企业合作力度，整合政府、企业、社会等多方资源，推动政策、技术、资本、人才等各类要素向农村创新创业集聚，促进乡村大众创业、万众创新。①

3. 实施乡村生态振兴战略，改善农民居住环境

生态振兴造福农村。"绿水青山就是金山银山"，"两山"理念不仅含有丰富的哲学思维，也有很强的可实践性。昆山农村地区通过优化自身居住环境，不仅令生活更愉悦，更依托江南水乡文化推动当地旅游业的发展。

---

① 《昆山张浦：奋力打造乡村振兴"昆山样板"》，来源：学习强国苏州学习平台，网址：https://article.xuexi.cn/articles/index.html? art_id=16288382088537092487&study_style_id=feeds_default&t=1579060238214&showmenu=false&ref_read_id=f6e4f60e-5c55-4a1f-b8cd-21bf9d85d6e2_1623753703481&pid=&ptype=-1&source=share&share_to=wx_single。

良好的生态成为乡村振兴的支撑点。近年来，昆山巴城镇武神潭村党总支始终坚持"绿水青山就是金山银山"的理念，充分发挥党建引领作用，以满足村民对美好生活的向往为奋斗目标，带领党员群众围绕生态宜居定位，建设"水清树绿、粉墙黛瓦"的生态宜居村庄。村党总支因地制宜制定实施"书记项目"，由村党员干部带头，充分调动村里各方资源，不断夯实开展特色田园乡村建设的组织基础，通过充分挖掘自然资源和历史文化资源，将村庄的"文脉"和"土气"相结合，对传统优秀文化及优秀古迹予以保护和挖掘，坚持以"慎砍树、少拆房，不丢根本、不失灵魂"为原则，有序推进特色田园乡村建设，探索富有武神潭特色的村庄绿色发展之路。2018年投资近1 000万元完成武神潭自然村三星级康居乡村建设，2019年武神潭自然村先后被列为昆山市级、苏州市级特色田园乡村建设试点村庄。①

4. 实施乡村文化振兴战略，丰富农民精神生活

文化振兴彰显乡村底蕴。习近平总书记讲过，文化自信是一个民族更为深层次的自信，中华民族有着几千年不间断的文化发展历史，每个地方都有着厚重的文化积淀。对这些优秀文化进行挖掘和传承，不仅能让人民认清自己的文化渊源，增强文化自信，也能在一定程度上拓宽收入渠道。

昆山市作为一处江南水乡，富有江南韵味。昆曲与顾炎武是昆山两张金名片，一方面，昆山通过大力开发昆曲这一宝贵的文化遗产，不仅使得昆曲得以传承下来，更使得昆曲成为昆山一张醒目且厚重的文化名片，能够吸引众多热爱传统戏曲的中外游客。另一方面，昆山充分挖掘顾炎武先贤的历史资源，推动顾炎武先贤文化进校园，成立顾炎武研究会，旨在宣传顾炎武强烈的爱国主义精神、高度的社会责

---

① 《昆山巴城：党建引领乡村振兴 构筑宜居秀美家园》，来源：学习强国苏州学习平台，网址：https://article.xuexi.cn/articles/index.html? art_id=61165551253487 42515&item_id=61165551253487 42515&part_id=61165551253487 42515&study_style_id=feeds_default&t=1586781036359&showmenu=false&ref_read_id=595c5f11-39f8-43ce-a838-c0f239fd90bd_1623755302918&pid=&ptype=-1&source=share&share_to=wx_single。

任感、高尚的道德人格风范等。与此同时，昆山推进周庄、锦溪、千灯古镇联合申报世界文化遗产"江南水乡古镇"项目，努力打造守住乡愁、笼住古韵的乡镇文化名片。这些古镇还大力发展完善基础配套措施，在发展交通的同时保留古老的石板路，也相应地开发了诸多的民宿以供游客暂时落脚，既守住了祖居者的心灵田地，也陶醉了游者心绪，将地方文化特色带给了世界。

三、昆山实施乡村振兴的宝贵经验

昆山市连续17年位居全国百强县之首，其乡村振兴工作的开展整体围绕"农业全面升级、农村全面进步、农民全面发展"，立足自身多年来的发展实践，探索出乡村发展与城市发展有机结合的新路子，瞄准农业农村现代化这一目标，统筹布局五个"全面"：全面实现乡村产业现代化、乡村生态美丽宜居、乡村乡风文明、乡村治理有效、乡村生活富裕富足，始终坚持党的领导，将党中央的决策部署落地、生根、发展、壮大，走出了一条昆山乡村振兴新实践之路，并且在乡村振兴新实践中打造出了"昆山样板"，昆山乡村振兴的新实践乘着新时代的东风愈走愈稳，越走越远。昆山一路披荆斩棘、敢闯敢试，前路光明，形成了昆山乡村振兴新实践的宝贵经验。

（一）推进乡村振兴要纳入现代化发展全局

习近平总书记在十九届中央政治局第八次集体学习时讲道："实施乡村振兴战略是关系全面建设社会主义现代化国家的全局性、历史性任务。"① 社会主义现代化不仅体现在城市发展现代化，也体现在农村农业现代化，没有农村农业的现代化，社会主义的现代化就不可

---

① 习近平：《把乡村振兴战略作为新时代"三农"工作总抓手》，《求是》2019年第11期，第4—10页。

能实现。乡村振兴作为实现农村农业现代化的重要抓手,必须纳入社会主义现代化建设全局中去,城市发展的全局也必须将乡村振兴规划进去,努力创造两者之间的同频共振,让两者能够在社会主义现代化征程中同向而行,而不是顾此失彼。

昆山市连续17年位居全国百强县之首,这来之不易的成绩是昆山努力实现城乡之间的协同良性发展的结果。昆山市作为全国百强县之首,首先是经济强。昆山市坚持把产业兴旺摆在乡村全面振兴的核心位置,根据乡村功能定位与城市产业发展的实际情况,制定了科学系统的产业发展规划,切实增强一、二、三产业的融合,在注重城市产业发展的同时,也大力开拓农业产业的功能,在开发农业产业的同时重视美丽乡村的建设。昆山切实增强人才、技术等要素在城乡之间的合理有序流动,充分利用乡村存量空间资源发展科创产业,打造出尚明甸村的"乡野硅谷"。其次,昆山也蝉联全国绿色发展百强县市榜榜首,城市生态宜居,乡村美丽和谐。通过有序推进人居环境整治、着力保护自然生态环境、深入开展农村"两项革命",打造出了与城市韵味不同的美丽乡村,城市与乡村的生态各美其美,同向前进。在社会文明、社会治理和共同富裕方面,昆山也是将乡村振兴与城市的发展紧密联系在一起,通过城乡之间的各种要素和资源合理流动与分配,努力提升乡风文明程度,推动乡村社会治理法治化、现代化,不断缩小城乡居民之间的收入差距,逐步迈向共同富裕。

实践基础上的理论创新是社会发展和变革的先导,在全面实现社会主义现代化的大背景下,如何理解乡村振兴,将乡村振兴摆在一个什么样的位置,会深刻影响乡村振兴战略的成果。乡村振兴并非乡村自己的事情,而是关系到中华民族伟大复兴的千秋大事,是关系到全面建设社会主义现代化的大事,需要各方同心合力,将乡村振兴真正地纳入现代化发展的全局之中。

(二)致力于实现城市和乡村发展新融合

习近平总书记在十九届中共中央政治局第八次集体学习时强调:

"要把乡村振兴战略这篇大文章做好，必须走城乡融合发展之路。"①根据《中华人民共和国乡村振兴促进法》，实施城乡融合应当各级政府共同推进乡村振兴和新型城镇化战略，包括构建全民覆盖、城乡一体化的基本公共服务体系，推进城乡基础设施互联互通，推动城乡基本公共服务均等化，完善城乡统筹的社会保障制度，健全城乡均等的公共就业创业服务制度以及促进城乡产业协同发展等。城乡融合发展之路体现着我们党的执政宗旨，也体现着社会主义的本质，是一条完全符合中国国情的推动社会主义现代化建设之路。

昆山市坚决贯彻中央、省、市三农工作决策部署，构建市领导挂钩乡村振兴重点项目制度、乡村振兴重点任务督查制度、项目进度月报制度、脱幅项目督查通报制度等，充分发挥"火车头"的作用，层层压实责任，认真落实，积极作为。昆山市有着准确的发展理念，将城市和乡村的发展看得同样重要，积极重视"三农"问题，大力培养建设乡村的人才，鼓励更多的人到乡村去创新创业；注重遵循乡村发展的规律，保护乡村发展特色，发展乡村特色产业；同时积极推动人才、科技、土地、资金等要素在城乡之间的合理流动，完善城乡之间的基础设施建设。昆山市坚决贯彻落实党中央的决策部署，准确地把握了工农、城乡之间的关系，积极支持乡村发展自己的产业，杜绝新农村的"形象工程"，真抓实干，促进城乡良性互动，各美其美，促成昆山城乡发展的创新融合局面。

习近平总书记曾在中央政治局集体学习时讲道："我国发展最大的不平衡是城乡发展不平衡，最大的不充分是农村发展不充分。"②在新时代实行乡村振兴战略，城乡之间的融合是必要的途径，只有正确把握城乡之间的关系、工农之间的关系，促进城乡之间的相互配合、良性互动，乡村振兴这篇大文章才能章节有序、精彩绝伦。在城

---

① 习近平：《把乡村振兴战略作为新时代"三农"工作总抓手》，《求是》2019年第11期，第4-10页。

② 习近平：《把乡村振兴战略作为新时代"三农"工作总抓手》，《求是》2019年第11期，第4-10页。

乡融合发展的过程中，农村也不可迷失自我，要立足发展实际，找到自身特色，发展特色产业，以干事创业的决心和独立自主的勇气去促进农村农业农民的新进步、新升级和新发展。

（三）推进乡村振兴以"全面"统筹布局

"全面"表示的是全方位、深层次、全向度。在乡村振兴战略的落地、生根、开花的过程中，必须要坚持以"全面"统筹全局，促进乡村政治、经济、文化、社会、生态和党的建设全方位振兴，在乡村振兴的过程中不让一个农民掉队。只有以"全面"来统筹布局乡村振兴这篇大文章，乡村振兴战略才会有全面的实效性，农业农村现代化才能真正实现，亿万农民才会真正地自豪于自己的职业。

昆山在践行乡村振兴战略的过程中，始终坚持"全面"布局和统筹，围绕"农业全面升级、农村全面进步、农民全面发展"，坚持质量兴农，全面统筹乡村一、二、三产业的融合发展，推动农产品、农业产业化和服务业相互配合，形成了诸如以乡村旅游和休闲观光农业为代表的一、二、三产业融合发展的典范，昆山农业得到了新的升级。坚持生态宜农，有序推进人居环境整治，建立健全长效管理机制，保障人居环境整治的实效性；着力保护自然生态环境，保存乡村传统风貌；深入开展农村"两项革命"，提升群众生活品质，用生动实践建设了一座生态宜居美丽的现代化新城市。坚持文化涵农，昆山重视文化软硬件建设，丰富群众精神文化生活；开展新时代文明实践活动，巩固乡村思想阵地；注重挖掘传统文化，推进文化事业全面复兴，农民的思想境界和政治素养得到了新提升。坚持善治引农，昆山努力提升乡村治理的主体的素养，通过提高主体素质，提高乡村治理有效性，形成和完善了党委领导、政府负责、社会协同、公众参与、法治保障的社会治理体制，农村工作开展得更加井井有条，农民更加自觉更加有能力参与到乡村的治理之中。坚持富裕惠农，昆山深刻理解社会主义的本质，以共同富裕的理念推动乡村振兴，在产业振兴、人才振兴、文化振兴和生态振兴等方面展开工作，农民增收渠道得到拓宽，就业质量得到提高，居住环境得到改善，精神生活更加丰富，党中央的方针政策落地生根并取得实效。

昆山乡村振兴的新实践之路有经验可借鉴，在乡村振兴的实践中，必须坚持统筹安排，要有良好的大局观，不可有失偏颇，统筹全面推动农业农村高质量发展、乡村产业现代化、生态美丽宜居、乡村乡风文明、乡村治理有效、生活富裕富足。

（四）乡村振兴以农业农村现代化为总目标

习近平总书记在十九届中共中央政治局第八次集体学习时曾系统地阐述了实施乡村振兴这一战略的总目标就是实现农业农村现代化。没有农业农村的现代化，社会主义现代化的目标就不可能实现。当前中国特色社会主义事业进入新的发展阶段，在新发展阶段，乡村振兴仍要以实现农业农村现代化为总目标，通过乡村振兴补齐农村农业领域的短板，为建设中国特色社会主义强国，实现中华民族伟大复兴打下基础。

农业农村现代化包括农业现代化和农村现代化，两者是同一过程的两个方面，密不可分，需要协同推进。昆山在推进乡村振兴战略的过程中，坚持农业农村优先发展，充分发挥书记这个"火车头"的作用，认真落实市、镇、村三级书记齐抓共管乡村振兴的重要工作，层层压实责任，促进城乡之间人才、土地、资本、技术等要素的充分流动。在农业现代化方面，昆山全面推进农业现代化，推动农业产业升级，坚持因地制宜，做强做大现代都市农业，做好顶层规划，实现一、二、三产业融合发展，创新发展思路，开创"龙头产业+美丽乡村"新模式。在农村现代化方面，昆山全面推进农村现代化，将生态文明理念融入乡村建设发展历程中，不断改善农村生态环境，坚持走绿色可持续发展之路；对标乡风文明建设的总目标，通过健全机制和完善政策、遏制陈规陋习、营造文明风尚，从而进一步提高乡村社会文明程度；注重乡村善治，坚持党建引领，通过提高乡村治理主体的素质，树立法治思想，科技助力，制度保障，昆山走上了一条具有自身特色的现代化乡村善治之路。

乡村振兴战略是党中央的重大决策部署,是解决新时代社会主要矛盾的必然要求,是实现中华民族长久繁荣发展的大计。在实施乡村振兴战略时,要对照"产业兴旺、生态宜居、乡风文明、治理有效、生活富裕"的总要求,理清与农业农村现代化这一总目标之间的联系,通过乡村振兴的有效实施,推动农业产业升级,使农业经济更适合市场的变化需求,推进农村的生态文明建设,加强农村基础设施建设,传承农村的优秀文化和优良传统,提升农村的现代化水平,从而助力农业农村现代化目标的实现。

(五) 坚持党对乡村振兴事业的核心领导

"党政军民学,东西南北中,党是领导一切的。"① 乡村振兴战略是党中央为实现农业农村现代化,提升农民生活水平,实现人民共同富裕所做出的重大决策部署,必须坚持党对乡村振兴事业的领导,并且是核心领导。乡村振兴包括产业振兴、生态振兴、人才振兴、文化振兴、组织振兴,其中组织振兴尤为重要,基层党组织作为联系群众的桥梁和纽带,在乡村振兴中起着团结和带领广大群众攻坚克难、奋力向前的领导核心作用。必须整顿和优化基层党组织,增强党组织的创造力、凝聚力和政治引领力,让基层党组织的先锋带头作用和战斗堡垒作用得到充分发挥。

党在乡村振兴事业中发挥着核心领导作用,把控全局,凝聚和带领广大基层党员在乡村振兴的一线落实党中央的战略部署,开展市、镇、村三级关于乡村振兴的重要工作。昆山市委及各级政府高度重视"三农"工作,通过选好配强乡村党组织书记,坚持党在乡村振兴事业中的核心引领地位,以党建增强基层党组织的创造力、凝聚力,增强基层党员的政治素养和干事本领,培育和打造出了"红色头雁"

---

① 习近平:《决胜全面建成小康社会 夺取新时代中国特色社会主义伟大胜利——在中国共产党第十九次全国代表大会上的报告》,人民出版社 2017 年版,第 20 页。

"海棠花红"等党建品牌，不断引领乡村振兴战略在昆山乡村落地生根，取得实效。

乡村振兴战略关乎中华民族伟大复兴中国梦的实现，是新时代中国特色社会主义在乡村的伟大实践。在乡村振兴战略的实施过程中，要始终坚定不移坚持党的核心领导，从基层党组织、基层党支部书记、基层党员队伍、群众等方面展开工作，选强配好党支部的书记，充分发挥基层党组织书记的带头作用；建强建好基层党组织，充分发挥基层党组织的战斗堡垒作用；强化基层党员的理想信念和本领担当，发挥党员联系群众的作用，听取群众意见，积极团结和带领广大群众参与到乡村振兴大实践中去，发挥亿万农民群众的积极性、主动性和创造性，带领群众为创造美好生活奋斗不止。

第五章
新时代昆山民主法治建设新实践

党的十九届六中全会通过的《中共中央关于党的百年奋斗重大成就和历史经验的决议》在总结新时代党和国家事业取得历史性成就、发生历史性变革时指出,在政治建设上,"党的十八大以来,我国社会主义民主政治制度化、规范化、程序化全面推进,中国特色社会主义政治制度优越性得到更好发挥,生动活泼、安定团结的政治局面得到巩固和发展"[1]。同时,在全面依法治国上,"党的十八大以来,中国特色社会主义法治体系不断健全,法治中国建设迈出坚实步伐,法治固根本、稳预期、利长远的保障作用进一步发挥,党运用法治方式领导和治理国家的能力显著增强"[2]。决议对我国民主制度与法治制度的总结提炼充分彰显了加强民主法治建设是中国共产党百年奋斗积累的宝贵经验,是党和国家事业发展进步的重要举措。中国特色社会主义进入新时代,我国社会主要矛盾已经转变为人民日益增长的美好生活需要与不平衡不充分的发展之间的矛盾,一方面人民生活水平明显改善,社会治理效能明显提升;另一方面随着时代发展和社

---

[1] 《中共中央关于党的百年奋斗重大成就和历史经验的决议》,人民出版社2021年版,第41页。
[2] 《中共中央关于党的百年奋斗重大成就和历史经验的决议》,人民出版社2021年版,第43页。

会进步，人民对美好生活的向往更加强烈，对民主、法治、公平、正义、安全、环境等方面的要求日益增长。因此，发展全过程人民民主、加强民主法治建设是实现人民对美好生活的向往的应有之义，也是在社会主义现代化建设新征程上不断增进人民群众幸福感、获得感、安全感的重要举措。民主法治建设是当代中国发展进步的重要举措。中国特色社会主义进入新时代，新起点上的昆山发展之路要继续坚持在习近平新时代中国特色社会主义思想的指导下，进一步加强民主法治建设，促进新时代"昆山之路"新发展。

一、新时代加强民主法治建设的价值和意义

党的十九大报告指出："必须坚持人民主体地位，坚持立党为公、执政为民，践行全心全意为人民服务的根本宗旨。"[①] 这不仅充分显示了对人民权利的尊崇，也彰显了我们党一以贯之的基本理念：以人民为中心。十九大以来，党和政府始终坚持人民当家作主，保证这一举措积极落实到国家政治生活和社会生活之中，使得全体人民在共建共治共享的发展中有更多获得感。在十九大报告中，"人民"一词共出现203次，"群众"一词出现了43次。十九大报告强调发展为了人民，发展依靠人民，发展成果由人民共享，这充分体现了中国共产党对保障群众民主权利的高度重视，也给予了广大人民群众更多有序参与国家建设的机会。该举措对于新时代扎实推进社会主义民主政治建设、切实保障人民当家作主地位、推动全面建设社会主义现代化国家具有十分重大的意义。党的十九届四中全会通过的《中共中央关于坚持和完善中国特色社会主义制度 推进国家治理体系和治理能力现代化若干重大问题的决定》指出："必须坚定不移走中国特色社会主义法治道路，加快形成完备的法律规范体系、高效的法治实施

---

① 中共中央党史和文献研究院：《十九大以来重要文献选编》（上），中央文献出版社2019年版，第15页。

体系、严密的法治监督体系、有力的法治保障体系，加快形成完善的党内法规体系，对于全面建成小康社会、实现中华民族伟大复兴，实现国家治理现代化、建设法治国家等具有重要意义。"① 党的十九届四中全会把坚持和完善中国特色社会主义法治体系摆在十分重要的位置，充分体现了以习近平同志为核心的党中央对全面依法治国、建设法治中国的高度重视。

（一）全面加强民主法治建设是党和国家事业发展进步的重要内容

全面加强民主法治建设是中国共产党矢志不渝的奋斗目标。为了保障人民当家作主的地位，维护最广大人民的根本利益，我们党在国家政治、经济、文化、社会和生态等各领域进行了全面的实践和探索，做出了不懈努力，取得了举世瞩目的成就，积累了丰富的经验。人民性是马克思主义最鲜明的品格。中国共产党作为马克思主义坚定的支持者和拥护者，其群众路线是马克思主义基本理论同中国革命和建设实践相结合的产物。中华人民共和国成立特别是改革开放以来，我们党一直高度重视保障群众的民主权利，始终将群众路线放在第一位，积极发展各种形式的基层民主，如城市居民自治委员会、农村村民自治委员会、企业职工代表大会及其他形式的民主管理制度等。该举措有效地体现了党将权利还于人民，有效地发挥了社会自治功能，提高了人民政治参与的能力和水平，为基层各项事业发展提供了重要的政治环境保障，有力地扩大了社会主义民主。事实证明，坚持走群众路线，是对广大人民群众扩大民主意愿的准确把握，是提高人民群众政治素质和管理能力的重要举措，是推进我国社会主义民主政治建设的重要内容。

全面加强民主法治建设是巩固我国发展成果的必然要求。中国作

---

① 《中共中央关于坚持和完善中国特色社会主义制度 推进国家治理体系和治理能力现代化若干重大问题的决定》，人民出版社2019年版，第13页。

为世界上最大的社会主义国家,经历了上千年的历史洗礼,从封建社会到半殖民地半封建社会,再到确立社会主义基本制度,高举中国特色社会主义伟大旗帜,国家发展实现了社会制度的根本变革,党和国家事业取得了历史性成就。在这一过程中,我们要深刻认识中国特色社会主义不是从天上掉下来的,也不是凭空产生的,而是党和人民历尽千辛万苦、付出各种艰辛努力和巨大代价取得的根本成就,这其中饱含着中国共产党人的艰辛探索和大胆创新实践。邓小平同志指出:"没有中国共产党,不进行新民主主义革命和社会主义革命,不建立社会主义制度,今天我们的国家还会是旧中国的样子。我们能够取得现在这样的成就,都是同中国共产党的领导、同毛泽东同志的领导分不开的。"① 当然,纵使中国已经发生了翻天覆地的变化,我们依旧要认清基本国情,那就是:我国正处于并将长期处于社会主义初级阶段,当前中国的现实社会结构正处于深刻调整与变革之中,思想观念日趋多元,利益关系和诉求日趋多样,我国地域辽阔、人口众多、社会管理层次较多的国情决定了党和政府无法一下子将各项便民利民惠民举措有效落实到社会方方面面,因此要有效巩固我国发展成果,必须保障好群众的民主权利,让群众真正成为国家的主人。

全面加强民主法治建设是进一步推进廉洁政府建设、实现国家长治久安的重要保障。权力腐败自古以来是国家治理的难题,也是全面推进依法治国、建成社会主义法治国家的最大障碍。党的十八大以来,反腐败斗争迈向了法治反腐模式,反腐败斗争的规范性和法律制度的严谨性不断强化,一些地方客观存在的选择性执法、象征性执法、宽容性执法等问题得到纠正,有案必查、有腐必惩,"老虎""苍蝇"一起打成为常态;党纪与国法一体建设,法律纪律面前人人平等,不开天窗、不留暗门。② 我们应当重视国家法治建设,把权力关进制度的笼子里,完善权力制约和监督机制,充分运用法治思维和法治方式推进反腐倡廉建设,切实从根部扼杀腐败,从体制、机制上

---

① 邓小平:《邓小平文选》(第二卷),人民出版社1997年版,第299页。
② 《迈向法治反腐新征程》,《学习时报》2018年6月13日第A3版。

解决腐败。另外，掌握和行使公权力的各类主体是国家公职人员，所以国家在治权的同时还要依法治官、从严治吏，将腐败的思想扼杀在摇篮之中。

（二）昆山全面加强民主法治建设是昆山践行以人民为中心发展思想的生动体现

全面加强民主法治建设是维护昆山社会和谐稳定的基石。《宪法》明确规定了中华人民共和国的一切权力属于人民。中国是人民民主专政的社会主义性质的国家，主体是人民，本质是人民当家作主，国家的一切权力都是由人民赋予的。我国的政体决定了国家维护权益的中心在基层，基层即广大的人民群众，基层民主就是广大人民群众的呼唤与心声。基层公共事务的管理和基层公共事业的发展涉及广大人民的切身利益，基层民主同保障群众的合法权益密切相关。因此昆山切实保障人民的民主权利，对于促进社会和谐稳定，提升整个社会的民主政治水平都具有重大意义。昆山把保障人民享有更多更切实的民主权利作为发展社会主义民主政治的基础性工程重点推进，是对广大人民群众扩大民主意愿的准确把握。当人民真正做到自我管理、自我服务、自我教育、自我监督时，人民当家作主的性质才得以体现。只有将基层民主真正发展起来了，人民有序参与政治活动的积极性才能得到调动，才能从根本上继续保持稳定社会发展态势。

全面加强民主法治建设是实现昆山基层社会治理现代化的重要途径。昆山要实现基层治理现代化，就要推进和实现基层治理体系和治理能力的法治化、民主化、科学化和信息化，重点是推进昆山建设的法治化。一方面，要推进基层治理体系的法治化。国家治理体系表现在国家的绝大多数制度、体制和机制上，通过立法程序体现在国家法律体系中，即法律规范和法律制度。因此，昆山需要通过贯彻落实党和国家一系列法规制度政策，将法律法规与基层社会治理有效结合起来，形成系统完备、科学规范、运行有效的昆山市基层治理制度体系。另一方面，要推进昆山基层治理能力的法治化。推进基层治理能力的法治化，即要增强治理社会的权力运行体系，增强基层政府的执行力和宪法、法律的实施力、遵守力。因此，应当高度重视和充分发挥依法治国基本方略在基层社会的落实程度，充分发挥民主法治在基层治理中的重要作用。全面加强法治建设不仅是基层治理现代化的重中之重，而且对实现国家治理现代化具有引领、规范、促进和保障等重要作用。

全面加强民主法治建设是促进法治昆山建设的应有之义。建设法治中国，是中国人民对实现自由平等、公平正义、有序安全的美好社会的最终向往，是坚定维护以习近平同志为核心的党中央提出的"四个自信"，完善和发展中国特色社会主义制度，形成良好的法治氛围，实现国家工作法治化的必经过程。建设法治昆山，是落实党中央决策部署、提升昆山法治水平的必由之路。在中国共产党坚强领导下，昆山市要坚定不移走中国特色社会主义道路，深入贯彻中国特色社会主义法治理论，加强中国特色社会主义法治体系建设，形成完备的法律规范体系、高效的法治实施体系、严密的法治监督体系、有力的法治保障体系，确保法治昆山建设取得实效。

全面加强民主法治建设是昆山发展全过程人民民主、实现人民当家作主的根本保证。发展社会主义民主，要尊重人民的主体地位，提高人民民主意识，完善社会民主制度，正确处理人民内部的各种关系，充分发挥各类组织的作用。基层社会民主表现在公民享有最基本的选举权与被选举权，依法享有管理权、知情权、参政议政权、监督权等政治民主和政治权利方面。对于公民享有的最基本的监督权，昆山市要完善社会监督机制，充分尊重保障人权和基本自由，实现人民民主。因此，发展人民民主，保障人权必然以民主法治建设为出发点和落脚点。

二、新时代昆山加强民主法治建设的实践与成效

习近平总书记指出："人民的眼睛是雪亮的，人民是无所不在的

监督力量。只有让人民来监督政府，政府才不会懈怠；只有人人起来负责，才不会人亡政息。人民代表大会制度的重要原则和制度设计的基本要求，就是任何国家机关及其工作人员的权力都要受到制约和监督。"① 党的十九届四中全会也强调，我们要坚持人民当家作主，发展人民民主，密切联系群众，紧紧依靠人民来推动国家发展。在保障群众民主权利、建设法治政府的过程中，昆山进一步落实政府职责，认识到人民是整个社会发展的中坚力量，只有政府充分发挥职能作用和引领功能，新时代法治政府建设各项工作才能稳步推进，最终高质量完成法治政府的各项目标任务。

（一）坚持加强党对民主法治工作的领导

中国共产党作为中国特色社会主义法治文化的领导核心，是由党的性质、执政党的地位、社会主义性质决定的，只有充分发挥党组织的政治领导作用，才能使法治沿着社会主义方向有序发展。十八大以来，昆山市政府在民主与法治工作上始终坚持党的领导，构建起党委领导、政府引导、各界协同的社会治理格局，保证城市的健康发展。

首先，发挥党的价值导向职能。"十四五"开局之际，市委市政府积极落实法治昆山建设，切实迈好新的赶考之路第一步。出台《法治昆山建设规划（2021—2025年）》，深入贯彻习近平法治思想，充分发挥市委依法治市办引领保障、统筹协调作用，扎实推进法治昆山、法治政府、法治社会一体化建设。加快落实党政主要负责人履行法治建设责任机制，推进法治型党组织建设。其次，发挥党的组织动员职能。昆山市法院党组织通过狠抓学习教育、深度查纠问题、落实整改总结，着力解决政法队伍中存在的问题，建设信念坚定、执法为民、敢于担当、清正廉洁的高素质政法队伍，为推进平安昆山建设、打造标杆城市贡献政法力量。昆山司法局组织在昆律所打造党建

---

① 习近平：《在庆祝全国人民代表大会成立六十周年大会上的讲话》，《求是》2019年第18期，第4-15页。

示范点，通过树立学习型党组织、打造服务型党组织模范、创建创新型党组织样板、树法治型党组织表率方式，引导各律所党支部立足实际开展特色项目，充分发挥基层党支部创造力、凝聚力和战斗力。最后，发挥党组织的发展稳定职能。昆山市政府深入贯彻落实国务院《重大行政决策程序暂行条例》，严格决策法定程序，并在全省率先出台重大民生决策事项民意调查制度，在公共服务、市场监管、社会管理、环境保护等方面全面推行重大民生决策事项民意调查制度，提高行政决策公众参与实效，有效促进了行政机关科学民主依法决策。

（二）坚持和发挥人民代表大会制度优势，保障人民依法管理社会事务

实践证明，我国的人民代表大会制度是适合我国国情、具有极大优越性和显著功效的制度。十八大以来，昆山市人大常委在巩固和完善以往工作的基础上立足实际，以崭新面貌开展新时代人大工作，系列举措充分显示了人民代表大会制度在保障人民当家作主、提高基层社会民主水平方面的巨大优越性。

首先，昆山市人大发挥监督职能，监督"一府两院"工作，服务地区发展大局。昆山周市镇人大探索实施"民生实事项目人大代表票决制"，对民生实事项目依法进行监督，督促各部门以高效率、高标准完成任务目标。昆山周庄镇人大在疫情防控期间针对学校、医院的卫生防控工作积极开展督查、视察活动，并组织代表开展传染病防治专题培训。昆山综保区开设企业增值税一般纳税人资格试点，市人大常委会将该政策落实情况作为监督重点，及时组织召开市人大常委会主任会议，听取和审议专项工作报告，提出审议意见。

其次，昆山市人大工作更加规范化。在总体工作中，昆山市政府根据全国人大相关要求，大力推进基层立法联系点建设，高效运作全国人大常委会基层立法联系点，全力打造昆山法治"新名片"。为更好收集群众立法建议，昆山基层立法联系点设立了1 654个网格立法信息采集点，将社区网格化管理与立法意见收集工作相结合，让网络

员、网格长担任立法信息收集员。通过着力搭建立法联系工作网络，组建立法信息员队伍，按照每部法律草案不同特点，持续开展法律意见征询工作，合理选择征询对象，覆盖不同群体、不同行业，使采集意见样本多元化。在地方具体实践中，昆山千灯镇人大将人大代表述职活动作为年度重点工作，不仅各片区需要选取代表分别向选民述职，还要接受现场评议和询问，从而保证选民的知情权，提高了选民参与度。

再次，昆山市人大立足工作实际，聚焦民生改善工作。昆山花桥镇人大长期注重关注与群众切身利益相关的民生热点，在疫情防控期间组织开展外来人口租住与管理情况调研，并针对流动住户的生活问题进行调研，代表们针对住户居住等问题提出了较有操作性的建议和意见。昆山开发区人大依法积极履职，联络处人员在人大闭会期间协助开发区专业代表小组制订代表小组活动计划，依次开展"代表评营商、助力最舒心"专项工作、"我为'十四五'规划献良策"等主题活动，在"市人大代表联系选民周"活动中，围绕全市生活垃圾分类管理等方面的工作，组织代表深入调研，收集上百条建议，取得了良好反响。

最后，昆山市人大密切联系群众，注重民主功能。锦溪镇人大积极加强代表与选民联系，组织开展"助力垃圾分类，共建水美锦溪"活动。在听取全镇垃圾分类工作情况汇报和群众建言献策后，代表们积极回应群众关切，就如何推动垃圾分类提出切实可行的意见建议，充分发挥人大代表密切联系群众的桥梁、纽带作用。昆山周庄镇积极开展"代表评营商，助力最舒心"民主座谈会，并组织代表填写相关调查问卷，收集企业在排水、用地、垃圾分类、员工子女入学等优化营商环境方面的意见建议。

（三）坚持和发挥社会主义协商民主独特优势，提高建言资政和凝聚共识水平

社会主义协商民主是中国社会主义民主政治独有的、独到的民主形式，深深嵌入中国社会主义民主政治全过程。十八大以来，昆山市

委市政府高度重视政协工作，把政协工作纳入总体部署和重要议程，把政治协商纳入党委政府决策程序，坚持和完善中国共产党领导的多党合作和政治协商制度，全力以赴支持人民政协依照宪法、法律和政协章程独立负责、协调一致地开展工作。

首先，昆山市政协坚守主责主业。昆山市政协全力开展调研、考察、视察、评议等活动，促进协商成果转化运用，更加广泛地接受民主监督、凝聚智慧力量，全力推进经济社会高质量发展。同时不忘坚持能力建设，昆山市政协进一步强化质量导向，狠抓工作落实，探索提案提办清单管理制度和提案办理成效分类评价机制，努力把各项工作做得更实更好。其次，昆山市政协深入基层，了解民意。市政协以推进"有事好商量"协商议事室、委员之家、社情民意联系点"三位一体"载体建设为抓手，在推进政协协商与基层协商有效衔接方面开展一系列探索和尝试，为推动县级政协组织参与基层社会治理提供路径指引和实践支撑。最后，昆山市政协积极协助在昆台资企业工作。昆山市政协打造的"有事好商量"协商议事平台向外企、台企延伸。在成立全国首家台企专门协商议事室基础上，指导成立"外企协商联盟"，向世界传播中国特色社会主义协商民主的影响力，形成了"外企协商、台企议事"的生动活泼氛围，为"有事好商量"提供"昆山样本"和"昆山经验"。昆山市政协还着力发挥台商特约人士作用，深入倾听集中反映台企台胞发展诉求，就"台资企业转型升级""台青在昆就业创业"等集中开展精准协商，连续开展昆山深化两岸产业合作试验区省省际联席会议政策举措落实情况专项视察，为推进台商大陆"精神家园"建设、推动昆台融合发展提出了具有可操作性和前瞻性的建议。

（四）推动完善地方立法体制机制，深化司法体制综合配套改革，促进司法公正

十八大以来，昆山从坚持和发展中国特色社会主义的全局和战略高度定位法治、布局法治、厉行法治，提出了一系列依法治市的新理

念新思路，领导和推动昆山立法司法建设取得历史性成就。

首先，昆山积极推动司法局党委和律师行业党委发挥作用，引导全系统党员干部聚焦履职尽责争先奉献，主动融入全省正在开展的"两在两同"建新功行动，扎实开展"深扎根、大排查、抓落实、解难题"活动。不断巩固政法队伍教育整顿成果，从严教育"立规"，从严管理"塑行"，从严监督"纠偏"，努力打造一支让党和人民信得过、靠得住、能放心的司法行政队伍。其次，在司法系统建设上昆山积极推动司法系统改革。昆山市在深化社会主义现代化建设试点的工作计划中提出要深入推进司法体制综合配套改革，落实认罪认罚从宽制度，开展民事诉讼程序繁简分流改革试点工作。深化完善非诉讼纠纷解决机制，建立健全法律适用分歧解决机制，解决"类案不同判"问题，进一步发挥司法系统的保障机制。近年来昆山市司法局不断完善法律援助网络，坚持"应援尽援，应援优援"原则，构筑法律援助机构、经费、网络、人员"四条一流保障线"，以"和"文化为引领，全方位提升法律援助知晓率，创新打造农民工法律援助"昆山模式"，完善"事前、事中、事后"三阶段案件质量监控体系。不断创新工作格式，为经济社会高质量发展提供法治保障。

最后，昆山创新打造全过程"实时普法"闭环机制，让"立法者""执法者""司法者""法律服务者"在最擅长领域、最熟悉环境下开展实时普法、精准普法、互动普法。推动"立法参与+实时普法"，创新开展立法全环节"伴随式"精准普法，充分发挥区镇人大代表之家、律师事务所、总商会、台协会、综治网格等20个立法信息联络站和1 593个立法信息采集点扎根基层、贴近实践、面向群众的天然优势，主动推进实时普法融入民众立法意见建议征集及法律解读全过程。推动"行政执法+实时普法"，创新制定出台《在行政执法过程中开展实时普法的工作指引》，确保群众在接触行政执法、产生问题疑惑、寻求法律咨询的"第一现场"就能得到行政执法人员最及时、最准确、最权威、最直观的解答。推动"司法办案+实时普法",创新制定出台全国首个司法办案全环节、全过程实时普法工作规范,推动"纸面上的法"变为"行动中的法"。围绕刑事、民事、行政等各类司法案件进行答疑解惑、释法说理,提出主动告知式普法、答疑解惑式普法、释法说理式普法、舆情回应式普法、全民公开式普法五种实时普法方式。推动"法律服务+实时普法",创新开展法律服务行业实时普法专项行动。积极培育选树先进典型,明确法律服务从业人员在提供法律服务、调处矛盾纠纷、参与涉法涉诉信访案件处理过程中,自觉进行释法析理,引导社会公众依法办事。

(五)落实法治政府建设实施纲要,推动法治政府建设

十八大以来,昆山始终坚持和完善党总揽全局、协调各方领导的制度体系,把党对于法治建设的领导落实到城市发展的各领域各方面各环节。

首先,昆山市委市政府通过建设法治市场来提升综合竞争力、抢占未来制高点。昆山正不断以推进平安法治系列创建为抓手,解决人民群众所需、所盼、所求,加大基层治理法治化探索力度,不断提升平安法治建设对经济社会发展的保障度,提升平安法治建设与现代化建设的融合度以及人民群众的满意度。其次,昆山市各级政府坚持依法决策,逐步建立和完善法治政府监测评价体系。严格执行重大决策公众参与、专家论证、风险评估、合法性审查、集体讨论五项制度,建立决策过错问责制。加强行政执法监督,打造"全流程"执法监督模式。加快推进行政复议体制改革,以改革强化行政复议层级监督效能。实现各级政府和部门法律顾问制度全覆盖,推行政府及其部门权力清单制度。再次,大力加强法治政府基层落实工作。大力开展"八五"普法,建设民法典主题公园;构建覆盖城乡、便捷高效、均等普惠的现代公共法律服务体系;主动参与基层立法联系点工作,延伸联系服务网络,推进"开门立法"和法治宣传教育相结合;持续实施法治惠民项目,开展公共法律服务"五进"活动,抓好"法律

援助覆盖范围拓展工程",守好公证质量"生命线";落实"三治融合"基层治理实施意见,培育村(社区)网格"法律明白人",不断整合下沉法治资源、法治力量,打通法律服务群众"最后一公里"。最后,政府广纳法律人才,保证人才效率利用最大化。法律援助是政府为民服务的"民心工程"。昆山市政府通过选聘律师进驻派出所的举措,以直接介入、会商参谋、源头干预等方式引导当事人依法维权,推动矛盾纠纷化解法治化。昆山高新区通过印发《昆山高新区法律顾问管理制度》,规范邀请法律顾问参与重大决策行为,基层自治组织负责人在纠纷化解、信访维稳、村集体经济管理等方面的法治意识及法律素养不断增强,有效提升了基层自治组织依法治理村社区的素质能力。

(六)加强社会主义法治文化建设,提高法治社会建设水平

党的十一届三中全会要求加强社会主义法治建设,到党的十八大以来要求加快建设社会主义法治国家,全面推进依法治国,充分体现了法治作为治国理政基本方式的必要性。城市文明形态是多样的,但法治必定是城市文明的核心。而法治文化作为一种具有价值导向、贴近生活的社会文明体系,在新时代思想宣传教育和培育社会主义核心价值观过程中有着独特的教育优势和不可替代的基础作用。一个公民首先必定是遵纪守法的公民,一个城市必定是依法治理的城市。当每一位公民法治意识在心,自觉依法办事,一个真正的法治社会才会离我们更近。

首先,昆山坚持推动全媒体普法,构建立体化普法格局。昆山"十三五"规划提到,在城市精神文明建设方面,要充分发挥党员干部和公众人物示范作用,注重家庭、注重家教、注重家风,发扬光大中华民族传统家庭美德,着力深化"好家风好家训'昆山人家'品牌建设工程"。近年来,昆山市人大会议将"提升全民法律素养打造尚法昆山"作为一号议案推进实施,昆山市政府出台《关于提升全

民法律素养打造尚法昆山的实施意见》，提出将昆山打造成为一座学法、遵法、守法、用法、护法的"尚法之城"后，市司法局在全市建立起"报纸释法、电视说法、广播讲法、网上学法、微博微信普法、电话问法"的全媒体、社会化、立体化普法格局。其次，昆山坚持法治教育从小抓起。昆山制订中小学法治教育方案、建立青少年法治教育主题馆、创建法治学校、交通法规进校园、组织尚法夏令营等主题活动，在昆山全市中小学广泛开展"八五"普法工作，在参与和体验中培养规则意识和法治习惯。再次，昆山注重加快完善公共文化服务体系。在城市建设方面，2021年政府工作计划中提到要重点推动民法典公园规划建设。最后，将法制教育条约化、通俗化。昆山市千灯镇炎武社区将顾炎武"贵廉""有耻""责任担当"等名言、典故融入村规民约，形成朗朗上口的十二条约定，成果显著。昆山市张浦镇金华村创新打造法治文化主题公园，规划以"法伴一生"为主题的四块法治互动小品，公园四周嵌入法治标语、法治格言、法治名典。法治长廊则利用廊柱、横梁、木质地面等现有载体，在长廊两端悬挂法治楹联，形成集法治教育、人文观赏、娱乐休闲于一体的多功能"法治风景"。昆山市陆家镇陆家社区秉持着"法—景—店—人"相融的理念，以"优化营商环境"为主题，打造"篆溪法治文化街"，建立集法治宣传教育、法治活动载体、法治文化展示于一体的主题法治文化新地标，让群众随时随地感受到"法在身边"。最后，昆山注重培育全社会的法治思维习惯。昆山创新发展新时代"枫桥经验"，融合村（社区）法律顾问、人民调解员、星期天先锋等基层治理力量，在居民自治的基础上引入法治思维和社会调解机制，建立一批"家室评判庭""调解大讲堂""老娘舅调解室"等工作室，帮助群众解决日常生活中的赡养、抚养、继承、婚姻情感纠纷等。其中巴城镇临湖社区人民调解委员会家事调解工作室获评"江苏省标准化家事调解社区工作室"。周市镇金威社区创新建立"城社前哨"先锋队，邀请法律顾问当"法治先锋"，凝聚新时代社区居民、物业管理人员等群众力量共同参与社区法治实践，建立"传帮带"机制,引导社区居民运用法治思维和法治方式解决身边的"急难愁盼",推动共建共治共享,让法治思维为社会发展稳定"保驾护航"。

(七)完善地方民主监督体系,推动廉洁昆山建设

党的十九届四中全会强调,坚持人民当家作主,发展人民民主,密切联系群众,紧紧依靠人民推动国家发展是我国国家制度的显著优势之一。在保障群众民主权利的过程中,昆山充分发挥制度优势,进一步明确政府职责,认识到人民是整个社会发展的中坚力量,充分发挥职能作用和引领功能,保证人民群众的监督权,在民主监督方式上进行创新性的实践探索。

首先,昆山积极动员全社会参与民主监督。在"十三五"纲要发布后,昆山面向社会、面向公众,综合利用网络、电视、报刊等媒体,加大规划宣传力度,深度解读主要目标任务和政策措施,广泛征求人大、政协和社会各界对规划实施的意见和建议,增强公众对规划的认识和了解,提高规划实施的民主化和透明度,集全市之力、集各方之智共同落实好规划。其次,昆山市委市政府不断建立健全责任清单制度,强化目标责任分工。昆山将"十三五"规划中涉及的目标任务细化分解落实到各区镇和相关职能部门,明确工作责任和进度,并及时向社会公布,主动接受社会监督。各区镇和相关部门根据所承担的任务,完善工作方案和专项政策,根据约束性指标对重大项目设置年度目标,制订年度计划和进度节点,出台具体推进措施,提高规划执行力,确保规划目标任务有计划、有步骤地落实。最后,昆山市委市政府积极推进政府管理创新,健全指标体系的统计和评价制度,强化对各事件落实情况的监督与考核。昆山"十三五"规划专门强调,要完善规划实施的中期评估制度,全面分析检查规划实施效果以及重大政策措施、重大项目落实情况,对重点领域发展情况适时开展专题评估,以适当方式向社会公布。昆山通过创新评估方式,建立引入社会机构评估等第三方评估制度,有效推动了对重大规划、政策落

实情况的常态化、透明化、规范化监督与考核。

（八）健全基层群众自治制度，增强群众自我管理、自我服务、自我教育、自我监督实效

作为全国县域经济排头兵，昆山在推进依法治市、加强基层治理法治化方面不断创新方式方法，加大区域法治化探索力度，为开启法治建设新征程、实现基层法治建设新跨越筑牢了基础。

在志愿服务领域，昆山市积极弘扬"奉献、友爱、互助、进步"志愿服务精神，充分给予志愿者安全感，将人民调解员纳入职业岗位体系，也大力倡导"送人玫瑰、手留余香"助人为乐的社会风气。在文明创建、脱贫攻坚、环境保护、社区建设等方面开展志愿服务活动，温暖着社会，传递着爱心，引领社会不断迈上新的精神高度。另外，昆山市不断创新理念机制，大力推行群防群治，一方面开展"红袖标"工程，让广大志愿者参与社区巡防管理；另一方面，大力推进义警队伍建设，根据义警个人意愿和警务工作需要，定期开展社区巡逻、防范宣传、警民互动等警务志愿活动。

在社会治安综合治理领域，昆山市先后推出了社区、社会组织、社工"三社联动"机制。通过建设城乡社区综合服务管理平台、社会管理服务中心、公共法律服务中心等项目，向最需要的外来人员、弱势群体提供法律服务，保证在遇到社会矛盾纠纷时能够提供一站式服务，这一举措有效健全了公共安全事件预防预警和应急处置机制。昆山还进行大胆探索和实践，积极利用现代化网络体系，推进基层"大情报"体系建设，进而有效分配警务人员，提升了工作效率，推动执法体系建设进一步完善。法治与网络的有机结合，提升了基层执法效率。

在基层乡村治理领域，昆山市积极推动"民主法治示范村（社区）"创建，不断激活乡村治理法治动能。近年来，昆山市大力开展民主法治示范村（社区）创建，全力筑牢乡村法治基础，累计创建全国民主法治示范村2个，省级民主法治示范村168个。在创建过

程中，一方面，昆山着力健全党组织领导的自治、法治、德治相结合的基层治理体系，开展村规民约梳理、法治家训征集、道德家庭评选，推进基层自治、法治、德治"三治融合"。另一方面，昆山积极构建"线上+线下"多层次、全方位、广覆盖的法治宣传教育体系，在线下设置普法宣传栏、普法一条街、法治文化长廊、法治文化广场等法治宣传教育阵地，在线上利用3D建模技术+VR虚拟现实技术，开辟"普法小课堂""阵地云展厅"等，将专业的法条以互动式、服务式、场景式形式展现出来，引导群众积极学法、文明守法，提升普法实效性。此外，昆山还积极依托江南水乡村落特有的建筑文化、乡村文化和人文基础，有机融合法治元素，推动文化阵地建设景中有"法"，"法"景融合，形成湖、树、园、亭、草五方面为一体的乡村法治风光。

（九）优化民营企业发展环境，构建亲清政商关系，建立规范化政企沟通渠道

企业是重要的市场主体，在国民社会经济生活中发挥着巨大作用。在国民经济活动中，企业通过生产和经营活动，不仅创造和实现了社会财富，也采用先进技术制造先进生产工具。十九大报告指出，要"建设现代化经济体系，必须把发展经济的着力点放在实体经济上"①，"加快建设制造强国"，"推动互联网、大数据、人工智能和实体经济深度融合……"② 十九大报告把振兴实体经济放在重要位置，而实体经济的重要载体就是企业。一个地区企业的发达程度，并且与之相关的基础配套、政府供给，都决定着该地区市场经济的发展状况、城市的发展程度。昆山作为台企的重要聚集地，市委市政府在十八大以来持续为企业发展创造良好市场环境，强化政企联动，努力

---

① 习近平：《决胜全面建成小康社会 夺取新时代中国特色社会主义伟大胜利——在中国共产党第十九次全国代表大会上的报告》，人民出版社2017年版，第29页。
② 习近平：《决胜全面建成小康社会 夺取新时代中国特色社会主义伟大胜利——在中国共产党第十九次全国代表大会上的报告》，人民出版社2017年版，第30页。

营造民主氛围，实现了多元主体的良性互动。

首先，十八大以来，市委市政府提出"要大力发展企业文化""进一步深化昆台经贸文化融合发展"等要求。一是市委市政府积极举办民主建言会，给各企业提供交流合作平台，政府也能通过此平台及时了解企业发展现状，及时响应企业提出的意见及需求。建言会解决了一系列的实际问题，人才智力密集的优势得到充分发挥，形成了政企相互促进的新格局。二是昆山积极将上海、福建等自贸区投资管理、贸易监管、金融开放创新、事中事后监管等方面的政策措施在昆山试验区率先复制推广，进一步完善与国际接轨的服务体系和法律保障，构建国际化、法治化的营商环境，力争把昆山试验区建成自贸区溢出效应的重要承接地、可复制可推广经验的先行先试区。三是昆山积极响应国家"一带一路"倡议，搭建"走出去"功能平台，努力为企业提供融资保障、法律服务、市场推广、信息咨询、交流培训等综合服务。在促进企业发展的同时，牢固树立"绿水青山就是金山银山"的理念，以改善环境质量为核心，以构建生态体系为基础，走绿色、循环、低碳发展道路，把企业安全生产、生态环境保护纳入法治化轨道，努力建设资源节约型、环境友好型社会。

其次，昆山市人大积极听取民意，争取试验区省级立法，着力保障昆台关系全面发展。昆山是大陆台商投资最活跃、台资企业最密集、两岸经贸文化交流最频繁的地区之一，也是江苏省唯一经国务院批复同意设立的两岸合作试验区，昆山试验区承担着一系列对台先行先试政策措施的改革创新任务。2021年1月1日，《昆山深化两岸产业合作试验区条例》正式实施，这是江苏省人大首次为县级市特定区域立法。为做好该条例的出台，从2018年6月立法工作启动到2020年11月条例经江苏省人大审议通过，市人大常委会在广泛调研、听取民意基础上，率先提出制定条例的设想和建议，积极参与立法起草工作，召开座谈会、推进会上百次，收集台商台胞等方面的建议2 000多项，参与和见证了条例从无到有、从有到优全过程。

三、新时代昆山加强民主法治建设的经验和启示

党的十九届四中全会强调,必须加强和创新社会治理,完善党委领导、政府负责、民主协商、社会协同、公众参与、法治保障、科技支撑的社会治理体系。[①] 党的十九届五中全会提出的"十四五"时期经济社会发展主要目标进一步明确了要使国家治理效能得到新提升,社会主义民主法治更加健全,社会公平正义进一步彰显的重要内容。因此,新时代的昆山民主法治发展之路要立足于"昆山之路"的丰富实践探索,坚持以习近平新时代中国特色社会主义思想为指导,不断面向社会主义现代化奋斗目标开启新的发展篇章。昆山市要继续坚持依法治市思想,切实做到坚持在党的领导下实现人民当家作主、依法治市的有机统一。依靠法治不断保障和改善民生、增进人民福祉,走共同富裕道路。通过内外联动,对内从民众自身出发,不断激发群众的民主意识,对外从社区治理、城市宣传出发,大力推进政府依法履职,加强社区工作规范化、民主法治化建设,不断增强公信力和执行力,充分展示"昆山之路"的新实践、新成就、新探索、新经验。

(一)加强民主法治建设要大力发展全过程人民民主,夯实基层民主基础

保障群众民主权利,必须创新拓宽民主渠道,大力发展全过程人民民主。在保障群众民主权利的过程中,昆山进一步明确政府职责,认识到人民是整个社会发展的中坚力量,政府充分发挥职能作用和引领功能,在治理主体、治理方式、服务体系、服务对象等方面进行了创新型的实践探索。为注重落实基层群众的知情权、参与权、选举权

[①] 《中共中央关于坚持和完善中国特色社会主义制度 推进国家治理体系和治理能力现代化若干重大问题的决定》,人民出版社2019年版,第28页。

等，昆山市政府不断创新工作方法，在多个社区建立"党建工作站"，调动社区群众参政议政、当家作主的积极性。昆山已有一批协商治理实践成功的社区，其成功关键在于基层党支部主导、社区群众广泛参与。协商民主是推动党和政府服务重心下移，更好地为社区群众提供精准化、精细化服务的重要抓手。党支部作为扎根于基层，存在于人民周边的思想指引者，应当发挥重要的价值引领作用。人民群众作为历史的创造者，社区协商治理是人民当家作主的重要体现。新时代昆山的社区协商治理应结合发展实际，加大探索力度，总结经验，提升品牌，全力打造可复制、可推广的社会治理模式，切实保障人民的民主权利，为推进国家治理体系和治理能力现代化提供可靠经验和鲜活样本。

从昆山的实践经验来看，首先，基层的党组织要采取有效措施，确保群众的知情权，将社区乃至城市重要事务、重大决策等公示于民，让群众充分知晓。昆山市政府创建的"社区参与制度"就增强了本地居民乃至外来人口的责任意识，充分调动了他们的积极性。其次，要拓宽信息传递和反馈的渠道，如昆山与企业间建立的桥梁纽带——民主建言会，使得企业的诉求有回应。最后，要充分利用城市公益组织的号召力。国务院在《关于加强和改进社区服务工作的意见》中明确指出："要倡导志愿精神，培育社区志愿服务，加强社区志愿队伍的建设和管理，促进其规范化发展。"在这一指导精神的指引下，昆山结合自身情况，积极探索具有本地特色的社区志愿服务形式。如近年来昆山政府通过购买服务，为有需要的人群提供服务支持，组织居民进行志愿服务活动，为城市发展添砖加瓦。从目前昆山实际情况来看，社区志愿服务已逐渐成为群众参与治理的重要方式，这种志愿服务既不是"纯官方行为"，也不同于西方的"纯民间行为"，而是介于这两者之间，兼具两者的特点，具有中国特色，已成为一道亮丽的风景线。

（二）加强民主法治建设要充分完善民主权利保障机制，确保群众民主权利不受侵犯

保障群众民主权利，必须建立完善的民主权利保障机制。权利保障既是恢复和保护机制，也是补救机制。对于群众民主权利的保障，昆山利用在基层设立的社区党建工作站，在群众权利受到侵犯时，为其提供咨询服务，为维护自身的权利提供建议，使基层群众的民主权利保障真正落到实处。

从昆山的实践经验来看，首先，要保障群众知情权，让群众了解党的政策。政策文件的贯彻落实与执行必须对群众讲清楚、说明白。把党的政策带下去，讲给群众听，是每一位党员干部的职责。用群众看得懂、听得见、能感受的语言或表达方式解读政策，是职能部门的职责要求、工作所需。对于群众不了解的政策问题，应由相关责任人来负责政策宣传，多说多讲，每次入户都讲，真正让群众了解政策。其次，保障群众的监督权，方便群众监督。昆山在实行重大民主决策项目时，会举行听证，听取公众各方面的意见、建议，使决策在阳光下运行，得到批评和监督。再次，从源头保障群众的民主权利。一些干部群众观念淡薄，想问题、干事情没有把群众利益放在心里，导致决策不合民意，做事损害民利。因此必须强化干部的宗旨意识，干部心中、眼里要有群众，想群众所想、急群众所急，不能因为群众不了解政策就随意应付。群众心中有一杆秤，这杆秤称得最准。因此，需要加强对广大干部的法治教育，使领导干部心存敬畏，做到行所当行，止所当止，任何时候都要严守思想防线、道德底线、法纪红线，自觉在实际工作中带头学法、守法、用法。只有干部真正做到在法定权限范围内，遵循法定程序，履行法定职责，严格依法办事，群众才能真正有效地行使民主权利。

（三）加强民主法治建设要大力提高基层社会治理能力，有效提升基层治理水平

作为全国县域经济排头兵，昆山在推进依法治市、加强基层治理法治化、加大区域法治化探索力度方面，开启了法治建设新征程，实现了基层法治建设新跨越。

一是严谨完备的法律法规有助于促进基层社会治理的规范化。昆山通过建立完备的法律规范体系、高效的法治实施体系、严密的法治监督体系、有力的法治保障体系等，形成了完善的法规体系，提高了有效预防和化解社会矛盾的能力，完善了政府治理体制机制，为我们提供了有效经验。

从昆山的法治建设成就中可以看出，在推进社会治理法治化进程中，政府需要加强自身能力建设，加大对于基层治理法治化探索力度，提升平安法治建设对经济社会发展的保障度，提升平安法治建设与现代化建设的融合度以及人民群众的满意度。第一，各级机关必须加强自身能力建设，首先要抓住"关键少数"，即各级领导干部。基层官员处在党的执政权和国家立法权、行政权、司法权运行的中间岗位，同时也是执法的中坚力量。领导干部须落实中组部、中宣部、司法部等部门《关于进一步加强领导干部学法用法工作的意见》《关于完善国家工作人员学法用法制度的意见》，着力从健全完善党委（党组）中心组学法、法治培训、依法决策制度等方面，推动领导干部法治教育工作深入开展。第二，要理顺完善依法治市组织架构，全力推动执法、司法、普法建设。在推动社会治理法治化过程中，要以机构改革为契机，研究制定法治政府建设工作要点，采取"线下""线上"同步宣传的方式，加强基层到机关的法治建设。第三，要发挥基层的公共教育资源整合能力。广大青少年是社会主义现代化的建设者和接班人。加强对学校的法治教育，使广大青少年学生从小树立法治观念，养成法治思维习惯和行为方式，是全面依法治国的基础工程。要认真落实《青少年法治教育大纲》，在国民教育中系统规划和

科学安排法治教育的目标定位、原则要求和实施路径，打造学校、家庭、社会"三位一体"的教育体系，推动全员、全程、全方位的以宪法为核心的青少年法治学习宣传教育。第四，要在新的时代背景下合理利用大数据系统，推动信息资源整合与共享，降低机关运营成本，提高政府决策的科学性，推动服务型高质量政府建设。

二是推进基层政府决策科学透明，认真贯彻落实"阳光政务"工程有助于提高基层社会治理法治化水平。昆山市出台的《昆山市重大行政决策程序规定》指出，在重大行政决策过程中，承办单位通过政府门户网站、报纸、广播、电视等新闻媒体，向社会公开征求意见，并征求相关区镇、部门和与决策事项有直接利害关系的公民、法人及其他组织的意见。必要时，还应当专门征求市人大常委会、市政协、民主党派和人民团体的意见。

从昆山的法治建设成就中可以看出，昆山在依法决策时坚持了以下几个方面。首先是公众参与。各级政府必须坚持依法决策，在执行重大决策时坚持公众参与、专家论证、风险评估、合法性审查、集体讨论等制度，建立决策过错问责制，推行政府及其部门权力清单制度。市民通过此举不仅能够及时了解本地发展情况，并且能够更加有效地参与决策。其次是专家论证。依法决策，必须建立专家咨询论证制度，把各学科、各行业的专家组织起来，对重大决策发挥有效的顾问、参谋作用。昆山市出台的《昆山市重大行政决策程序规定》指出，重大行政决策听证会应当公开举行，对专业性较强的决策事项，承办单位应当邀请相关领域专家或者委托有关专业机构对其必要性、科学性、可行性等内容进行论证，并形成论证报告。此举能够有效规避重大风险，并且使得决策更加科学合理。最后是决策公开。决策公开，就是决策的信息公开，主要就是将拟出台的政策方案，进行社会公示，举行公众听证，听取公众和各方面的意见、建议，使决策在阳光下运行，得到批评和监督。

(四) 加强民主法治建设要创新基层治理方式，形成基层治理多方合力

一是要坚持推动政府与各类社会组织共同参与法治社会建设，促进多方协同。昆山市在推进基层社会治理的过程中，充分体现了政府不是法治建设的唯一主体，其他社会组织或团体也可以加入社会法治建设当中。政府积极引导多元主体在社会治理法治化过程中各司其职，形成有效合作。通过法律和政策手段，鼓励和支持各主体参与到社会治理法治化进程中，实现政府治理和社会自我调节、居民自治良性互动。

从昆山的实践经验可以看出，在推进基层社会治理法治化过程中，政府负责必须落到实处，政府与社会主体的有机联动必须强化，要实现政府治理与社会自治的良性互动。目前，昆山已实现了各乡镇法治服务全覆盖，法治宣传"24小时"不间断，社会风气越发清新亮丽，群众对法治建设的成果也越发满意。因此，第一，要充分肯定我国社会基层自治组织与社会组织在社会主义现代化建设中的作用。政府与社会组织不应当是相互对立的存在，而应当是建设性的合作伙伴，共同承担起社会治理的责任，政府要强化与非政府治理主体的有机联动，就是要正确处理政府与其他非政府治理主体的关系，建立两者的良性互动机制。第二，要通过政企合作充分发挥企业创新作用。建设与企业共同培养人才的合作机制，利用企业平台的人才资源，为政府在组织管理、决策评估、社会治理决策等方面发挥重要作用。第三，要构建社会治理网格化联动机制，改进传统行政管理模式。政府在推进基层社会治理过程中要将管控治理转化为服务治理，坚持依法治理，通过法律手段解决问题，化解社会矛盾，促进社区服务精细化，使基层各方形成合力，共同推进社会治理系统化、高效化、法治化、智能化，减轻政府的社会管理负担，降低政府的行政成本，舒缓政府维护社会稳定的巨大压力。

二是要坚持以数字化、智能化方式拓宽基层法治形式。首先，昆

山在加强民主法治建设过程中,注重以潜移默化的方式影响民众。如陆家镇尝试在商业开发小区和动迁小区建立"党群服务点",通过党建阵地向下移、党建职能向下沉,真正做到有群众的地方就有党的组织和党的服务,发挥党的政治功能。其次,昆山采用"三社联动"机制,建设城乡社区综合服务管理平台,完善了立体化、现代化治安防控体系,建设公共法律服务中心,并通过加大政府购买法律服务机制,向有需要的群体提供法律服务。最后,昆山市政府配合城市志愿者工作,组织志愿者在城市多地张贴法治宣传海报以及利用媒体进行宣传,打造"全方位""多层次""宽领域"的法治昆山。

因此,从昆山的法治建设成就中可以看出,首先,基层法治组织的设置必不可少。如党建工作站,用党建这根针穿引起小区群众美好生活需要、社区网格化治理等万条线,发挥"党建+""党建带""党建融"的引领作用,夯实群众管理服务工作基石,利用政务服务使得人民群众从根本上相信法律、敬畏法律。其次,要利用数字媒体的影响力进行普法宣传。如今的中国科学技术飞速发展,数字市场竞争激烈,人们接触新事物的渠道更加多元化,其中,数字媒体已成为人民群众接收信息的重要方式,因此,法治建设需要牢牢把握住数字化建设的契机,建设起"报纸释法、电视说法、广播讲法、网上学法、微博微信普法、电话问法"的全媒体、社会化、立体化普法格局。最后,法治建设要通俗化、亲民化。对于人民群众来说,法治似乎就是躺在书本里的冰冷文字。在新时代,法治建设需要打破以往给人的刻板印象,变得更加通俗化、普及化。市一级建设法治文化广场,公共活动场所的法治宣传教育设施,力争每个街道建立一个法治文化阵地;县一级通过完善法治文化长廊、宣传栏、显示屏等多种形式,整合各类资源,把法治元素融入其中,形成多样化的法治文化阵地;在村一级着力以农家学堂、农家书屋、社区文化角为窗口,重点建设法治宣传栏、法治文化角等法治宣传阵地。

第六章
昆山建设文化强市的新实践

文化是一个民族的灵魂和标志,是一个民族的精神家园,是民族认同、国家认同以及民族凝聚力、创新力和发展力的基础。昆山有着深厚的文化底蕴,拥有昆曲文化、先贤文化和江南水乡文化等优秀传统文化,建设文化强市对昆山具有至关重要的价值意义。在新发展阶段,昆山贯彻和落实新发展理念,大力推进建设文化强市新实践,坚持以文铸魂、以文固本、以文惠民、以文育人、以文兴业,传承城市历史文脉,积极推动传统文化创造性转化、创新性发展,实现文化繁荣发展,以提升文化"软实力"赋能发展"硬支撑",撬动昆山高质量发展,最终形成了宝贵的文化强市昆山经验。昆山以文化建设的高质量引领和支撑经济社会发展的高质量,为全力打造社会主义现代化建设县域示范提供坚实的思想和精神支撑。

一、建设文化强市的价值和意义

文化对于经济社会发展、人的全面发展至关重要。"统筹推进'五位一体'总体布局,协调推进'四个全面'战略布局,文化是重要内容;推动高质量发展,文化是重要支点;满足人民日益增长的美好生活需要，文化是重要因素；战胜前进道路上各种风险挑战，文化是重要力量源泉。"① 文化的作用是全方位的、举足轻重的，没有高度的文化自信，没有文化的繁荣兴盛，就难以全面建成社会主义现代化强国。对于一个城市而言，文化建设具有突出地位，建设文化强市在城市建设中起着不可或缺的支撑和保证作用，要充分认识到建设文化强市是经济高质量发展的要求，是继承弘扬优秀传统文化的要求，是提高城市文明水平的要求，是提升市民文明素质的要求。在新征程上，文化的作用将更加凸显，建设文化强市、提升城市文化软实力能够有力提升城市发展的支撑力、吸引力和竞争力。对于昆山来说，要当好社会主义现代化城市建设的县域示范，建设文化强市是其中的重要环节和重要内容。

（一）建设文化强市是经济高质量发展的要求

经济与文化的融合已经成为当今社会发展的必然趋势，文化在经济发展中发挥着日益重要的作用。辩证唯物主义认为，经济基础决定上层建筑，同时上层建筑又对经济基础具有反作用，文化建设作为社会上层建筑中的重要方面，对经济发展具有推动作用。习近平总书记强调文化的力量最终可以转化为物质的力量，文化的软实力最终可以转化为经济的硬实力。文化建设搞得好，有文化的支撑，就能加速经济的发展。建设文化强市，有利于以文化"软实力"的增强推动经济"硬实力"的高质量发展。第一，为经济高质量发展提供思想文化保证。通过加强思想政治教育和道德品质教育，明确社会主义市场经济条件下经济高质量发展的方向、目标、任务，更好地实现经济高质量发展的历史使命。第二，发挥优秀传统文化的转化作用。把优秀传统文化与现代经济结合，将优秀传统文化中的价值观、道德观、审美观等文化因素融入商品和服务，提高商品和服务的文化含量，从而创造出具有独特风格和特色的商品和服务，提升商品和服务的市场竞

---

① 习近平：《习近平谈治国理政》（第四卷），外文出版社2022年版，第309-310页。

争力。第三，促进文化产业迅速崛起。文化与经济相互促进、相互融合而形成的文化产业业已成为经济发展的重要组成部分，将历史文脉、文化艺术融入产业和经济发展之中，成为促进经济发展的重要动力。昆山独特的江南水乡文化造就了独特的文旅产业，文旅经济发展实现新跨越，成为拉动经济高质量发展的新引擎，就是一个很好的例证。城市文化发展催生新型文化业态，推动现代文化产业快速发展。第四，培育大量适应经济高质量发展的劳动者。大力发展科学，提高社会整体科技水平，培养源源不断的高素质人才，为经济高质量发展奠定人力资源基础。实践证明，锻造城市文化软实力，通过调动文化的力量提升城市品牌力、影响力，对促进经济高质量发展具有独特的推动作用。

（二）建设文化强市是继承弘扬优秀传统文化的要求

在人类文明历史长河中，中国人民创造了源远流长、博大精深的优秀传统文化，为中华民族生生不息、发展壮大提供了强大的精神支撑。"优秀传统文化是一个国家、一个民族传承和发展的根本，如果丢掉了，就割断了精神命脉。"[1] 随着文化与经济社会发展关系的日趋紧密，优秀传统文化成为推动经济社会发展的重要精神力量和精神支撑。建设文化强市，深入学习、研究和应用优秀传统文化，把弘扬优秀传统文化和发展现实文化有机统一起来，促进优秀传统文化在继承中发展，在发展中继承。首先，全面认识优秀传统文化的价值。通过全面把握传统思想文化，认识优秀传统文化的丰富内涵和独特魅力，更加重视中华文化，把对优秀传统文化价值的认识提高到新的高度。其次，有力促进优秀传统文化的转化。中华文化既是历史的、也是当代的，既是民族的、也是世界的，"坚持不忘本来、吸收外来、面向未来，在继承中转化，在学习中超越"[2]，通过创造性转化、创

---

[1] 习近平：《习近平谈治国理政》（第二卷），北京外文出版社2017年版，第313页。
[2] 习近平：《习近平谈治国理政》（第二卷），北京外文出版社2017年版，第352页。

新性发展服务以文化人的时代任务。再次，有效发挥优秀传统文化的作用。立足于新时代的历史方位，加强对优秀传统文化的挖掘和阐发，使其中的基本文化基因与当代文化相适应，与现代社会发展相协调，弘扬具有当代价值的文化精神，形成新的思想观念和文化成果，创作更多优秀文化作品，为城市发展提供正确精神指引。围绕城市发展中面临的重大问题、关键问题，围绕发挥优秀传统文化的作用提出体现城市发展价值和发展方向的理念和主张。

（三）建设文化强市是提高城市文明水平的要求

建设更加现代、文明的新城市对文化强市提出新要求。现代城市已经发展到了新的高度和水平，文明是现代化城市的显著标志，要把提高社会文明程度作为社会主义现代化城市建设的重大任务。建设文化强市能够从多个方面提高城市文明水平：第一，坚定城市发展方向。通过党的创新理论学习教育、理想信念教育等，树立正确的思想观念和价值理念，确立符合中国特色社会主义发展道路的文化价值观的主导地位，坚定对中国特色社会主义的自信，使之成为引导社会发展的价值原则和精神动力，促进全体市民思想上、精神上的团结一致。第二，促进城市文明创建。深入研究区域优秀传统文化，通过实施文化项目，进行文化活动，推进城市文化建设，促进城市文明创建，推动城市文明发展。全面统筹文明实践、文明培育和文明创建，推动社会主义核心价值观融入城市生活和城市治理之中。第三，提升城市文明程度。深入推进公民道德建设，诚信社会建设，广泛开展市民文明素质养成教育，推进市民素质提升工程，推出并实施市民文明规范条例，不断提高市民道德水准和文明素养，在全社会形成风清气正、积极向上的良好社会风尚，大力提升社会文明程度。同时，在文化强市中完善公共文化设施、优化公共文化服务是完善城市功能、提升城市形象、展示城市文化建设成效的重要方面，培育个性鲜明的城市文化、营造开放包容的文化环境、形成凝聚人心的城市精神，是提高城市文明水平的重要内容。近年来，昆山获评第六届全国文明城市，入选新时代文明实践中心建设国家试点城市，就是昆山通过建设文化强市提高城市文明水平的重要成果。建设文化强市，有助于从整体上提升城市文明水平，创造城市文明典范，提升城市文化品牌，转变城市发展方式，形成富有文化底蕴、呈现生机勃勃景象的现代城市发展新局面。

（四）建设文化强市是提升市民文明素质的要求

习近平总书记强调，"坚持以人民为中心的发展思想，体现了党的理想信念、性质宗旨、初心使命，也是对党的奋斗历程和实践经验的深刻总结。"[①] 新时代的文化建设是以人民为中心的文化建设，文化发展为了人民，文化发展依靠人民，文化发展成果由人民共享。"我们要大力推动文化事业发展，通过文化交流，沟通心灵，开阔眼界，增进共识，让人们在持续的以文化人中提升素养，让文化为人类进步助力。"[②] 文化强市要在社会全面进步的基础上提高市民文明素质，增强市民精神力量。第一，坚定人们的理想信念。牢牢把握社会主义先进文化的前进方向，坚持马克思主义在意识形态领域的指导地位，深入开展中国特色社会主义宣传教育，提高人民群众的思想政治觉悟，形成全社会共同的理想信念。第二，提高人们的道德水平。加强思想道德建设，把社会主义精神文明建设渗透于社会生活的各个方面，大力弘扬优秀传统文化，充分发挥榜样模范的引领作用，引导和推动全体人民树立文明观念、争当文明公民、展示文明形象。第三，改善人们的精神风貌。持续深化群众性精神文明创建，大力培育时代新人、弘扬时代新风，评选表彰道德模范、时代楷模和最美人物，形成见贤思齐、崇德向善、争当先锋的良好风尚，改善和优化社会关系，形成良好的社会交往。第四，提升人们的思想品位。把充满情怀与智慧的优秀传统文化融入市民的生活之中，促使市民形成高品位的

---

① 习近平：《习近平谈治国理政》（第四卷），外文出版社2022年版，第53页。
② 习近平：《在联合国教科文组织总部的演讲》，《人民日报》2014年3月28日第3版。

文化素养和思想品质。同时，在城市文化建设中进一步完善公共文化服务体系，推进文化领域供给侧结构性改革，不断改善文化民生，广泛开展群众性文化活动，注重城市人文精神培育，为提升市民文明素质打好扎实基础。建设文化强市，有利于以文化启智润心、陶冶道德情操、培塑良好习惯，提高市民的思想觉悟、道德水准和文明素养。

二、昆山建设文化强市的做法和成效

党的十九大发出了坚定文化自信，推动社会主义文化繁荣兴盛的号召，昆山适应新时代、新征程的新要求、新任务，全面推进文化强市建设。一是着力加强思想道德建设，夯实更为可靠的思想基础。二是传承发展优秀传统文化，打造更为出彩的文化名片。三是广泛开展群众性文化活动，提供更为优质的文化服务。四是大力推动文化产业提档升级，发展更为突出的文化产业。五是积极促进两岸文化交流，推进更为紧密的两岸文化。昆山着力解决好文化供给的结构性问题，建设高质量的公共文化服务体系，促进文化产业高质量发展，形成一系列地方特色鲜明、文化气息浓郁的文化活动品牌。昆山建设文化强市不断取得跨越性发展，城乡群众基本文化权益得到更好保障，文化事业、文化产业高质量发展，城市文化软实力不断提高，切实提升了人民群众的文化获得感和幸福感。

（一）以文铸魂，着力加强思想道德建设

昆山在文化强市中首先把公民思想道德建设作为培育和践行社会主义核心价值观的总抓手，不断创新活动载体，丰富活动内容，打造思想道德建设品牌，扩大社会影响力。"昆山始终把加强公民思想道德建设、提高市民文明素质作为文明城市常态长效建设的根本任务，坚持以文化人、以德育人，注重模范引领、榜样带动，让道德之花在

鹿城大地处处盛开。"① 通过把握意识形态工作领导权、做好思想理论传播工作、开展教育实践活动等，思想道德建设在文化强市中的思想引领作用得到充分发挥。

牢牢把握党对意识形态工作的领导权。昆山贯彻总体国家安全观，坚持马克思主义在意识形态领域的指导地位，建设具有强大凝聚力和引领力的社会主义意识形态，提升意识形态领域辨析引导能力。落实意识形态工作责任制，健全意识形态报告述职、分析研判、风险防控、监督考核、问责函询、通报等制度，层层压实意识形态工作责任。坚持主管主办和属地管理，加强对媒体、社科讲座、文化场馆等的管理。建立高校意识形态工作协同联动机制，站稳守好高校意识形态阵地。加强对高等学校、中小学、职业学校、中外合作办学机构、校外培训机构的管理，加强对课堂教学、学生社团和校友会的管理，防范和抵御意识形态渗透。

做好新时代党的思想理论传播工作。昆山市坚持把学懂弄通做实习近平新时代中国特色社会主义思想当成首要政治任务，推动全市进一步统一思想、统一意志、统一行动，确保新时代党的创新理论在昆山落地生根、结出硕果。不断擦亮"鹿城飞燕"理论宣讲品牌内涵，壮大市委宣讲团力量，面向基层开展分众化、互动化、对象化宣讲，推动新时代党的创新理论进企业、进农村、进机关、进社区、进网络。推广使用"学习强国"学习平台，举办各类线上线下推广活动，创建昆山融媒号，讲好"昆山故事"，传播好"昆山声音"。深入实施新时代学校思想政治理论课改革创新行动计划，鼓励文化名家讲思政课，推动党的创新理论进教材、进课堂、进学生头脑。加强基层党校建设，放大基层党校"理论加油站""党性大熔炉"作用。借助"鹿路通""第一昆山"APP等平台，打造集云学习、云测验、云宣讲于一体的理论武装网上阵地。

开展思想道德教育和实践活动。昆山全面落实《新时代爱国主

---

① 《彰显道德力量 奏响文明乐章》，来源：中国新闻网，网址：http://www.js.chinanews.com.cn/ks/news/2021/1226/7455.html。

义教育实施纲要》《新时代公民道德建设实施纲要》精神，加强社会公德、职业道德、家庭美德、个人品德建设。依托市公民道德馆等功能载体，精心组织宣传阐释、基层宣讲、主题教育等活动，加强对革命、建设、改革时期各类先进典型的学习宣传，尊崇褒扬英雄模范，关心关爱先进典型人物。通过开展思想性高、体验性强的公民道德践行的活动，培育选树"道德模范""身边好人""时代新人""新时代昆山好少年"等先进典型，推动形成见贤思齐、崇德向善的良好氛围。深化"扣好人生第一粒扣子"主题教育实践，拓展"八礼四仪"养成教育，关爱未成年人健康成长，打响"家在昆山 快乐成长"特色品牌。不断推动文化进社区、进乡村、进学校，坚持用优秀传统文化涵养社会主义核心价值观，以家风促民风，以民风带乡风。加强农村思想道德建设，创新文化科技卫生"三下乡"长效机制。深化新市民市情教育暨素质提升工程，打造新昆山人、台商大陆精神家园。

深入推进社科强市建设。社科强市是思想道德建设、文化强市的重要支撑，昆山市坚持马克思主义在意识形态领域的指导地位，把握好马克思主义资源、中华优秀传统文化资源、社会主义先进文化资源等各种文化资源，深入实施哲学社会科学创新工程，加快建设社科强市。打造一批省级和苏州市级社科协同创新中心、社科研究基地、社科普及基地、社科实践基地和成果转化基地。深入研究阐述新时代"昆山之路"实践与探索取得的新成果、蕴含的新内涵，为推进社会主义现代化建设提供示范和样本。推动新型智库专业化、特色化、数字化、规范化、品牌化建设，引导和鼓励智库聚焦专业领域开展"一库一品"建设，打造一批社科应用研究精品。

（二）以文固本，传承发展优秀传统文化

传承弘扬中华优秀传统文化是文化发展的源头和根本。习近平总书记在党的十九届五中全会强调，"传承弘扬中华优秀传统文化，加强文物古籍保护、研究、利用，强化重要文化和自然遗产、非物质文

化遗产系统性保护"①。昆山是一座开放创新、经济发达的城市,也是一座历史悠久、人文荟萃的城市,有着 6 000 多年文明史和 2 000 多年建城史。昆曲和顾炎武是昆山市的两张文化"金名片",作为昆曲的发源地,昆山努力把昆曲文化发扬光大,与时俱进地继承和弘扬顾炎武思想,同时十分注重水乡古镇的传承发展,塑造了独树一帜的江南水乡文化。昆山注重推进优秀传统文化行稳致远,与时代特色、民众生活、城市精神相呼应,精心涵养底蕴、风格和气质,力推优秀传统文化走向大众化、生活化和现代化。

1. 昆曲的传承与发展

昆曲是中华文化艺术的瑰宝,新时代的昆山在文化强市中首先义不容辞地扛起了昆曲传承与发展的责任担当。2001 年 5 月 18 日,联合国教科文组织在巴黎宣布第一批"人类口头和非物质遗产代表作"名单,共有 19 个申报项目入选,其中包括中国的昆曲艺术,中国成为首次获此殊荣的 19 个国家之一。近年来,"昆山成立昆山当代昆剧院,培养昆曲人才,创作各类昆曲剧目;成立各类昆曲相关群团组织,扩大昆曲在民间的传播;开展'昆曲四进',让各阶层群众了解并喜爱昆曲。"②昆山全力"推进昆曲品牌'亮化',出台《昆山市昆曲发展规划》,实施'昆曲发展'基础建设工程、'昆曲发展'主体培育提升工程、'昆曲+'工程、'昆曲发展'文教结合工程等,扎实推进昆曲艺术与城乡经济、江南文脉、特色旅游、城市风貌协调发展"③。不断提高昆曲传承和发展的活力和潜力,让中华优秀传统文化在新时代绽放出更加绚丽的光彩,厚植昆山精神文化。

加强昆曲民间推广。昆山市选取了江南昆曲小剧场、大戏院城市人文会客厅、文化中心、亭林园等载体,为广大群众提供传承昆曲、

---

① 《中共中央关于制定国民经济和社会发展第十四个五年规划和二〇三五年远景目标的建议》,《人民日报》2020 年 11 月 4 日第 04 版。
② 《文化惠民,"幸福指数"节节攀升》,《昆山日报》2019 年 9 月 18 日第 A02 版。
③ 《昆曲故里扛起文化担当》,《昆山日报》2021 年 4 月 14 日第 A01 版。

发展昆曲的场所，着重举办昆曲巡演、晋京展演、昆曲四进、高雅艺术回故乡、重阳及秦峰曲会等一系列的大型活动。打造立体的昆曲传播网络，为学生群体提供近距离接触昆曲的机会，昆山市积极创新昆曲传播路径，通过各种渠道开通线上课堂，积极进行对外传播推广，以数字赋能的方式吸引更多人欣赏昆曲。从而调动人民群众的积极性，加强民众的参与感，让古老的艺术焕发出青春活力，提升昆山"百戏之祖"发源地的影响力。

激发昆曲创新活力。昆山市规范化运行昆曲发展基金，推进国有文艺院团改革，推动全国第八个昆曲专业院团的顺利展开。坚持戏曲"三并举"，推动现代戏、传统戏和新编历史剧共同发展，现已完成40出经典昆曲折子戏传承，原创昆剧《顾炎武》获省"五个一工程"奖，抗疫题材《峥嵘》获京昆艺术紫金奖、优秀剧目奖等4项荣誉。昆山当代昆剧院坚持守正创新，实现传统艺术与现代技术的融合，迸发戏曲艺术的新活力。

承担昆曲传承重任。昆山自觉当好优秀传统文化的"守护者"和"传承者"，激活戏曲源头之水，展现戏曲时代之美。自2018年起，昆山已经连续五年举办了戏曲（百戏）昆山盛典，更多的戏曲艺术家和作品走上全国性舞台，向广大群众展现戏曲之美、文化之美，实现了全国348个剧种和木偶剧、皮影戏大团圆，被誉为"戏曲史史无前例""重生文化和剧种自信"。巴城镇以昆曲为核心，全力打造昆曲特色小镇，完善昆曲载体建设，加大昆曲宣传、推广、传承力度，2015年至今，已连续成功举办了七届重阳曲会，在推动昆曲保护和传承的同时使昆曲得到高质量发展，打造文创新业态新经济，在海内外昆曲界和文化领域形成很好反响。

培养昆曲新兴人才。人才培养是昆曲传承发展的重要保障，昆山市在昆曲传承与发展中紧紧抓住昆曲新兴人才培养这一关键性环节。1992年4月2日，在昆剧传习所成立七十周年纪念会上，全国首家小昆班在昆山市第一中心小学正式挂牌。自成立以来，小昆班累计排演了《思凡》《夜奔》《挡马》等传统折子戏和《海力布》《都市里的狼》等课本剧和新编童话音乐剧,这不但是对昆曲传统文化的传承,更是对昆曲的创新。2018年至今,第一中心小学、石牌小学、新镇小学、信义小学等4个小昆班将昆曲身段动作与现代韵律操融为一体,推出昆韵操在课间大力推广,切实拉近了学生和昆曲的距离。自成立以来,小昆班共培养昆曲学员5 000余名,先后有百余名学员被选拔进入专业院校深造,近20名成为国家级优秀昆曲演员。2016年、2019年巴城镇分别成立俞玖林昆曲工作室和顾卫英"一旦有戏"昆曲工作室,2017年淀山湖镇成立了周雪峰昆曲工作室,这些工作室已成为促进文旅融合、推动昆曲传播的有效载体。

2. 顾炎武精神的传承发展

昆山从思想传承、举行活动、建设基地等方面传承发展顾炎武精神。一是传承发扬顾炎武学术思想和理论观点。顾炎武的实学思想、朴素唯物论、爱国"经世"思想、"行己有耻"的道德教育观、"实证求是"的科学精神等都是我们宝贵的精神财富。其中的实学思想、家国情怀是顾炎武学术思想和理论观点的精髓以及最大亮点,反映了中国古代进步思想家的治学理念和对社会的责任担当,体现了中国传统文化的优秀内容和时代精华。为弘扬顾炎武家国情怀,昆山市举办了"昆山市顾炎武日"系列活动,成立顾炎武研究会,首发古代思想家顾炎武纪念邮票,出版《日知录》善本、《旷世大儒》《顾炎武研究文献集成》,举办"实学思想家故里行",阐释厚民、民本思想与全面建成小康社会,贵廉思想与党风廉政建设的承继性关系。二是广泛举行弘扬顾炎武精神的文化活动。昆山市组织拍摄的《大儒顾炎武》入选优秀国产纪录片,弹词《顾炎武》获中国曲艺牡丹奖提名奖。昆山自2018年设立"昆山市顾炎武日"以来,广泛开展各类弘扬顾炎武精神的活动,"顾炎武思想大家学、顾炎武故事大家讲、顾炎武文创大家写、顾炎武诗著大家诵"在鹿城大地蔚然成风,萃取了数百年先贤情怀与智慧的传统文化,更深更广地融入市民生活。① 三是建设顾炎武思想教育基地。昆山市还拥有由江苏省昆山市第一中学主办的顾炎武思想课程基地,基地最大的成就是把顾炎武精神讲深讲透,循序渐进地化于学生内心,让学生在不知不觉中理解和践行个人、家庭、社会的责任,树立自我、国家、文化的自信,助其成人成才。

3. 江南水乡文化的传承与发展

昆山市在打造两张"金名片"的同时,也十分注重对于优越地理条件的合理优化,塑造了独树一帜的江南水乡文化,突出江南古镇、水乡村落、东方湖区等地域优势,塑造"望得见山、近得了水、见得了田园、记得住乡愁"的江南水乡景观特色,推进江南文化品牌建设。昆山市基本形成水乡古镇游、乡村休闲游、都市观光游、美食体验游 4 大旅游产品体系。2019 年累计接待游客 2 298.3 万人次,较 2016 年增长 12.38%;实现旅游总收入 325.31 亿元,较 2016 年增加 24.27%。2020 年受新冠肺炎疫情影响,累计接待游客 1 127.24 万人次,实现旅游总收入 166.27 亿元。全市新增景区 6 个,其中 3A 级景区 1 个,江苏省乡村旅游重点村 1 个,江苏省工业旅游区 1 个,江苏省星级乡村旅游点 3 个。昆山已经成功创建省级全域旅游示范区,其中"夜周庄"项目入选国家级、省级夜间文旅消费集聚区建设单位名单。

(三) 以文惠民,广泛开展群众性文化活动

提高人民群众的文化素养是文化强市的重要目标,而最受人民群众喜闻乐见的提升方式就是群众文化活动。近年来,昆山市民对群众文化的需求越来越强烈,全市的自发性群众文化活动层出不穷,群众文化队伍也像雨后春笋般涌现出来。昆山广泛开展群众文化活动,深

---

① 《先贤精神照耀新时代"昆山之路"》,《新华日报》2019 年 7 月 19 日,第 21 版。

入开展群众性精神文明创建活动，给昆山人带来更多接触、学习和理解文化的机会，充分发挥其宣传教育作用，潜移默化地熏陶和影响人民群众。昆山各机构还不断探索提供公共文化服务的现代化新方式，更好地满足昆山市民精神文明需求，全方位促进昆山人文化素质的提高。

广泛开展群众性文化活动。"十三五"以来，昆山市开展了大量群众性文化活动，丰富全市基层群众的业余生活，成效显著。昆山市年均举办文体活动4 500场，举办群众文艺"惠民""竞秀""圆梦"活动、"悦读四季"群众读书活动、城市业余联赛、青少年阳光体育联赛、全民健身六进等惠民活动，举办群众文艺三大行动、"欢乐文明百村行""广场文艺周周演""三下乡"文艺演出，形成以"徒步大会""骑行大会""马拉松赛"三大全民健身品牌活动、十项城市业余联赛、八大主题系列活动为支撑的全民健身活动体系。昆山针对不同群体对象（如专门针对老年人或儿童）举办了各类较有影响力的文艺演出、宣讲等活动。2020年疫情暴发以来，针对疫情带来的困难，昆山创新举措开展线上活动，全市举办5·18昆曲入遗纪念、"昆山—马尼拉"等网络象棋团体友谊赛、"我们的三月"趣味文化季等特色活动累计超600场。2021年还举办了昆曲入遗20周年庆、第八届中国昆剧艺术节、第十二届市运动会等重大活动。

形成各区镇特色文化活动。昆山市各个区镇"一镇一品"的文化特色日益显著。近年来，周市镇的民俗活动越办越大，野马渡民俗文化节已经连续举办了11年，周市爊鸭、周市舞狮、昆北民歌被列为江苏省级非遗项目；锦溪古镇打造"非遗荣光"展示厅，发挥锦溪中心小学"剪纸文化进课堂"特色，共享传统剪纸文化，自2018年起每年开展"端午节里说非遗""多彩非遗乡村四季行"等各类主题活动，还推进"天下龙泉 锦溪优品"非遗市集特色活动帮助农产品促销；千灯镇与昆山当代昆剧院等合作，定期邀请专业演员赴古戏台进行昆曲演出，以高质量的演出提升观众满意度，2022年举办了首届民俗游园会，促进文旅活动的展开；"中国民间艺术（戏曲）之乡"淀山湖镇围绕"文化亮镇、戏曲惠民"主题，开展驻点戏台演出活动、主题流动巡演以及各类公益志愿服务，该镇的戏曲演出队，每年演出200余场，极大地丰富了基层群众文化需求。

开展群众性文艺演出创编活动。近年来，昆山不断加大文艺创优力度，2017年至今取得了众多成果。《快递小哥》《生活的重量》入选2017年度国家艺术基金项目，在第二届、第四届苏州市群众文化"繁星奖"比赛中斩获多项金、银、铜奖，在多届昆山市"琼花奖"赛事中，大量作品斩获"琼花奖"、多人获评"琼花之星"。2019年昆山群众文艺创作迎来首次高潮，全年创作各类文艺作品超百件，获得国家级奖项1个，省级奖项2个，苏州市级奖项21个。2020年完成原创昆剧《描朱记》《峥嵘》，开展文艺战"疫"专题活动，全市创作各类文艺作品650余件，歌曲《生命线上的守护者》被"学习强国"全国平台首页推荐，2021年创排昆剧《浣纱记》亮相第八届中国昆剧艺术节，出版完成了《昆山史纪》《昆山非遗》《鹿城故事13》等书籍。昆山坚持"出精品、育名家"，影响广泛的文艺精品、文化活动层出不穷，文化惠民服务水平也不断提升。

加快公共文化设施建设。昆山始终坚持以人民为中心，加快公共文化设施建设，增强公共文化服务供给能力，提高公共文化供给质量，做好公共文化服务普惠工程。构筑起一个个文化服务高地，基本形成以市级大型设施为骨干、区镇（城市管理办事处）综合设施为枢纽、村（社区）便民设施为基础的三级公共文化设施网络。截至2022年9月，建成市级文化场馆9个、区镇文体中心12个，建成"江南昆曲小剧场"21家，累计完成343家村（社区）综合性文化服务中心标准化建设，人均公共文化面积从2012年的0.36平方米增长到2021年的0.56平方米。① 昆山完善群众性文化活动场所建设，市区及各个区县常年开展文化活动，具有专门的文化活动中心。近几年昆山不断推进陆放版画馆、昆曲文化中心、图书馆内部空间优化改

---

① 《文化"软实力"成为发展"硬支撑"》，《昆山日报》2022年10月15日第T10版。

造，积极推进文博中心、昆山足球场、昆山中国戏曲博物馆、陆家衡艺术馆、费俊龙航天馆等场馆建设，全市范围内建成几十家"乡村大舞台"。电影院也在快速发展，截至2022年11月，昆山院线已有28家，大大满足了群众文化需求。昆山努力建设公共文化服务示范区，不断提升"15分钟文体生活圈"，区镇均有2000平方米以上综合文化站，社区文体室均超200平方米。昆山稳步推进公共文化服务均等化建设，公共图书馆、文化馆、文化站、综合性文化服务中心建设实现全覆盖。以昆曲艺术普及与公共文化惠民服务相融合、带动公共文化服务效能全面提升的"昆山之路"，取得了显著的成效。

（四）以文兴业，大力推动文化产业提档升级

文化产业的发展与昆山经济发展紧密衔接、与昆山人民精神文化需要紧密相连。昆山充分认识推动文化产业高质量发展的责任与使命，深刻洞察和把握文化产业发展的趋势与机遇，促进文化资源的专业化、融合化和产业化，不断升级文化产业结构，创新能力显著增强。不断完善文化产业规划和政策，构建文化产业发展新格局。昆山大力发展影视、动漫、游戏、工艺制作等新型文化产业，激活文化市场要素；加大文化与旅游、科技、金融等的深度融合，激发文化创造活力，进一步提升内核、做大做强文化创意产业，增添发展新动力。昆山加快打造具有核心竞争力的现代文化产业体系，通过提档升级呈现高质量发展态势。昆山文化产业增加值大幅提高，文化产业增加值从2012年的166.8亿元增长到2021年的249.1亿元。截至2021年，昆山全市共有规上文化企业245家，总量规模位居苏州首位，产业效益排名苏州第二。昆山已成为首批省文旅产业融合发展示范单位、文旅消费示范单位。昆山严格落实文化发展政策，早在2009年就制定了未来10年文化产业发展规划纲要，2018年制定出台了《昆山市促进文化产业高质量发展实施细则》，全力推进文化产业发展，2020年出台了《关于实施文化产业倍增计划的意见》《关于落实文化产业倍增计划的扶持政策》等相关政策，2021年出台了《关于实施文化产

业倍增计划的意见》和"21条扶持政策"。文旅融合创新文化产业亮点，昆山市文旅产业体系基本形成，成功创建省级全域旅游示范区，推出"听着昆曲游昆山"等30余条旅游线路，建成"玉见昆山"文旅总入口。昆山正在继续发掘文化遗产和自然资源多重价值，打造一批具有水乡特色、古镇特色、昆曲特色的新型旅游产品。

（五）以文凝心，积极促进两岸文化交流

加深昆山和台湾的文化交流是一项关系长远的战略决策，是提升台商投资环境、促进昆山经济转型升级的客观要求。昆山作为台商投资最活跃、台资企业最密集、两岸经贸交流最频繁的地区之一，责无旁贷地担负起深化两岸融合发展的时代使命，在促进两岸经济交往的同时，注重促进两岸文化的交流。近年来昆山市举办了众多海峡两岸共同参与的文化活动，稳步推进昆台经济文化交流合作，建设两岸文化交流品牌，在促进两岸融合发展上打造昆山示范新样本，凝聚两岸民心。

开展各类两岸文化交流活动。近年来，昆山开展了以传统文化为主题的赴台交流活动，举办"昆曲折子戏走进台湾""昆山非遗台湾行""陆家衡书法台北展"等，使昆山优秀文化逐渐走入台湾人民心中；邀请众多台湾嘉宾、在昆台胞参加文化交流活动，连续多年成功承办"情系江南·精彩江苏"、海峡两岸（昆山）马拉松、海峡两岸（昆山）中秋灯会等活动。其中，海峡两岸（昆山）马拉松比赛是全国唯一在县级市开展的两岸人民的友谊赛，具有非同凡响的意义。海峡两岸（昆山）中秋灯会从2013年开始已成功举办7届，对促进两岸经贸、文化、旅游等领域的交流与合作，深化台商大陆精神家园建设发挥了重要作用。昆山市开展"百戏盛典——海峡两岸（昆山）青年文创设计大赛"、港澳台戏曲文化月等延伸活动，由厦门、台湾戏曲院团合作歌仔戏《陈三五娘》展演，取得了良好成效。"昆山妈祖杯"海峡两岸慢速垒球邀请赛自2011年以来连续成功举办，该赛事已成为大陆最具影响力的两岸慢垒赛事之一。昆山举办"笔墨传

情 精神家园"在昆台商家属书画展,借翰墨情缘,表达两岸乡情。2014年6月,来自两岸的上万名民众从五湖四海赶到昆山朝拜回台谒祖归来的慧聚妈祖。慧聚妈祖来自台湾最古老的妈祖庙鹿港天后宫,是第一位分香到大陆的妈祖。此后,昆山每年都会举办台湾妈祖文化展演巡游,凸显了海峡两岸隔海不隔心、同文同宗的情谊。

加强两岸文化合作共建。一方面,昆山重视两岸文化共建。昆山市已完成两岸交流纪念馆建设,落成昆台联合画院,搭建昆台两地艺术家和书画爱好者艺术交流、研讨的平台。昆山当代昆剧院与台湾昆剧团"牵手",签订《关于开展昆曲艺术保护与传承的合作协议》,探索在昆曲研究、剧目创编、交流演出、人才培养等层面的交流合作。昆山还建设了两岸文化交流基地——占地150亩的昆山慧聚广场,打造华东地区首个"纯闽台风格"的古建筑群,连续多年以"慧聚两岸情,昆台一家亲"为主题开展民俗文化、节庆文化、体育赛事、展示展览等活动,被国台办授予"海峡两岸交流基地"称号,获批"江苏省对台交流基地"。另一方面,昆山推进两岸"文化+经济"合作。昆山市鼓励在深化两岸产业合作试验区设立面向文化产业的金融、证券、保险、基金及投资机构,鼓励新型金融业态与文化产业融合。建成两岸青年创业园,落细落实人才引进、创业培育、集中孵化、产学研对接、知识产权保护等工作,通过一园多点、错位发展的布局形成5家海峡两岸青年就业创业基地和示范点,累计培育孵化200余个台青创业项目。建成两岸好物馆,汇集两岸特色文创、体育产品,致力于两岸好物的展示、传播、消费。2018年昆山市首次举办了"文韵昆山 两岸芳华"创意市集,达成了总金额为9 550万元的合作意向,2021年正式启用"宝岛又一村"慧聚夜市,涵盖美食、休闲、购物、娱乐等项目,融台湾夜市文化和昆山传统文化于一体,实现了文化效益与经济效益相统一,获得了极大的社会影响力。

三、昆山建设文化强市的经验和启示

新时代的昆山不仅在全国县域经济发展中提供了重要的昆山经验,同时在文化强市、文化发展中也贡献了独特的昆山力量。新时代面对新形势、新任务,昆山建设文化强市的实践和成效给了我们诸多经验启示。昆山坚持以习近平新时代中国特色社会主义思想为指导,推动建设文化强市与建设经济强市相辅相成、相互促进,把自觉担当文化传承弘扬使命作为关键动力,促进传承优秀传统文化与践行社会主义核心价值观相互融合,把丰富群众精神生活、增强群众精神力量作为重要目标。昆山持续推进文化繁荣发展,在传承弘扬优秀传统文化、发展先进文化等方面奋勇争先、当好示范,为昆山打造社会主义现代化建设标杆城市提供了强大的价值引导力、文化凝聚力和精神推动力,为开启社会主义现代化建设新征程提供了昆山经验。

(一)坚持以习近平新时代中国特色社会主义思想为指导

坚持科学理论指导是文化强市最重要的思想、政治保证。习近平新时代中国特色社会主义思想是当代中国马克思主义、二十一世纪马克思主义,对推进文化强市建设提供了基本遵循,指明了根本方向,因此要自觉用习近平新时代中国特色社会主义思想统领新时代文化建设。习近平总书记强调在全面建设社会主义现代化国家中要把文化建设摆在更加突出的位置,"中国特色社会主义是全面发展、全面进步的伟大事业,没有社会主义文化繁荣发展,就没有社会主义现代化"[1]。在全面建设社会主义现代化国家新征程上,要坚持以习近平新时代中国特色社会主义思想为指引,用习近平新时代中国特色社会主义思想铸魂育人,这是最根本的思想指南。在习近平新时代中国特

---

[1] 习近平:《习近平谈治国理政》(第四卷),外文出版社2022年版,第309页。

色社会主义思想指引下的昆山文化强市实践不断展开，不断取得新成就、绽放新光彩。昆山自觉把习近平新时代中国特色社会主义思想贯穿于文化强市建设全过程。在宣传、研究党的思想理论方面坚持和巩固党的意识形态工作的领导，巩固马克思主义在意识形态领域的指导地位。昆山自觉承担起举旗帜、聚民心、育新人、兴文化、展形象的使命任务，坚持文化为民，提高文化公共服务质量，不断提升文化惠民服务水平，弘扬传统文化引领人，建设和谐文化凝聚人，培育文化艺术人才，繁荣文化事业，展示昆山崭新形象。"我们要特别重视挖掘中华五千年文明中的精华，把弘扬优秀传统文化同马克思主义立场观点方法结合起来，坚定不移走中国特色社会主义道路。"① 昆山贯彻落实习近平总书记关于传承发展中华优秀传统文化的思想，举行戏曲百戏盛典，通过重要戏曲展演展示活动创新发展传统戏曲，弘扬以顾炎武为代表的先贤文化，以周庄为代表的水乡古镇文化。

昆山实践告诉我们，要建设文化强市首先要全面贯彻习近平新时代中国特色社会主义思想，深入持久、卓有成效地实施习近平新时代中国特色社会主义思想传播工程，把学习贯彻习近平新时代中国特色社会主义思想作为理想信念教育、城市文明建设的首要任务。坚持不懈地用习近平新时代中国特色社会主义思想武装头脑、指导实践、推动工作，让党的创新理论的真理力量和实践伟力指引文化强市建设。把学习成效转化为文化强市的生动实践，把党的理论和路线方针政策变成人民群众的自觉行动，积极培育和践行社会主义核心价值观，推动文化传承、创新和发展，不断激发文化创造创新活力，丰富群众精神文化生活。文化强市建设要坚持以人民为中心的发展导向，扎根于人民、服务于人民，为人民提供精神文化服务，充分利用丰富优质的文化资源和现代手段，不断创新开发适应文化消费市场要求的文化产品和服务，提升文化建设的质量和竞争力。

① 习近平：《习近平谈治国理政》（第四卷），外文出版社2022年版，第315页。

（二）推动建设文化强市与建设经济强市相辅相成、相互促进

一定的文化是由一定的经济和政治所决定的，同时，文化对经济也具有能动的反作用，先进的文化能促进经济发展，文化与经济相互联系、相互作用。物质文明建设与精神文明建设相协调是全面建设社会主义现代化的重要特征，物质文明建设是基础，精神文明建设具有十分重要的战略地位。建设文化强市必须要与建设经济强市相辅相成、相互促进，在经济发展过程中，促进文化事业和文化产业的发展，不断激发文化发展的生机和活力。昆山有力促进了建设文化强市与建设经济强市的有机结合。昆山始终坚持发展第一要务，强化企业服务优存量，加大招商引资强增量，加快创新驱动促转型，推动经济发展焕发新活力、迈上新台阶，为文化发展奠定雄厚物质基础。同时，昆山明确经济的昆山最终必然要向文化的昆山迈进，在经济发展取得显著成就的同时，聚焦文化传承创新，释放本土文化魅力推进文化建设，始终绣好经济文化"双面绣"，实现经济和文化的双赢，不断增强综合实力。昆山利用其独特的文化遗产、文化积淀和文化资源，探索具有昆山特色的文化强市建设之路，增强对经济强市的支撑作用。发展具有浓郁地方特色和深刻文化内涵的特色产业，不断擦亮文化"金名片"，打响"大美昆曲"品牌，充分发挥昆曲源头优势，采取"昆曲+产业"模式，推动"昆曲+文旅""昆曲+体育""昆曲+文创"融合发展，形成昆山市文旅产业体系，发挥文化对经济社会的引领作用。

中国式现代化是物质文明和精神文明协调的现代化，要求物质生活和精神生活同步改善，物质力量和精神力量全面增强。昆山经验启示我们，在经济社会发展中必须要把握好文化与经济的辩证关系，推动建设文化强市与建设经济强市共同发展。经济发展为文化发展提供更为广阔的舞台，要以创新驱动为动力努力推动经济高质量发展，创造更多更好的物质财富，为文化繁荣提供充足的物质条件。同时，要

高度重视文化发展的战略地位,以及其对经济发展的支撑、推动作用。昆山立足发展实际,深谙文化品牌塑造之道,认识和把握文化发展的规律和趋势,增强创新意识和运用现代科技意识,加强顶层设计、系统谋划、有效实施,善于将文化优势转化为经济发展的驱动力,促进文化发展和经济高质量发展。在处理文化与经济的辩证关系中,特别要创新方式方法发挥文化对经济的能动作用,以文化活力增强经济发展的活力,以文化的创新增强经济发展的创新,以文化的竞争力提高经济发展的竞争力,推动文化与经济的深度融合。

(三) 把自觉担当文化传承弘扬使命作为文化强市的关键动力

中华优秀传统文化的传承弘扬是一个长期、复杂的系统工程,存在着许多新矛盾、新挑战,自觉担当作为、忠实履行使命的精神是推动社会主义文化发展的内在动力。"深入挖掘中华优秀传统文化蕴含的思想观念、人文精神、道德规范,结合时代要求继承创新,让中华文化展现出永久魅力和时代风采。"① 要求坚定文化自信,以强烈的历史主动精神,"保持对自身文化理想、文化价值的高度信心,保持对自身文化生命力、创造力的高度信心"②,积极投身于社会主义文化强国建设,从优秀传统文化中汲取精华和能量,在创造性转化、创新性发展中创先创优、开拓作为。昆山在文化强市建设中敢于担当、不负使命,承担起传承创新昆山优秀传统文化的重大责任,展现出昆山强烈的使命担当。昆山以担当精神探索和实践"昆曲发展新路",让昆曲艺术与现代文化交相辉映,推动昆曲与经济社会、江南文脉、特色旅游协调发展,让古老的昆曲不断焕发出崭新的魅力,融入昆山城市发展步伐;以担当精神保护非物质文化遗产,让典籍、文物、遗迹中的昆山在穿越时空、融通古今中焕发新生,深度挖掘整理传统手

---

① 中共中央党史和文献研究院:《十九大以来重要文献选编》(上),中央文献出版社 2019 年版,第 30 页。
② 习近平:《习近平谈治国理政》(第二卷),外文出版社 2017 年版,第 349 页。

工技艺和民风民俗，推进传统技艺振兴；以担当精神推动文化产业大踏步向前迈进，利用昆山丰厚的文化资源、深厚的文化内涵拓展文化产业优势；以担当精神推进昆山优秀传统文化在开放中获得新生，顺应高水平对外开放的新诉求，积极参与"一带一路"文化建设，主动搭建长三角非遗项目交流平台，在新时代展示出强大的生命力和响应力。昆山广大文艺工作者顺应时代潮流，以担当精神勇于创新，不断开拓新境界，把艺术创造力和传统文化价值融合起来，与当代价值观念融合起来，发掘丰富文化内涵，弘扬美好思想情感，激活昆山优秀传统文化的生命力，以坚定的信心和抱负，讲好昆山故事，展示昆山形象。

保护好、传承好、利用好文化瑰宝是全社会共同的责任，"中华优秀传统文化是中华民族的突出优势，是我们在世界文化激荡中站稳脚跟的根基，必须结合新的时代条件传承和弘扬好。"[1] 优秀传统文化创新成为文化发展必须面对的重大课题，是具有创新性、挑战性的事业，必须要以担当和责任开创新局面、取得新业绩。昆山建设文化强市的实践昭示着优秀传统文化的传承弘扬、文化的大力发展要在现代社会竞争中立于不败之地，就必须要保持担当有为精神，增强深厚情怀，始终保持初心使命。为了促进文化的大繁荣、大发展，为了充实人民群众精神文化生活，提高人民群众生活质量，就要主动面对和处理现实问题，精心呵护历史文脉，充分汲取各种精神养分。要处理好保护与传承、弘扬与发展的关系，以自觉担当、勇于前行的精神探索中华优秀传统文化新的表达方式、转化方式，实现优秀传统文化的新生。保持自觉担当精神才能提出目标方向勾画文化传承弘扬的前景，才能主动通过创新手段增强文化传承弘扬的动力，才能更新发展方式找到文化传承弘扬的途径。在挖掘、激活优秀传统文化的价值和生命力的基础上，更为有力地繁荣发展文化事业和文化产业，满足人民群众对美好精神文化生活的新需求、新期待。

---

[1] 《中国共产党第十九届中央委员会第六次全体会议公报》，《人民日报》2021 年 11 月 12 日第 1 版。

（四）促进传承优秀传统文化与践行社会主义核心价值观相互融合

社会主义核心价值观集中体现了社会主义的本质属性，是社会主义意识形态的本质体现，是社会主义先进文化的精髓所在，决定着社会主义文化发展的性质和方向。要坚持以社会主义核心价值观引领文化强市建设，促进优秀传统文化传承，推动优秀传统文化创造性转化、创新性发展。同时，优秀传统文化是社会主义核心价值观的重要源泉，社会主义核心价值观植根于优秀传统文化土壤中，必须要重视优秀传统文化对社会主义核心价值观的基础性作用。实现传承优秀传统文化与践行社会主义核心价值观的相互融合、有机统一，是社会主义文化发展的根本之道。昆山将传承优秀传统文化与践行社会主义核心价值观有机结合起来。昆山首先充分挖掘和弘扬"昆山三贤"的思想精粹和精神力量：顾炎武提倡"利国富民""经世致用""礼义廉耻"思想以及"天下兴亡，匹夫有责"的爱国情怀；归有光以深厚情怀忧国忧民，关心和研究家乡水利建设，亲身参与抗倭斗争，批判社会不公之事，甘愿为民请命，弘扬社会正义；朱柏庐注重修身齐家，恪守中华民族优良传统和道德品质，告诫他人务必勤俭持家、尊敬师长、和睦邻里，做好人、行善事。所有这些对社会主义核心价值观产生深远影响，社会主义核心价值观国家、社会和个人三个层面的基本内容都与这些优秀传统思想有着密切联系。昆山践行社会主义核心价值观也是对"昆山三贤"思想和精神的继承和发展。昆山深化各自然村乡风文明展示阵地，深入推进乡风文明建设，不断培育和践行社会主义核心价值观。昆山传统"阿婆茶"全国闻名，尤其是周庄的"阿婆茶"，很早之前很多当地的"吃讲茶"多为进行民间调节，现大多已发展成为理论文化的宣传阵地，成为昆山宣扬社会主义核心价值观和党的理论，同时也成为促进优秀传统文化传承和弘扬的重要阵地。昆山在生动的文化建设、党的建设、乡村振兴、社会治理等实践中不断实现传承优秀传统文化与践行社会主义核心价值观的深度融合。

优秀传统文化与社会主义核心价值观是一脉相承的，昆山实践启发我们，要实现传承优秀传统文化与践行社会主义核心价值观的有机结合，共同融合于文化强市建设的实践之中。首先，要在坚持社会主义核心价值观的前提下，继承和弘扬积极向上向善的优秀传统思想文化，汲取优秀传统文化的思想精华和道德精髓，使优秀传统文化成为涵养社会主义核心价值观的重要源泉。其次，社会主义核心价值观是承接优秀传统文化的重要桥梁，要发挥社会主义核心价值观的引领作用，充分展示和发挥优秀传统文化的时代价值，从优秀传统文化特别是价值理念和道德规范中汲取精神滋养。最后，实现传承优秀传统文化与践行社会主义核心价值观相融合的关键是要找到融合的有效切入点。社会发展不断出现新情况、新矛盾，实现传承优秀传统文化与践行社会主义核心价值观的融合，必须要与群众日常生产、生活、精神文化需求结合起来，与社会发展现实结合起来，开展富有价值的文化活动，创作和传播体现当代价值观念、反映共同价值观念的优秀作品，使优秀传统文化更全面、深入地成为人们的思想、精神滋养，使社会主义核心价值观更为有效地内化为人们的精神追求、外化为人们的自觉行动。

（五）把丰富群众精神生活、增强群众精神力量作为重要目标

社会主义现代化不仅是物的现代化的过程，同时也是人的现代化的过程，人的现代化既是现代化的目标，也是现代化的动力。社会主义文化建设要以人的发展为归宿，切实以丰富群众精神生活、增强群众精神力量为目标。随着人民群众生活水平的不断提高，人民群众对文化产品、文化服务的质量、品位等要求也相应提高，文化建设要跟上时代发展、群众需求，顺应群众文化意愿，反映群众文化关切，切合群众文化心声，把满足人民群众精神文化需求作为文化发展的出发点和落脚点。在文化强市建设中昆山把丰富群众文化和精神生活作为

一项极为重要的课题,十分注重发挥弘扬优秀传统文化"以文化人""以文育人"的功能。传承以昆曲艺术为代表的传统文化,把戏曲百戏盛典办成一项文化惠民的品牌活动,推动文艺精品创作生产,推动戏曲走向大众,为满足群众文化需求不断进行有益的探索,提供更优质的文化产品。昆山让更多非物质文化遗产项目回归现代生活,保护历史文化根脉,以高质量的文化供给增强人民群众的获得感和幸福感。昆山着力提升公共文化服务水平和质量,不断优化城乡文化资源配置,让市民享有更加丰富、更高质量的精神文化生活。昆山广泛开展昆曲、话剧、舞蹈展演、书画展等群众文化活动,将乡村大舞台等文化惠民活动送到群众中去,切实丰富群众的精神文化生活。昆山深入践行以人民为中心的创作导向,坚持文艺为群众服务,突出文艺精品创作,创作更多体现昆山特色、群众喜闻乐见的优秀作品,更好地满足群众多样化、多层次、多方面的文化需求,不断增强人民精神力量。

　　昆山建设文化强市的实践使我们更加清楚地认识到,要真正牢固树立马克思主义文化发展观,真正做到以人民为中心。建设文化强市的目的是满足群众需求、提高群众生活品质,改善和提高群众精神文化生活,着力推进人的现代化,促进人的全面发展。要在文化高质量发展中着重提高人民群众的精神文化生活水平,切实增强人民群众的精神力量。要从人民群众的伟大实践和丰富多彩的生活中汲取营养,创作符合人民群众需要的文化作品,提供顺应人民群众期待的文化营养。特别是在社会主义市场经济条件下,要坚持经济效益服从社会效益,保持文化的独立价值,无论在文化事业还是文化产业发展中,文化强市要以充实人民群众精神生活、增强人民群众精神力量为要。同时,在建设文化强市中要尊重人民群众,认识到人民群众是振兴文化、推动文化发展的力量来源,切实依靠人民群众,充分发挥广大人民群众的智慧和力量来推动文化繁荣发展,从人民群众中获得文化发展的巨大力量。党和政府要为人民群众提供充分的条件、广阔的舞台,支持人民群众参与文化建设,提高人民群众参与文化活动的积极性、主动性和创造性，激发人民群众文化创新活力。要深刻认识到，人民群众精神生活的改善、精神力量的增强是社会主义现代化建设的强大支撑力量。

昆山在打造社会主义现代化建设县域示范的新征程上，将更加明确把握建设文化强市的新方位、新思路，进一步增强文化自信，增强文化发展定力，激发全市文化创新创造活力，增强走好新时代昆山之路的精神力量。坚持马克思主义的指导地位，全面贯彻习近平新时代中国特色社会主义思想，以社会主义核心价值观为引领，进一步探索实践具有昆山特色的文化发展之路，传承和发展优秀传统文化，发展社会主义先进文化，不断满足人民日益增长的精神文化需求，增强人民精神力量，提高城市文明程度。把加快建设高质量文化强市作为城市文化建设的重要使命任务，推动昆山经济社会高质量发展，更好地实现社会主义现代化建设的目标。

第七章
新时代昆山公共服务优化之路新实践

我国是人民民主专政的社会主义国家，为人民服务是我国国家政权的本质要求，"要牢记全心全意为人民服务的宗旨"①。习近平总书记在党的十九大报告中明确指出要"建设人民满意的服务型政府"②。这为我国政府加强自身建设提供了根本遵循。提供公共服务是政府的重要职责，公共服务水平是检验服务型政府建设质量的重要指标，是衡量区域发展质量的重要标尺。没有优质公共服务为底色，服务型政府就会失去重要依托，人民群众就难以真正地共享区域高质量发展成果。昆山始终高度重视公共服务建设。新时代昆山以习近平新时代中国特色社会主义思想为指导，树牢以人民为中心的发展思想，认真贯彻党中央重大战略部署，扎实推进江苏省委、苏州市委关于加强公共服务建设重要决策落地生根，积极推进新时代昆山公共服务优化之路新实践，不断赋予"昆山之路"新内涵。

---

① 习近平：《习近平谈治国理政》（第三卷），外文出版社2020年版，第137页。
② 习近平：《决胜全面建成小康社会 夺取新时代中国特色社会主义伟大胜利——在中国共产党第十九次全国代表大会上的报告》，人民出版社2017年版，第39页。

一、新时代优化公共服务的重大价值

加强公共服务供给是各级政府的重要职能，是彰显中国特色社会主义巨大优势的内在要求。中国特色社会主义进入新时代既规定了公共服务建设新的历史方位，又对优化公共服务提出了新的更高要求。当前，我国社会主要矛盾已经发生深刻转变，必须从战略高度和全局视角深刻把握新时代优化公共服务的重大价值，切实增强优化公共服务的思想自觉和行动自觉。

（一）践行人民至上理念的具体实践

马克思主义唯物史观强调人民是历史的创造者。"人民是国家的主人。"① 坚持人民至上理念是国家机构履职尽责必须恪守的重大政治原则。历史和实践证明，只有旗帜鲜明地坚持和践行人民至上理念，党和国家事业发展才能兴旺发达。"民心是最大的政治。"② 各级政府既要旗帜鲜明地坚持人民至上理念，又要切实把人民至上理念落实到具体行政实践全过程。

优化公共服务是政府履职的基本方式，也是贯彻人民至上理念的具体实践。各级政府只有在不断优化公共服务供给流程、健全公共服务供给体制机制、提升公共服务供给质量等方面下苦功夫、真功夫，扎实推动公共服务"供给侧"改革，才能真正自觉地把人民至上理念转变为具体实践，推动人民至上理念落地生根，增强政府行政的民心基础。

（二）不断满足人民群众对美好生活向往的重要抓手

社会主要矛盾对党和国家事业发展产生深远影响。当前，"我国

---

① 习近平：《做焦裕禄式的县委书记》，中央文献出版社2015年版，第64页。
② 习近平：《习近平谈治国理政》（第三卷），外文出版社2020年版，第137页。

社会主要矛盾已经转化为人民日益增长的美好生活需要和不平衡不充分的发展之间的矛盾"①。人民对美好生活的向往更为迫切。"人民对美好生活的向往就是我们的奋斗目标"②，这为新时代干事创业提供了强大精神动力和现实目标指引。人民对美好生活的向往既表现为对物质财富、精神文化等层面的具体要求，又包括对公平正义、民主法治等的现实诉求，是一个包含不同需求内容、更高需求层次的美好生活需求综合体系。

公共服务是不断满足人民美好生活需求的基础和关键。只有通过优质公共服务的持续供给，才能够切实把人民群众对更好的教育、更可靠的社会保障、更健康安全的居住环境、更稳定的就业、更满意的收入等的美好向往转变为可感、可及的现实图景，不断增强人民群众获得感。

（三）建设人民满意的服务型政府的必然选择

为人民服务是我国政府的根本宗旨，也是人民政府区别于其他性质政府的重要特质。服务人民永远在路上，让人民满意是政府的永恒价值追求。中华人民共和国自成立之日起，就把为人民服务、让人民满意的行政理念贯彻于政府工作中。

优化公共服务是建设人民满意型政府的重要抓手。习近平总书记指出："为人民服务是我们党的根本宗旨，也是各级政府的根本宗旨。不论政府职能怎么转，为人民服务的宗旨都不能变。"③ 只有时刻将人民满意不满意、高兴不高兴、答应不答应作为衡量公共服务的最高标尺，才能更好地提高政府优化公共服务的思想自觉，积极推动政府由公共服务的一般供给者向高质量、优质化、人民满意的公共服务供给者转变，真正以优质公共服务高标准促进政府治理转型升级。

---

① 习近平：《决胜全面建成小康社会 夺取新时代中国特色社会主义伟大胜利——在中国共产党第十九次全国代表大会上的报告》，人民出版社 2017 年版，第 39 页。
② 习近平：《习近平谈治国理政》（第三卷），外文出版社 2020 年版，第 66 页。
③ 《习近平总书记 2013 年 2 月 28 日在党的十八届二中全会第二次全体会议上的讲话》，来源：中国共产党新闻网，网址：http://cpc.people.com.cn/xuexi/n1/2017/1121/c385476-29658419.html。

二、新时代昆山公共服务优化之路的实践与成效

党的十八大以来,昆山高举习近平新时代中国特色社会主义思想伟大旗帜,坚持理念先行与内容为王相统一,坚持强化主体治理和结果导向相结合,着力在健全公共服务体系、增强公共服务效能、提高公共服务质量等方面接力探索,荣获江苏省基本公共卫生服务项目绩效评价第一名①,荣获"国家公交都市建设示范城市"称号,启动了全国首个跨区域轨道交通公共服务标准化试点②等,不断丰富和发展了昆山公共服务内涵,取得了新的显著成效。

(一)坚持理念先行,引领公共服务建设

理念是行为的先导。"没有革命的理论,就不会有革命的运动。"③ 没有理念创新,难有实践作为。"昆山之路"本身蕴含着先进理念,是指引实践前行的强大精神力量。新时代昆山公共服务优化之路秉承了"昆山之路"精神内核,坚持理念先行,引领新时代昆山公共服务高质量发展。

1. 坚持以人民为中心统领公共服务建设全程

找准以谁为中心是推进公共服务建设的首要任务。以谁为中心不仅是检验公共服务性质的重要标尺,而且规定了公共服务的根本价值取向,对公共服务建设水平产生了深刻影响。"为什么人、靠什么人

---

① 《昆山市荣获江苏省基本公共卫生服务项目绩效评价第一名》,来源:苏州市人民政府网,网址:http://www.suzhou.gov.cn/szsrmzf/qxkx/202007/483c7276014745b2abcfd8655e2adf3f.shtml。

② 《江苏昆山:全国首个跨区域轨道交通公共服务标准化试点启动》,来源:苏州市标准化信息服务平台,网址:http://www.szbz.org/News/View.aspx?Vk1K/HzZrYY=。

③ 列宁:《列宁全集》(第6卷),人民出版社1986年版,第23页。

的问题，是检验一个政党、一个政权性质的试金石。"① 如果不能找准以谁为中心、不能把正确理念贯彻到底、执行到位，就极易偏离公共服务建设正确方向，公共服务的公共性、服务性和实效性就会大打折扣。

梳理"昆山之路"形成、丰富和发展历程，特别是理解"昆山之路"新时代内涵就可以发现，"昆山之路"之所以始终迸发出强大生机活力、彰显着重大时代价值，归根到底就在于它正确回答了以谁为中心这一根本性、全局性、战略性问题。以人民为中心是"昆山之路"的显著特质，它统领并渗透到昆山公共服务优化之路全程，为新时代昆山公共服务优化之路提供了根本理念遵循。党的十八大以来，昆山市委市政府认真学习习近平总书记关于以人民为中心的重要论述，始终坚持把以人民为中心的发展思想贯穿于新时代昆山公共服务优化全程。在"不忘初心、牢记使命"主题教育总结大会上，提出"不断增进人民福祉，全力打造生态宜居的现代化大城市"②；市委十三届四次全会提出，要"着力提升保障和改善民生水平，建设生活美好的幸福昆山"③；中国共产党昆山市第十四次代表大会发出号召，要"始终把人民放在心中最高位置、把人民对美好生活的向往作为奋斗目标"④，"幸福昆山"建设、增进人民福祉、满足人民对美好生活向往等涉及公共服务诸多内容，是贯彻以人民为中心发展思想的具体表现。以人民为中心的发展思想已经成为新时代昆山公共服务优化之路的理念先导，为昆山公共服务优化之路建设提供了根本价值遵循。

---

① 习近平：《在纪念红军长征胜利80周年大会上的讲话》，人民出版社2016年版，第15页。
② 《昆山举行"不忘初心、牢记使命"主题教育总结大会》，来源：中国江苏网，网址：http://www.js.chinanews.com/ks/news/2020/0121/6567.html。
③ 《"不忘初心牢记使命 抢抓机遇乘势而上 以十九大精神为引领谱写昆山发展新篇章 中共昆山市委十三届四次全会召开"》，来源：《昆山日报》，网址：http://epaper.jrkunshan.cn/html/2017-12/30/content_1_1.htm。
④ 《中国共产党昆山市第十四次代表大会闭幕》，来源：昆山市人民政府网，网址：http://www.ks.gov.cn/kss/ksyw/202107/36d97f51ed4d40b78dbdbce73ff0bc62.shtml。

2. 坚持以新发展理念引领公共服务整体性优化

以人民为中心的发展思想从根本上规定了公共服务优化的出发点和落脚点，新发展理念为做实以人民为中心的发展思想要求创造了重要条件。"发展理念是战略性、纲领性、引领性的东西，是发展思路、发展方向、发展着力点的集中体现"①，对公共服务建设产生重大影响。昆山坚持以创新、协调、绿色、开放、共享的新发展理念引领公共服务建设，有力引领了公共服务的整体性优化。

一是树牢创新理念。"创新是引领发展的第一动力。"② 随着公共服务实践不断向前发展，创新理念价值日益凸显。新时代昆山公共服务优化之路以创新理念为引领，把创新思维有机融入公共服务全过程，建成了昆山市一站式科技创新服务中心，大力推进不见面审批服务、智慧昆山建设等，极大地提高了服务效能。二是树牢协调理念。协调是公共服务建设的基本要求。公共服务是囊括教育、医疗等在内的庞大服务体系，必须统筹协调、稳步实施。公共服务要"善于'弹钢琴'，处理好局部和全局、当前和长远、重点和非重点的关系"③。新时代昆山公共服务优化之路坚持协调理念，既注重公共服务与现代产业升级、民主法治建设、区域文化兴盛、绿色生态城市等协调发展，又注重公共服务内部各领域服务内容等的协调推进，实现了教育、医保、就业等均衡发展。三是树牢绿色理念。绿色是公共服务应有底色，是优质公共服务的显著标志。"环境就是民生。"④ 随着社会主义生态文明建设的有力推进，绿色理念受到越来越多人的认同认可。公共服务绿色化、低碳化逐渐成为人们的共识。新时代昆山公

---

① 中共中央文献研究室：《十八大以来重要文献选编》（中），中央文献出版社2016年版，第825页。
② 习近平：《习近平谈治国理政》（第二卷），外文出版社2017年版，第480页。
③ 中共中央文献研究室：《习近平关于社会主义经济建设论述摘编》，中央文献出版社2017年版，第36页。
④ 中共中央党史和文献研究院：《习近平关于总体国家安全观论述摘编》，中央文献出版社2018年版，第187页。

共服务优化之路率先践行绿色理念，把低碳、环保、生态理念寓于公共服务，减低服务能耗、优化服务生态。例如，就垃圾分类工作而言，苏州于 2017 年 3 月成为全国首批生活垃圾分类示范城市之一，昆山主动请缨、先行先试，比众多城市早开展垃圾分类工作 3 年左右。2018 年开始，昆山全面实施生活垃圾强制分类，将垃圾分为厨余垃圾、可回收物、有害垃圾和其他垃圾 4 类，城乡同步、强行入轨、一步到位推进城乡垃圾分类全覆盖，进而把这项工作做到全省领先①。四是树牢开放理念。开放是公共服务建设的鲜明特征。公共服务本身是服务供给者、服务受益者在特定环境下双向互动的过程。离开了开放，公共服务就成了单向循环，终究难以为继。新时代昆山公共服务优化之路坚持开放理念，摒弃封闭僵化的思维定式，全面吸收、有机借鉴全市内外先进公共服务经验，以更加包容的姿态做好公共服务，提升公共服务的透明度、开放度。例如，昆山市主要领导带队到深圳学习社会精细化、智慧化管理经验，强调要充分学习借鉴宝安管控指挥中心建设经验，高水平推进"城市大脑"建设，深入整合政府大数据资源，加快打破"信息孤岛"，不断提升社会治理精细化、规范化和智能化水平②；带队到上海学习党建引领社区治理经验，强调要将"人民对美好生活的向往"作为工作出发点和落脚点，要以居民需求为导向，通过党建引领、整合社会资源，建立科学的社区管理模式③。五是树牢共享理念。共享是公共服务建设的本质特征。离开了共享，公共服务的"公共性"就会褪色，最终会偏离人民至上的建设原则。"共建才能共享，共建的过程也是共享的过程。"④ 昆山较早提出了以"共谋科学发展，同创'昆山之路'，共

---

① 《分得早还分得好，昆山将垃圾"越扔越少"》，来源：中国江苏网，网址：https://baijiahao.baidu.com/s?id=1693526214253970798&wfr=spider&for=pc。
② 《昆山市党政代表团赴深圳考察学习》，来源：网易江苏，网址：http://js.news.163.com/19/0523/10/EFRRC9S104248EBJ.html。
③ 《学上海所长，创昆山之新，昆山党政代表团赴上海学习考察》，来源：搜狐网，网址：https://www.sohu.com/a/236698583_678594。
④ 中共中央文献研究室：《习近平关于全面建成小康社会论述摘编》，中央文献出版社 2016 年版，第 61 页。

建和谐家园，同享全面小康"为主要内容，包含政府、企业、市民三个具体层面的"昆山特色价值观"，把"同享"理念深度融入公共服务中，走出了一条共建共享的公共服务优化道路，彰显了昆山公共服务的独特优势。

（二）坚持内容为王，健全公共服务体系

公共服务由具体服务内容构成。服务内容健全度是衡量一个地区公共服务水平质量的重要指标。公共服务内容并不是一成不变的，需要因事而化、因时而进、因势而新。"改革不停顿、开放不止步"①，社会公共服务建设力度也时刻不松懈。只有根据经济社会发展变化，与时俱进，不断更新和丰富公共服务内容，公共服务体系才能得到持续转型升级。昆山根据新时代社会主要矛盾变化统筹制定公共服务体系战略规划，全方面加强公共服务体系建设，实现了服务内容与时俱进。

1. 立足经济社会发展大局制定公共服务建设战略

党的十八大以来，在以习近平同志为核心的党中央坚强领导下，我国经济社会发展取得历史性成就，发生历史性变革。如何立足经济社会发展大局、制定科学的公共服务建设战略是摆在地方党委、政府面前的一道重大时代课题。

昆山市委市政府高度重视公共服务体系建设战略。在认真学习、深刻领悟党中央重大战略决策部署基础上，扎实学懂弄通社会主要矛盾变化丰富内涵和时代要求，立足新时代昆山经济社会发展大局，强调"十四五"时期要全力打造社会主义现代化建设标杆城市，提出了科学的公共服务体系建设战略规划。例如，提出要求打造现代治理样板区，构建更加完善的公共服务体系、绿色发展体系等，建设和谐幸福之城；打造江南美丽宜居城，坚持科学规划、高效建设、精细管

---

① 习近平：《习近平谈治国理政》（第三卷），外文出版社2020年版，第399页。

理，提升城市功能品质，展现江南水乡颜值，建设人文魅力之城，等等。① 提出要立足和抢抓长三角一体化发展国家战略，全面提高公共服务建设站位，"打造向世界展示社会主义现代化'最美窗口'中的'最靓风景'。要抢抓重大机遇，加快推动经济高质量发展，主动融入长三角一体化发展……要办好民生实事，不断提升市民群众的获得感幸福感安全感……在优化公共服务供给、构建现代交通体系、推进乡村振兴战略等方面加大力度，以高效能治理赋能城市发展，巩固和谐稳定的良好局面"②，打造社会主义现代化建设县域示范，这些都包含着公共服务体系重大战略安排，为新时代昆山公共服务优化之路做出了顶层设计和科学谋划。

2. 立足人民美好生活现实健全公共服务体系

增进人民福祉是健全公共服务体系的重要目标。当前人民群众美好生活需要日益增长，需要内容更为丰富多样，需要层次和品质逐渐提高。习近平总书记深刻指出："坚持群众想什么、我们就干什么，既尽力而为又量力而行。"③ 美好生活需要包括更好的教育、更稳定的工作、更满意的收入、更可靠的社会保障、更高水平的医疗卫生服务、更舒适的居住条件、更优美的环境、更丰富的精神文化生活④等诸多方面。这不仅指明了健全公共服务体系的努力方向，而且对新时代公共服务体系建设提出了更高要求，必须把满足人民美好生活需要转变为健全公共服务体系建设重大契机。

昆山市委市政府自觉将满足昆山人民日益增长的美好生活需要转

---

① 《昆山市2021年政府工作报告》，来源：苏州市人民政府网，网址：http://www.suzhou.gov.cn/szsrmzf/sxq/202102/f3e84fc82e5d4cae994ee3762ab88f43.shtml。

② 《十三届市委第131次常委会会议召开》，来源：昆山市人民政府网，网址：http://www.ks.gov.cn/kss/ksyw/202105/45be23abc86d47e7bfeab67657f5c269.shtml。

③ 中共中央文献研究室：《习近平关于协调推进"四个全面"战略布局论述摘编》，中央文献出版社2015年版，第45页。

④ 《习近平总书记在省部级主要领导干部"学习习近平总书记重要讲话精神，迎接党的十九大"专题研讨班开班式上发表重要讲话》，来源：中国政府网，网址：http://www.gov.cn/xinwen/2017-07/27/content_5213859.htm。

变为健全昆山公共服务体系的强大动力，对标持续健全公共服务体系，在主要公共服务方面持续优化探索。就教育领域公共服务体系，昆山大力推进"美好教育"建设，实现教育主要指标、教育软硬件、广大人民群众获得感同步提升；大力实施"五大校园"建设，主动对标省义务教育优质均衡发展37项指标要求，启动创建省义务教育优质均衡发展示范市，为切实保障教育公平，不断完善新市民子女积分入学政策，按积分排名高低有序入学，义务教育阶段招生全面实现网上申请、自愿填报、阳光招录。在全市范围内建成融合教育资源中心45个，保障特殊儿童接受平等教育的权利①。与此同时，明确把"坚持民生优先"作为"十四五"时期的工作重点，强调牢固树立以人民为中心的发展思想，以实现人的现代化为核心，下大力气解决突出民生问题，全面构建精准聚焦、开放包容、运行高效的民生保障体系，注重基本公共服务"普惠性、同城化、多元化、均等化"，使人民群众获得感、幸福感、安全感更加充实、更有保障、更可持续②。

此外，昆山还进一步完善劳动就业领域公共服务、公共基本医疗卫生服务、基本住房保障服务、公共文化体育服务、社会保障（社会救助、养老、社会福利）等，建构了健全的社会公共服务网络体系，为满足人民日益增长的美好生活需要提供重要依托和重要基础。

（三）强化主体治理，提高公共服务效能

公共服务是服务理念与服务实践的有机统一。公共服务供给者自身治理体系和治理能力对公共服务最终效能具有关键性影响。昆山高度重视服务供给者主体治理，狠抓建设人民满意的服务型政府这个关键，加强其他服务供给者主体治理，不断提升供给者主体整体质量，创新公共服务整体方式，提高公共服务效能。

---

① 《"美好教育"，让教育更美好——昆山市"美好教育"实践纪实》，来源：《昆山日报》，网址：http://epaper.jrkunshan.cn/html/2019-12/18/content_5_1.htm。
② 《昆山市2021年政府工作报告》，来源：苏州市人民政府网，网址：http://www.suzhou.gov.cn/szsrmzf/sxq/202102/f3e84fc82e5d4cae994ee3762ab88f43.shtml。

1. 加快政府治理现代化引领主体治理变革

政府是公共服务的主要供给者。政府治理水平对公共服务产生深远影响。要实现国家治理体系和治理能力现代化，政府治理现代化是首要特征和内在要求。习近平总书记深刻指出："要更大力度转变政府职能，深化简政放权、放管结合、优化服务改革，全面提升政府治理能力。"① 这对新时代政府治理提出了明确要求、指明了方向。如果政府不能在多元主体治理变革中发挥引领作用，不仅会对政府自身建设带来负面影响，而且还会对其他治理主体变革带来消极影响，最终不利于公共服务体系建设。

新时代昆山公共服务优化之路坚持以政府治理现代化为先导。昆山市政府把建成人民满意的服务型政府作为政府治理的重要目标，坚持一切为了人民、对人民负责、受人民监督理念，不断创新行政方式、提高行政效能。一是加快行政体制改革，推动政府内部治理科学化。昆山市根据《深化党和国家机构改革方案》，召开机构改革动员部署会议，深入学习、全面贯彻习近平总书记关于深化党和国家机构改革的重要论述精神，坚决把思想和行动统一到中央和省委、苏州市委的部署要求上来。《昆山市机构改革方案》经省委机构编制委员会办公室审核，报省委、省政府批准，昆山市迅速组织实施机构改革，扎实做好全市机构改革各项工作。坚持"优化协同高效"的重要原则，使机构设置更加科学、职能更加优化、权责更加协调；坚持目标导向，对标"改"的任务，在党政主要机构设置和职能配置上与省、市主要部门基本对应，做到对标推进，并因地制宜在机构限额内设置部分机构；加强编制管理，严明"限"的约束，坚决贯彻党政机构限额规定，对人员编制、领导职数严格把关，整合规范合署办公机构、挂牌机构、议事协调机构、临时机构和派出机构等；加强协调配合，凝聚"推"的合力，涉改部门协同推进，加强思想引导，妥善

---

① 习近平：《在庆祝海南建省办经济特区30周年大会上的讲话》，人民出版社2018年版，第11页。

做好人员调整安置,做到"编随事走、人随编走",优化选岗用人机制,充分发挥"三项机制"作用,引导广大干部更好地立足新岗位、展现新作为。① 二是优化政府职责体系和组织结构。昆山市政府紧扣经济调节、市场监管、社会管理、公共服务、生态环境保护等职能,实行政府权责清单制度,厘清政府和市场、政府和社会关系。颁布《昆山市行政审批事项目录清单》《昆山市市级部门行政权力清单》《昆山市行政事业性收费目录清单》等权力清单,使政府机构设置更加科学、职能更加优化、权责更加协调,推进依法行政、促进行政效能提升。以昆山市行政审批局为例。该局坚持"自转"围绕"公转",全面推进企业开办1个工作日完成、不动产登记3个工作日完成、工业建设项目施工许可30个工作日办好的"1330不见面"审批改革,持续深化"放管服"改革,全市形成"1+5+6"政务服务新格局,打造3个"一窗通办"平台,"1330"改革目标基本实现,"一件事"改革、"一网办""自助办""移动办"取得阶段性成果,实施整理(SEIRI)、整顿(SEITON)、清扫(SEISO)、清洁(SEIKETSU)、素养(SHITSUKE)和安全(SECURITY)的"6S"现场标准化服务管理。② 制订"6524"工程改革方案,出台22个操作细则和配套文件,推进"一窗受理"审批服务,18个窗口合并为4个综合受理窗口。明确"简、调、合、并"事项清单,15个部门1 200多份申请材料精简为现在34份表单,每个项目平均审批用时仅为1.78个工作日。③ 与此同时,为提升服务品牌含金量,自2004年起昆山紧紧围绕建强党员队伍、优化政务环境、提升服务水平、增强发展潜力的目标,以创建机关服务品牌为抓手,不断推进服务型党组

---

① 《扎实做好我市机构改革各项工作 为做好高质量发展榜样提供体制机制保障》,来源:《昆山日报》,网址:http://epaper.jrkunshan.cn/html/2019-01/31/content_1_3.htm。
② 《昆山市行政审批局 引入"6S"管理标准》,来源:《江苏经济报》,网址:https://baijiahao.baidu.com/s?id=1628304894997345526&wfr=spider&for=pc。
③ 《昆山市行政审批局2020年工作总结和2021年工作计划》,来源:昆山市人民政府网,网址:http://www.ks.gov.cn/kss/qzgz/202103/7fb21cfd7c434f3c90e403307f2c3d99.shtml。

织和服务型政府建设,以"阶段化推进、标准化管理、动态化提升"为主线,制定出台了《开展机关服务品牌争创活动的实施意见》《昆山市市级机关创建服务品牌暂行管理办法》《昆山市市级机关创建服务品牌星级管理办法》。2012 年,机关服务品牌拓展到贴近民生的供电、供水、供气、公交等国有企业以及银行;2013 年,延伸到开发区和各镇,并在 2014 年全市纪念建党九十三周年大会上命名首批区镇机关服务品牌;2016 年,创建工作向城市管理片区延伸,机关服务品牌创建工作从机关迈向多个领域,逐步实现了全覆盖。截至机构改革调整,共有 102 个品牌,其中五星 27 个、四星 24 个、三星 26 个、普通品牌 25 个。通过机关服务品牌创建,既创新了党建业务融合路径、激发了机关党员先锋作用、优化了企业发展营商环境,更为重要的是增进了全市群众民生福祉。各部门在创建中进一步加大了对社会各项事业的投入,以养老、医疗、失业和城乡居民最低生活保障为主要内容的社会保障制度基本建立,城乡社会保障覆盖率在 99% 以上。先后实施产业、创业、就业、物业、帮扶经济薄弱村等多项富民工程,群众获得感明显提升①。这些重大举措进一步提升了服务型政府建设含金量,发挥了政府治理对其他治理主体的强大牵引作用。

2. 推动多元主体整体变革提升治理水平

公共服务供给主体多元性是现代公共服务的鲜明标志。除了政府这一重要主体之外,还有基层群众自治组织、社会组织、企业组织等主体。多元主体在公共服务过程中承担着不同角色、发挥着重要作用。多元主体自身治理水平对主体自身建设产生影响,并对公共服务整体质量带来深远影响。昆山高度重视多元主体治理,在治理理念、治理方式、治理保障等方面进行创新探索。

新时代昆山公共服务优化之路高度重视基层群众自治组织治理。基层群众自治组织在整个公共服务主体中居于基础性、全局性、战略

---

① 《江苏省昆山市:创建机关服务品牌,实现党建和业务深度融合》,来源:中国共产党新闻网,网址:http://dangjian.people.com.cn/n1/2019/1016/c429005-31403520.html。

性地位，很多公共服务内容最终要靠基层群众自治组织落实。如果基层群众自治组织治理出现问题，不仅会直接影响公共服务效能，而且还极有可能对国家长治久安造成严重影响。昆山把加强基层群众自治组织治理作为公共服务优化之路的基础环节。一是推进基层群众自治组织治理法治化。法治是基层群众自治组织的应有之义。昆山严格依照《中华人民共和国村民委员会组织法》《中华人民共和国城市居民委员会组织法》相关规定，加强法治宣传、树牢法治理念，举办法律培训和普法讲座，运用法治方式，制定和运用《村民自治章程》《居民自治章程》《村规民约》等明确社区居民和村民的各项民主权利及参与社区管理、监督、服务的具体方式，为居民自治和村民自治提供了法治保障。同时大力推进"省级民主法治示范村（社区）"创建、"省级法治文化建设示范点"建设，发挥法治村居引领作用，推动依法治理，确保基层群众自治组织治理始终行驶在法治轨道上，目前周市镇市北村、玉山镇泾河村已成功入选"全国民主法治示范村（社区）"；二是推进基层群众自治组织民主化。昆山尊重和保障人民群众在基层自治中的主体地位，坚持治理靠民、治理为民理念，发挥人民群众在基层群众自治组织治理中的主体作用，提高基层群众自治组织治理的民主化。例如，昆山制定《昆山市村务公开目录》，将涉农补贴、优惠政策第一时间上墙，各类项目经费使用情况不定期"晒"出来，特别是村级重大公共事务、公益事务和涉及群众切身利益等事项的协商情况、决策情况、办理情况和村党组织、村委会、村务监督委员会成员的分工、便民联系方式等尽收眼底，并积极通过电子显示屏、会议、告知书、短信、网站、微博、微信等形式同步公开，进一步拓展公布渠道，将相关信息及时传达给更多村民，促进村务、居务公开，获评"全国村务公开民主管理示范单位"[①]，真正将群众自我管理、自我教育、自我服务、自我监督落到了实处。

新时代昆山公共服务优化之路高度重视社会组织治理。社会组织

---

① 《昆山用村务公开度提升群众参与度——村民关心什么就公开什么》，来源：《昆山日报》，网址：http://epaper.jrkunshan.cn/html/2017-04/13/content_1_5.htm。

既是公共服务的重要提供者,也是公共服务的重要受益者。随着政府简政放权有序推进,社会组织在公共服务优化中承载着多重使命。这对社会组织治理提出了新的更高要求。昆山高度重视社会组织治理工作,在社会组织治理理念、治理方式、治理保障等方面进行了重要探索创新。昆山于2011年率先于周边地区引进专业力量爱德基金会,并开办首家社会组织孵化培育基地——昆山市爱德社会组织培育中心。同时加强对社会组织有利政策的鼓励指引,加强对公益创投、社区公益服务招投标等众多活动扶持,目前全市累计登记注册社会组织千余家,登记总量位居全省县级市前列。① 昆山重视"数量高峰"与"质量高峰"双统一。针对社会组织在规范性发展方面存在资源来源单一、服务提供不稳定、绩效不明显、个别甚至成为"僵尸型"社会组织等问题,专门成立昆山市推进社会组织健康发展工作领导小组和江苏省唯一一家社会工作委员会,昆山市民政局制定印发文件,分别就三类社会组织内部治理各自章程的设立、组织架构的形成及权利与义务、财务管理、信息公开、党建工作等分章节进行了详细的操作性指引。同时,昆山健全社会组织第三方评估机制,编制社会组织信息公开指引,并结合诚信体系建设,建立社会组织异常名单和"黑名单",加强事前防范、事中管理、事后跟踪,实行年检、加大公示力度,邀请全社会监督,倒逼社会组织成长,全市社会组织发展建设情况基本面良好,政社分离、权责明确、依法自治的现代社会组织体制逐渐形成,为公共服务建设提供了良好社会组织基础②。这些具体举措既激发了社会组织参与治理的积极性、主动性、创造性,又提升了社会组织自身治理水平,充分发挥了社会组织在公共服务建设中的重要作用。

此外,新时代昆山公共服务优化之路高度重视企业组织治理。昆

---

① 《社会治理植入"经济思维"》,来源:凤凰网江苏,网址:http://js.ifeng.com/a/20161201/5193956_0.shtml。
② 《社会组织违规将被约谈:变"运动式整治"为常态化监管》,来源:《昆山日报》,网址:http://epaper.jrkunshan.cn/html/2016-10/25/content_3_1.htm。

山一手抓营商环境优化，奠定企业提供公共服务实力基础；一手抓企业社会责任，引导企业规范参与公共服务。一方面，昆山根据企业社会责任履行，积极出台有利于企业发展的政策文件，努力营造良好营商环境。昆山印发《关于加快推进"不见面审批（服务）"进一步优化营商环境的工作意见》，发布《昆山市营商环境白皮书》聚焦办理施工许可、开办登记、纳税、获得电力等环节，制定出台23条政策和10项配套措施，办理时间比全省标准再压缩30%至50%，全程网上办理率98%以上①。这些利好消息进一步促进了企业发展。另一方面，昆山加强企业社会责任标准制定，昆山周市镇总工会会同镇安环所、劳动所联合制定《周市镇企业社会责任标准》（以下简称《标准》）。该《标准》从报效国家、服务社会、造福职工三方面，为企业履行社会责任构建评价体系，给企业"打分"。《标准》共有50条，每项设定为2分。根据评价标准和实际情况的差距，酌情按比例扣分。"报效国家"主要突出依法管理、环境影响、安全生产；"服务社会"主要突出服务顾客、企业信用、服务社区；"造福职工"主要突出劳动标准、尊重职工、尊重工会。企业应当自觉将其履行社会责任标准的情况、向企业职代会报告，主动接受工会与职工的监督，努力成为履行社会责任的先行者，促进企业实现产品、职工的转型升级，形成周市镇报效国家、服务社会、造福职工的先进企业群体②。在疫情防控期间，昆山企业积极履行社会责任，创控集团积极响应市委组织部号召，充分发挥基层党组织战斗堡垒作用，迅速组织6支党员志愿服务行动支部，集团志愿者报名人数达到156名，其中党员76名，积极配合6个区镇的村、社区及企业开展防疫工作；文商旅集团通过供应链调控，确保蔬菜、肉类的基本供应，稳定物价，对小区进行深入排查、对小区公共区域消毒，保障居民生命安全；昆山宾

---

① 《改革再提速！23条新政打造"昆山服务"升级版》，来源：苏州市行政审批局，网址：http://www.spj.suzhou.gov.cn/zxdt/002003/20190227/dba511a3-7f2f-42d5-9088-188d8d67c775.html。

② 《打造报效国家服务社会造福职工的先进企业 昆山周市镇制定企业社会责任标准》，来源：《江苏工人报》，网址：http://epaper.jsgrb.com/Article/index/aid/630083.html。

馆作为窗口单位,竭力在第一时间为客人及员工提供保障服务;在全市户外电子屏上投放公益广告,把疫情防控责任传递到基层;江苏全佳康医药有限公司作为文商旅集团下属企业,多渠道采购医用防护口罩、医用酒精制品等防控物资,第一时间配送至各门店;昆山市尚升危险废物专业运输有限公司两名"逆行勇士",驾驶着装载供美香食品(昆山)有限公司捐赠的9吨75%浓度乙醇消毒液的专业运输车辆,从昆山出发驶向武汉。同时尚升危险废物专业运输有限公司组建了驰援武汉的运输应急车队,并捐赠部分日用品;江苏晟泰集团公司积极履行企业社会责任,通过昆山农村商业银行向市红十字会捐款160万元人民币,定向用于我市新型冠状病毒感染的肺炎疫情防控①……这些具体举措既展现了昆山企业良好社会形象,也为昆山公共服务建设提供了良好企业组织基础,推动了企业发展转型升级与履行社会责任、贡献经济社会发展的有机统一。

(四)坚持结果导向,提高公共服务质量

公共服务是彰显社会主义制度优势、促进人的全面发展的重要条件。无论公共服务理念如何转型、服务方式如何改进、服务主体如何治理,最终落脚点在提高公共服务质量,推动人民共享公共服务成果。新时代昆山公共服务优化之路坚持结果导向,立足实际促进公共服务均等化、可及化,立足人的全面发展增强人民群众获得感,展现出新时代昆山公共服务优化之路的独特优势。

1. 立足实际促进公共服务均等化、可及性

公共服务永无止境。作为人民民主专政的社会主义国家,党和国家始终将全心全意为人民服务作为一切工作的出发点和落脚点。中国特色社会主义进入新时代,公共服务建设进入新阶段,人民群众对公

---

① 《阻击疫情,昆山企业有担当!》,来源:腾讯网,网址:https://new.qq.com/omn/20200205/20200205A0OUG200.html。

共服务有了更大需求,但受生产力发展水平制约,公共服务水平和质量在一定时期内保持着相对稳定的状态。这就需要正确处理公共服务"需求侧"与"供给侧"的辩证关系。昆山常年位于全国百强县市第一名,地区生产总值已突破4 000亿,一般公共预算收入已突破400亿,这为昆山高质量发展奠定了坚实基础。中国特色社会主义进入新时代,我国正处在并长期处在社会主义初级阶段的这个基本国情依然没有变,我国是世界上最大的发展中国家的国际地位依然没有变。经过70多年发展,特别是改革开放40多年发展,我国社会生产力水平总体上显著提高,社会生产能力在很多方面进入世界前列,但是社会生产力发展不平衡不充分的问题依然存在,这就从根本上决定了新时代昆山公共服务建设仍然有很大提升空间。为此,昆山市下决心扩大高质量公共服务供给、自加压力,又加强对公众公共服务的科学引导预期,不承诺更不制定、出台超越现阶段生产力发展水平的公共服务政策、文件,避免力不从心、小马拉大车。

与此同时,昆山花大力气促进公共服务均等化、可及性。2006年国家首次提出基本公共服务均等化概念、2012年国务院下发的《国家基本公共服务体系"十二五"规划》强调最终实现基本公共服务均等化,昆山大力健全幼有所育、学有所教、劳有所得、病有所医、老有所养、住有所居、弱有所扶等方面基本公共服务制度体系,注重加强普惠性、基础性、兜底性民生建设,保障群众特别是弱势群体、困难群众如农村五保户、城镇下岗职工等基本生活,确保新昆山人在内的每一个昆山人都能共享公共服务成果。此外,昆山着力健全公共服务网络体系,基本公共服务的标准化和规范化建设,例如,昆山市财政局扎实推进农村基本公共服务标准化建设,列出了农村基本公共服务项目清单,并将其中需由市、区镇两级财政保障的15项清单开支予以标准化①;昆山市行政审批局引入"6S"标准化建设,窗口政务形象与服务质量走上了新的台阶;昆山质监局推荐、昆山市总

---

① 《财政局扎实推进农村基本公共服务标准化建设》,来源:昆山市人民政府网,网址:http://www.ks.gov.cn/xwnr? id=270579&status=1。

工会承担的"企业劳动用工风险评估服务标准化试点"项目入选江苏省服务业标准化试点项目并成为昆山首个社会管理和公共服务领域的标准化试点项目。同时,还注重提高基本公共服务的信息化和专业化水平。目前,"昆山市民"App3.0版已经正式上线,新版App增加了公交换乘查询、电子发票、在线退款、市民商城等更加人性化、智能化的贴心功能,旨在将"昆山市民"打造成为苏南地区的智慧城市互联网服务平台新样板①。

为将这些要求落到实处,昆山始终坚持以民为本,增强人民对公共服务的评价权重,不断倒逼公共服务质量提升。昆山市政府探索选聘市民为政风行风评议员,并组成评议组,对学校、医院、银行、通信、供电、公交、供水、广电网络、旅游、殡葬等10个行业505个单位开展民主评议活动,其评价标准成为昆山公共服务新一轮提升的"风向标";出台《昆山市便民服务工作评价办法(试行)》,不断擦亮12345便民服务品牌②……总之,人民群众不仅真正成为服务直接受益者,而且还成为服务评价者,真正实现了以评价促公共服务提升的目的。

2. 着力以公共服务现代化促进人的现代化发展

实现社会主义现代化是中国人民孜孜以求的奋斗目标。党的十九大报告做出了两个"十五年"的战略规划——二〇三五年基本实现社会主义现代化、二〇五〇年建成富强民主文明和谐美丽的社会主义现代化强国。具体到昆山而言,2014年,习近平总书记明确要求江苏"在扎实做好全面建成小康社会各项工作的基础上,积极探索开启基本实现现代化建设新征程这篇大文章"③。公共服务现代化是社

---

① 《"昆山市民"APP3.0版上线 开创城市服务信息化新局面》,来源:中国日报网,网址:https://baijiahao.baidu.com/s?id=1653043617868180734&wfr=spider&for=pc.
② 《昆山:公共服务最终要让百姓满意》,来源:乐活苏州网,网址:http://sz.jschina.com.cn/zt/shengtai/201304/t1179335.shtml.
③ 《探索开启基本实现现代化新征程》,来源:中国共产党新闻网,网址:http://cpc.people.com.cn/n1/2019/0924/c64102-31370183.html.

会主义现代化的基本内容和显著标志,是公共服务优化的重要目标。昆山认真学习、深刻领会习近平总书记重要指示精神,把公共服务现代化作为新时代昆山公共服务优化之路目标,并在此基础上加快推进人的全面发展、实现人的现代化。

昆山公共服务优化之路是探索并努力实现公共服务现代化之路。2013年,国家发展改革委印发了《苏南现代化建设示范区规划》,昆山位列其中;2019年5月,省委、省政府决定在6个地区开展社会主义现代化建设试点,在实践层面探索社会主义现代化的现实路径,昆山市成功入选。当前,昆山正全力打造社会主义现代化建设县域示范,奋力走在现代化建设新征程最前列。要成为现代化建设县域示范、真正走在最前列,公共服务不但不能拖后腿,反而还要成为现代化的先导和证明。这就要求新时代昆山公共服务优化之路要时刻瞄准现代化定位,着力在现代化公共服务理念、现代化公共服务体系、现代化公共服务制度、现代化公共服务成果等方面勇于探索、敢于争先,为全国其他地区公共服务现代化建设探索建设道路、积累成功经验、揭示建设规律。

昆山公共服务优化之路实质上是实现人的现代化之路。"现代化的核心是人的现代化。"① 公共服务现代化最终要服务和服从于人的现代化,促进人的全面发展。根据昆山市第七次全国人口普查结果,全市常住人口超过209万,居住在城镇的人口为1 652 159人,占78.96%;居住在乡村的人口为440 337人,占21.04%②。面对庞大的人口数量,特别是外来人口数量,昆山在20世纪90年代初就成立了外来人口管理办公室。2000年以来,昆山就将广大外来务工人员的现代化提升列入"新昆山人"培育计划,提升社会保障品质,促进医疗卫生服务提质增效,实现基本医疗卫生公共服务实现均等

---

① 《〈中共中央关于全面推进依法治国若干重大问题的决定〉辅导读本》,人民出版社2014年版,第39页。
② 《昆山市人口普查结果公布!》,来源:昆山市人民政府网,网址:http://www.ks.gov.cn/kss/ttxw/202106/8ff6d2d3e1204b60a157f14815d7bfce.shtml。

化①。此外，昆山公共服务现代化还将重点聚焦到共享改革发展成果、满足人的精神文化需要、保障民主政治权利、维护人民生态权益等，不断为实现人的现代化奠定坚实基础。因此，昆山公共服务优化之路既明确回答了"为什么人"这个根本性问题，又深刻回答了"为人的什么"这个方向性问题，这必将会对其他地区推进以人民为核心的现代化建设、促进人的全面发展产生重大而深远的意义。

三、新时代昆山公共服务优化之路新实践的经验和启示

新时代昆山公共服务优化之路新实践是昆山认真学习贯彻习近平新时代中国特色社会主义思想，在新的发展阶段立足昆山实际，走好新时代"昆山之路"的重要体现，既展现了新时代昆山在实现全面建成小康社会主义、开启社会主义现代化国家新征程中的使命担当，又为其他地区加强公共服务建设提供了有益借鉴参考，具有重要的经验启示。

（一）人民满意是优化公共服务的价值遵循

人民是公共服务的直接受益者。人民满意是衡量公共服务的最高标准。"中国共产党执政的唯一选择就是为人民群众做好事。"② 这就要求把人民满意作为公共服务的最高追求。在具体实践中，要坚持问题导向，着力解决人民群众反映的现实问题，以问题的高效解决增强人民群众满意度。新时代昆山公共服务优化之路新实践充分说明，只有始终恪守人民满意这一崇高价值遵循，才能为优化公共服务提供精准价值基点，才能保持优化公共服务正确方向。如果不能牢固树立人

---

① 彭雷：《用"闯"劲探索昆山现代化之路》，《群众》2019年第24期，第36-37页。
② 习近平：《习近平谈治国理政》（第四卷），外文出版社2022年版，第67页。

民满意的价值遵循，不能解决人民群众面临的公共服务难题，优化公共服务就可能会迷失方向，优化公共服务的民心基础就会降低。因此，要把人民满意贯穿于优化公共服务全程，不断提高人民群众的获得感、幸福感、安全感。

（二）提升服务质量是优化公共服务的重点

优化公共服务关键要回答的命题不是公共服务有没有的问题，而是公共服务优不优的问题，不仅是在增加公共服务的"量"上下功夫，而且是在提高公共服务的"质"上做文章。当前，我国已进入全面建设社会主义现代化强国的新发展阶段。"必须强调的是，新时代新阶段的发展必须贯彻新发展理念，必须是高质量发展。"① 公共服务建设必须时刻紧扣高质量目标定位。新时代昆山公共服务优化之路新实践充分说明，只有紧扣公共服务治理的质量供给，才是真正抓住了优化公共服务的重点；只有不断提高公共服务质量，才能为实现人民满意奠定坚实基础。如果不注重提升服务质量，就难以准确把握优化公共服务的重点，也难以真正实现以高质量公共服务实现人民满意的价值追求。因此，要在优化公共服务过程中狠抓服务质量提升，真正以更多、更好、更优质的公共服务造福人民。

（三）推进政府治理变革是优化公共服务的关键

公共服务得以优化的关键是政府。政府自身治理效能对公共服务供给产生重大影响。"深化党和国家机构改革，是贯彻落实党的十九大决策部署的一个重要举措，是全面深化改革的一个重大动作，是推进国家治理体系和治理能力现代化的一次集中行动。"② 政府治理是

---

① 《必须把发展质量问题摆在更为突出的位置——习近平总书记关于推动高质量发展重要论述综述》，来源：求是网，网址：http://www.qstheory.cn/qshyjx/2020-12/17/c_1126871315.htm。
② 《习近平出席深化党和国家机构改革总结会议并发表重要讲话》，来源：中央人民政府网，网址：http://www.gov.cn/xinwen/2019-07/05/content_5406606.htm。

国家治理的重要一环,政府治理现代化是国家治理现代化的题中应有之义。新时代昆山公共服务优化之路新实践充分说明,只有始终坚定不移、持之以恒推动政府治理变革,才能建强公共服务提供主体,才能为源源不断地进行优质服务供给奠定可靠的主体保障。如果不能协调推进政府治理变革与优化公共服务供给实践,不把政府治理变革摆在更加优先的战略位置,就会影响政府公共服务供给效率,导致政府公共服务效能难以满足日益增长的公共服务需求,公共服务"供给侧"与"需求侧"之间的不平衡情况日益凸显,最终会对政府服务力、公信力产生不利影响。因此,只有坚定政府治理变革决心,切实解决困扰优化公共服务的思想观念、体制机制等重大现实问题,才能不断提高政府服务供给能力,为建设人民满意的服务型政府并提供让人民满意的优质公共服务奠定基础。

第八章
"昆山之路" 党的建设新实践

伟大的事业必须有坚强的党来领导。党的建设是抓好各项工作的根本,坚持和加强党的领导是中国特色社会主义事业发展的根本保障。昆山走出一条改革创新、成就卓著的发展之路,走在高水平全面建成小康社会前列,走在社会主义现代化建设前列,关键在党。昆山落实党的全面领导,各级党员干部在推动发展中勇挑重担、担当作为的精神,正是昆山能够创造神奇业绩的关键所在。奋力走出新时代高质量发展"昆山之路",要求昆山各级党组织发挥政治引领作用和全体党员干部发挥先锋模范作用。新时代走好"昆山之路",必须要提高党的建设质量,发挥党的领导核心作用和基层党组织的战斗堡垒作用,坚定不移推进全面从严治党,提高党建工作整体水平,推动各级党组织真正成为争当"强富美高"新江苏建设先行军排头兵的坚强领导核心;通过党的建设激发干部队伍强担当、强作为,党员干部成为实现高质量发展的时代先锋,为昆山扛起"争当表率、争做示范、走在前列"的重大使命,打造社会主义现代化建设的标杆城市提供坚强政治和组织保障。

一、新时代昆山加强基层党建工作的重要意义

随着社会主义市场经济体制和改革开放的进一步深化,社会主要矛盾的转化,人民群众对获得感、幸福感、安全感的预期更高,基层党建工作面临着许多新问题、新情况,加强基层党建工作显得至关重要。加强基层党建工作,发挥基层党组织的领导核心和战斗堡垒作用,发挥党员干部的先锋模范作用,才能贯彻和落实新时代党建总要求,使党建工作向基层延伸、向纵深发展,更好地广泛团结和依靠人民群众,服务大局、服务发展、服务民生,巩固党的执政地位和群众基础,确保在习近平新时代中国特色社会主义思想指导下党的路线方针政策能够在基层落地生根。

(一)贯彻和落实新时代党的建设总要求的要求

党的基层组织是党的全部工作和战斗力的基础。习近平总书记在党的十九大报告中提出了新时代党的建设总要求,提出"坚持和加强党的全面领导"的党的建设的根本原则,提出"坚持党要管党、全面从严治党"的党的建设指导方针,提出"以加强党的长期执政能力建设、先进性和纯洁性建设为主线",明确党的建设总体布局是"全面推进党的政治建设、思想建设、组织建设、作风建设、纪律建设,把制度建设贯穿其中,深入推进反腐败斗争,不断提高党的建设质量"[1]。"党的基层组织是确保党的路线方针政策和决策部署贯彻落实的基础"[2],它是推动发展、服务群众、凝聚人心、促进和谐的战斗堡垒。党的建设是一项长期艰巨复杂的系统工程,党的基层党建工

---

[1] 中共中央党史和文献研究院:《十九大以来重要文献选编》(上),中央文献出版社2019年版,第43页。

[2] 中共中央党史和文献研究院:《十九大以来重要文献选编》(上),中央文献出版社2019年版,第46页。

作是贯彻落实新时代党的建设总要求的重要途径，只有加强基层党建工作才能真正贯彻落实新时代党的建设总要求，全面推进党的各项建设，把党建设得更好、更强。

昆山坚持党建引领，全面推进三级党群服务体系建设，把"党对一切工作的领导"落实到各个方面，突出政治引领、统筹协调、快速响应，推动组织集成、服务集成、示范集成。昆山将行政组织、群团组织和社会组织有机结合在一起，强化政治引领、方向引领和服务引领，把党对一切工作的领导体现在各个方面。各级党组织和党员干部在思想认识、责任担当、方法措施上贯彻全面从严治党要求，增强管党治党的使命感和紧迫感，从政治从严、思想从严、执纪从严、作风从严等方面，把全面从严的精神和要求贯彻到党的建设全过程、各方面。各级党组织和党员干部增强学习本领、政治领导本领、改革创新本领、科学发展本领等各种本领，真正发挥先锋模范作用。昆山把政治建设作为党的根本性建设，把思想建设作为党的基础性建设，把组织建设作为党的建设的主体，把作风建设作为永葆党的性质宗旨的关键，使各个方面紧密关联、不可分割。昆山的实践证明，加强基层党建工作，扎实做好抓基层、打基础的工作，才能真正坚持党的全面领导，使每个基层党组织都成为坚强战斗堡垒，发挥中国特色社会主义制度的优越性，推进国家治理体系和治理能力现代化；才能推动基层党组织工作全面进步、全面过硬，提升基层党组织的组织力、战斗力、融合力，贯彻党要管党、从严治党方针，把全面从严治党落到实处；才能增强党的政治领导力、思想引领力、群众组织力和社会号召力，保持先进性和纯洁性；才能在实践中在政治建设的统领下，全方位落实党的建设总体布局。

（二）党的建设向基层延伸、向纵深发展的要求

2018年11月7日，习近平总书记在听取上海市委市政府工作汇报时强调："要加强党的基层组织建设，把资源、服务、管理下沉、

做实基层，把每个基层党组织建设成为坚强战斗堡垒。"① 党建向基层延伸、向纵深发展是社会结构发生变化、社会主要矛盾发生转化的必然要求，要求从党政机关到社区，从城市到农村，从国有企业、高校到非公有制企业和社会组织，各级党组织和广大党员干部都要努力推进各层级、各领域、各单位的基层党建工作。发挥基层党建优势，有效转化为基层治理和基层发展优势，转化为服务群众和团结群众的优势，使基层党组织的战斗堡垒作用更加凸显。

加强基层党建工作才能打造引领基层发展的坚强堡垒。党的十九大报告中指出："要以提升组织力为重点，突出政治功能，把企业、农村、机关、学校、科研院所、街道社区、社会组织等基层党组织建设成为宣传党的主张、贯彻党的决定、领导基层治理、团结动员群众、推动改革发展的坚强战斗堡垒。"② 加强基层党建工作对于发挥基层党组织的战斗堡垒作用具有十分重要的意义。2020 年以来，昆山根据新时代党的建设总要求和城市基层党建工作新要求，连续两年将"'红管先锋'引领基层治理"作为基层党建书记项目，紧扣"组织红、引领强，物业红、服务强，党员红、攻坚强，居民红、自治强"的工作目标，打造党建引领城市基层治理创新的"昆山样板"。昆山在推进乡村振兴战略中，将党管农村作为工作原则，建立健全抓党建促乡村振兴的长效机制，并尊重基层的首创精神，探索更多党建引领乡村振兴的实践路径。昆山探索党建引领基层治理创新的"昆山路径"，构建更加完善的党建网络体系，在基层社区形成以党组织为核心、居委会为主导、居民为主体，业委会、物业公司、驻区单位、社会组织等共同参与的基层治理架构，让百姓安居乐业。无论在城市还是农村，昆山努力做好基层党建工作，全面发挥基层党组织的引领作用，促进基层治理和基层发展。2013 年 7 月 12 日，习近平总

---

① 《把每个基层党组织建成坚强堡垒》，来源：中国共产党新闻网，网址：http://dangjian.people.com.cn/n1/2018/1109/c117092-30391531.html。

② 中共中央党史和文献研究院：《十九大以来重要文献选编》（上），中央文献出版社 2019 年版，第 46 页。

书记在河北调研时指出:"做好基层基础工作十分重要,只要每个基层党组织和每个共产党员都有强烈的宗旨意识和责任意识,都能发挥战斗堡垒作用、先锋模范作用,我们党就会很有力量,我们国家就会很有力量,我们人民就会很有力量,党的执政基础就能坚如磐石。"①基层党建工作把工作沉到底、落到支部、分解到每一名党员,让党组织和党员干部发挥作用,有利于最大限度地发挥党组织、党员和群众的力量,促进基层高质量发展。

加强基层党建工作才能打造服务群众的坚强堡垒。基层党建工作增强服务群众功能是中国特色社会主义发展的必然要求。基层党建工作必须牢牢扎根人民群众,符合人民群众的需要,通过构建更为完善的服务体系、培育各类服务组织、健全群众利益表达和协调机制等,拓宽基层党组织服务群众、凝聚人心的途径和方法,有效地服务人民群众。昆山立足党的阵地建设,全面推进三级党群服务体系建设,在全市范围内统筹打造党群服务中心、党群服务站、党群服务点,搭建好联系服务党员群众的生动载体,把服务送到群众家门口,实现"资源沉下去、党建强起来、民心聚起来"的良好效果。大到公园湿地、广场绿地,小到身边小区、办事窗口,昆山着重抓好这些在群众中具有较大影响力的重点场所阵地建设,通过覆盖全面的网络布局,把党的阵地建在群众家门口,将工作触角延伸到百姓身边。昆山充分发挥党建的引领、服务和保障功能,打造农村基层党组织坚强战斗堡垒,形成可复制可推广的党建引领乡村振兴"昆山答卷"。昆山张浦镇金华村坚持以党建促发展、惠民生,坚持以"村强民富百姓乐"的发展理念,推进村集体项目建设,深化"时代菁华"党建服务品牌。昆山陆家镇夏桥村党总支打造"服务下千家,共架连心桥"党建服务品牌,把"五桥连心"的党群服务理念落实在小区管理、便民服务、安全环保等社会治理中。从昆山基层党组织的作用发挥来看,基层党建工作是党建工作的基础和重点,解决好老百姓所关心的

---

① 《习近平论如何做合格的共产党员——十八大以来重要论述摘编》,来源:中国共产党新闻网,网址:http://theory.people.com.cn/n/2014/0630/c40531%2D25215806.html。

关键问题和难题，使基层党建工作始终赢得群众的支持和拥护，是基层党建工作永葆生命力的关键所在。基层党建工作的成效如何，直接关系到党的群众基础的牢固程度。基层党组织和党员干部要增强服务意识，时刻将群众的利益放在首位，不断提升服务质量和服务水平。

加强基层党建工作才能打造服务中心工作的坚强堡垒。基层党建工作围绕中心、服务大局，就能把党建工作要求与基层的建设发展任务有机结合起来，使党建工作全面渗透和融合到经济社会发展的各个方面。对于昆山来说，将基层党建工作放到发展大局中去谋划，牢牢把握长三角一体化发展等重大历史机遇，促进基层党建与发展事业的融合，广泛动员党员干部投身于崭新的事业，能够实现基层党建与中心工作、业务开展同频共振。昆山在基层党建工作中注重服务好群众、服务好企业，全力打造以精准服务、高效服务、贴心服务、创新服务为内涵的昆山服务升级版。以最高标准构建高效便捷的营商环境、充满活力的创新环境、品质优越的功能环境、多元包容的人文环境、公正透明的法治环境，多维度彰显开放气魄，全方位提升城市能级。昆山市科技局党支部充分发挥党建引领作用，打造技术攻关"红色堡垒"党建项目，组建"祖冲之技术攻关"行动支部，开展"技术攻关专项行动"，通过组建党员科技尖兵政策宣讲团，建设"祖冲之攻关在线平台"，加强与科技型企业、科技载体平台及科技服务协会的共联共建工作，进一步扩大祖冲之自主可控产业技术攻关计划影响力，助力企业对接研发需求的"最初一公里"。可见，基层党建工作融入中心工作和业务工作，推进两者相结合的融合党建，能够推动基层党建工作服务发展向"融入型"转变，更好地发挥基层党建工作服务中心、促进发展的实际成效，在推进经济发展、社会管理、精神文化、民生事业等社会实践中发挥更大作用。

（三）广泛团结和依靠人民群众的要求

习近平总书记在庆祝中国共产党成立95周年大会上的讲话中指出："坚持不忘初心、继续前进，就要坚信党的根基在人民、党的力量在人民,坚持一切为了人民、一切依靠人民,充分发挥广大人民群众积极性、主动性、创造性,不断把为人民造福事业推向前进。"①党的工作最坚实的力量支撑在于广大基层群众的支持,最突出的矛盾问题是解决广大基层群众的需求问题。加强基层党建工作,让基层党组织深深植根于社会基层组织和人民群众之中,做好群众工作,保持同人民群众的血肉联系,坚持党的根本宗旨不动摇,深深植根于人民群众之中,能够把党员、群众组织联系起来,把广大人民群众吸引团结在党组织周围,依靠广大人民群众致力于中国特色社会主义伟大事业。

  加强基层党建工作才能更好地团结组织人民群众。基层党组织是党联系群众的纽带和桥梁,是人民群众了解和认识党的窗口,是团结带领广大党员干部和人民群众完成各项任务的保证。加强基层党建工作,使基层党组织成为主心骨,以广大人民群众的根本利益为目标,及时解决好人民群众最关心最直接最现实的利益问题,就能够得到广大群众的信赖和支持。同时,维护群众的正当权益,团结人民群众积极投身于伟大的中国特色社会主义伟大实践。昆山基层党建工作既注重实战性,结合百姓诉求解决热点难点问题,充分调动百姓共建家园的积极性,树立党组织和党员的威信,又强化基层党建工作的辐射性,党支部建设与物业服务、网格治理、文明实践等相融合,以基层党建"公转"带动各领域治理"自转",并将新昆山人中的党员纳入社区管理,将新昆山人中的优秀分子发展为党员,筑牢基层支部战斗堡垒。昆山开发区作为"昆山之路"的起源地,不断完善"海棠花红"三级党群服务体系,建设完成16个党群服务中心、3个党群服务站、61个党群服务点,把党建阵地建到产业载体、企业周边、员工和居民身边,形成"多点开花""层层铺染"的党建新局面,不断实现"抓党建、聚人才、强科创、促发展"的工作目标,这有效地吸引和团结了开发区的广大群众积极地参与。基层党建工作要树立服

---

① 中共中央党史和文献研究院:《十八大以来重要文献选编》(下),中央文献出版社2018年版,第352页。

务人民、联系人民、团结人民的群众意识，行之有效地开展基层党建活动，拉近党组织与群众之间的距离，不断创新和改进基层党建工作机制为人民办实事，在基层党员干部中树立起牢固的理想信念，把人民群众始终团结在党的周围，有利于把党的正确主张变成群众的自觉行动，团结群众听党话跟党走。

加强基层党建工作才能更好地依靠人民群众。基层党建工作要紧紧依靠群众，以坚强有力的领导引领和激发广大党员和群众的内生动力，贯彻新发展理念，推进经济建设、政治建设、文化建设、社会建设、生态文明建设，构建共建、共治、共享的社会治理新格局，依靠群众共同创造美好生活。昆山陆家镇全力打造红管先锋引领基层治理体系，通过落实"1234"红管先锋引领基层治理工作体系，实现党建、治理、服务的"三网融合"，以及党建引领下基层治理能力和服务水平的"双提升"。"1"即依托每个小区党群服务点，有形阵地发挥无形作用；"2"即用好社区"大党委"和网格党建内外两大资源；"3"即动员好物业、党员、群众三方力量；"4"即切实提高党组织的实战力、物业企业的服务力、党员队伍的攻坚力、居民群众的自治力。红管先锋引领基层治理，党组织在这里发挥组织优势，"大党委"在这里发挥资源优势，党员在这里发挥带动优势，物业在这里有了服务和展示的平台，小区群众在这里有了沟通和监督的平台。[①] 发挥党建引领，凝聚红色合力，提高了社区党组织组织力、物管企业服务力。特别是提高了社区居民、物业企业参与社区治理的积极性、主动性，使社会治理更有成效。当前，人民群众的价值倾向、思想观念产生很大变化，各级党组织和党员干部要坚持务实作风，创新思路，激发党建活力，凝聚发展合力，有针对性地做好群众工作，调动群众力量，切实发挥党员和群众的积极性、创造性，鼓励、支持他们在改革开放和社会主义现代化建设中贡献自己的聪明才智。

---

① 《昆山陆家镇"1234"红管先锋引领基层治理创新作为》，来源：搜狐网，网址：https://www.sohu.com/a/441393517_118081。

二、"昆山之路"党的建设新实践的做法和成效

新时代"昆山之路"在党的建设方面,把提升基层党组织组织力、战斗力作为基层党建工作的重要抓手,贯彻落实新时代党的组织路线,提升基层党组织的组织力以建强基层战斗堡垒,坚持政治建设为统领以保证正确的政治方向,突出干部队伍能力建设以适应新时代发展需要,构建高素质干部队伍以推动昆山高质量发展,同步推进企业、农村和非公党建以普遍提高基层党建水平。昆山根据基层党建工作的实际状况不断调整和改进基层党建工作,使基层党组织坚强有力、朝气蓬勃,全体党员干部干事创业的精气神得到提振,基层党组织的职能作用和党员干部的先锋模范作用得到有效发挥。

(一)提升基层党组织组织力以增强基层战斗堡垒作用

习近平总书记在全国组织工作会议上提出了新时代党的组织路线,强调"党的力量来自组织。党的全面领导、党的全部工作要靠党的坚强组织体系去实现"①。在全面建设社会主义现代化国家的新征程上,基层党建工作必须要增强党的组织优势、组织功能和组织力量,提高基层党组织的组织力、执行力和战斗力,更好地推动经济社会发展。昆山遵照《中国共产党支部工作条例(试行)》的规定,着力加强基层党组织建设,增强党的意识、党员意识,推进党的基层组织设置和活动方式创新,创新组织设置、完善组织体系,加强带头人队伍建设,更加充分地发挥党建功能,把基层党组织建设成坚强战斗堡垒。昆山认真落实新时代党的组织路线,全面提高发展党员工作规范化水平,严把发展党员质量关,坚持政治标准第一,把对党忠诚

---

① 中共中央党史和文献研究院:《十九大以来重要文献选编》(上),中央文献出版社2019年版,第561页。

作为考察标准,把流程规范作为工作标准,把素质过硬作为培养标准,将严守政治标准贯穿于党员发展全过程,探索构建了发展党员标准化体系,为建设高质量党员队伍奠定坚实基础,有效提升了党员队伍结构和党员综合素质。昆山把阵地建设和组织建设结合起来,把政治功能和服务功能贯通起来,高质量高效率推进三级党群服务体系建设,推动基层组织组织力持续提升,为昆山全面健康发展提供有力的组织保障。

着重加强基层党支部建设。习近平总书记在十九大报告中强调:"党支部要担负好直接教育党员、管理党员、监督党员和组织群众、宣传群众、凝聚群众、服务群众的职责,引导广大党员发挥先锋模范作用。"[①] 全面提升党支部组织力,强化党支部政治功能,能够充分发挥党支部战斗堡垒作用,巩固党长期执政的组织基础。昆山强化各个党支部的实战功能,打造推动发展的"行动支部",使支部书记有作为、党员队伍有质量。基层党组织书记把心思和精力放在破解发展难题上、放在化解矛盾纠纷上、放在办好民生实事上。昆山要求"基层党建既要注重实战性,结合百姓诉求解决热点难点问题,充分调动百姓共建家园的积极性,树立党组织和党员的威信,又要强化辐射性,党支部建设要与物业服务、网格治理、文明实践等相融合"[②]。突出党支部主体作用,明确党支部的职责和任务,提高各个党支部的战斗力,不断提高党支部建设的质量。

推进基层党组织的标准化、规范化建设。进一步细化各个基层党组织的职责任务、工作机制和组织生活、自身建设等建设标准,把强化政治功能的要求具体化,把教育、管理、监督和服务党员的要求落到实处。基层党组织既注重阵地建设,更强化顶层设计,深入推进组织建设、党员管理、服务群众等标准化建设,使各个党组织建设有遵

---

① 中共中央党史和文献研究院:《十九大以来重要文献选编》(上),中央文献出版社 2019 年版,第 46 页。

② 《让"先进"成为昆山每个党组织永不磨灭的标志 让"先锋"成为昆山每个党员永不褪色的勋章》,《昆山日报》2019 年 8 月 16 日第 1 版。

循、有目标，以标准化引领基层党建规范化、高效化。为更好地规范基层党组织建设，实现党建功能，昆山出台基层党组织规范化建设实施意见，全面加强各领域基层党组织规范化建设。创新构建党组织规范化建设"1+5"工作体系，出台1个实施意见，对组织设置、队伍建设等7个方面做出明确规范和要求；根据农村、社区、机关、国企和"两新"组织等不同领域实际，量身定制5类党组织规范化建设实施细则。把基层党组织规范化建设与完善责任体系、优化考核手段统筹推进，健全完善"责任落实、任务开展、绩效评定"的闭环式党建工作运行体系。① 进一步明确责任、细化任务、规定绩效，明晰各项工作要求，指明各个基层党组织的努力方向，不断提升基层党组织工作质量。

创新基层党建工作活动方式有效发挥党建功能。社会结构、群众需求的变化要求党的基层组织活动方式创新，以及时适应这种变化。昆山通过行动支部、党建联盟、乡土人才、党群服务"四大引领"，全力助推村级集体经济发展壮大。"行动支部"推动政策落地，结合推进政经分开和乡村振兴，优化农村党组织设置，把党组织设置在重点工作、项目建设、管理网格和农村合作经济组织上，加快一系列富民强村的政策意见和帮扶举措落地落实。各村党组织充分挖掘自身发展内生动力，因地制宜发展楼宇经济、市政工程、绿化配套、高效农业、现代服务业和田园观光旅游业，促进村级集体经济发展。"党建联盟"引领规模发展，以典型带动、联盟共进为主要方式，积极发挥"党建联盟"桥梁纽带作用，不断提高村级集体经济的规模收益和回报率。

（二）坚持以政治建设为统领以保证正确的政治方向

中国共产党的各级组织是政治组织，要始终把党的政治建设摆在

---

① 《江苏昆山：基层党组织建设对标规范》，来源：人民网，网址：http://dangjian.people.com.cn/n1/2018/0829/c117092-30258625.html。

首位。"旗帜鲜明讲政治是我们党作为马克思主义政党的根本要求。党的政治建设是党的根本性建设，决定党的建设方向和效果。"① 坚持党中央权威和集中统一领导是党的政治建设的首要任务，是提高党的建设质量的前提和保障。昆山各级党组织发挥好政治建设的统领作用，为各项工作发展提供政治保障。昆山基层党组织领导班子坚定执行党的政治路线，强化政治责任和政治属性，强化政治引领，始终保证正确的政治方向，自觉把讲政治的要求贯穿到基层党组织建设的各个方面。首先以习近平新时代中国特色社会主义思想为指导，以科学理论为指南，牢固树立"四个意识"，坚定"四个自信"，做到"两个维护"，坚决维护以习近平同志为核心的党中央权威和集中统一领导，在思想上政治上行动上同以习近平同志为核心的党中央保持高度一致。在政治立场上，坚持以人民为中心，把维护好最广大人民的根本利益作为最根本的政治纪律、政治规矩。教育引导各级领导干部增强政治敏锐性和政治鉴别力，提高辨别政治是非、保持政治定力、驾驭政治局面、防范政治风险的能力，善于从政治上分析问题、解决问题。昆山自觉以政治建设引导思想建设、组织建设、纪律建设等党的各方面建设，引领"五位一体"全面发展。昆山推进三级党群服务体系建设，在党建阵地建设中突出政治功能，广泛建设"政治信仰空间"，为各级党组织开展党性教育提供专门场所，悬挂、张贴党旗、党徽、入党誓词等党建元素，探索运用科技手段提升展示和教育效果，突出鲜明时代感，增强历史厚重感，使党员感受到神圣的红色氛围。

昆山落实好党内政治生活这一政治建设的重要内容。"严肃党内政治生活是全面从严治党的基础。党要管党，首先要从党内政治生活管起；从严治党，首先要从党内政治生活严起。"② 昆山严格对照新

---

① 中共中央党史和文献研究院：《十九大以来重要文献选编》（上），中央文献出版社2019年版，第44页。
② 中共中央党史和文献研究院：《十八大以来重要文献选编》（下），中央文献出版社2018年版，第455页。

时代党的建设总要求,严格按照党章党规要求开展党的工作和各项党内活动,把讲政治要求落实到具体行动上。严肃党内政治生活,严格尊崇党章,严格贯彻民主集中制,营造风清气正的党内政治生态。"严明党的纪律,强化党内监督,发展积极健康的党内政治文化,全面净化党内政治生态"①,"三会一课"突出政治学习和教育,突出党性锻炼,推进"两学一做"学习教育常态化制度化,学习党的基本理论、基本路线、基本方略,学习形势政策、科学文化、市场经济、党内法规和国家法律法规等知识。结合党员思想和工作实际,针对基层存在的实际问题和困难,确定主题和具体方式,创新和丰富活动形式。

(三)突出干部队伍能力建设以适应新时代发展需要

执政能力建设是党执政后的一项根本性建设,各级干部队伍的能力如何直接决定着我们党的执政能力。加强党的执政能力建设,根本在于加强各级干部队伍的能力建设,立足增强本领,有效应对挑战、化解风险。习近平总书记强调要把提高治理能力作为新时代干部队伍建设的重大任务,他在党的十九届五中全会上指出:要通过加强思想淬炼、政治历练、实践锻炼、专业训练,推动广大干部严格按照制度履行职责、行使权力、开展工作。新形势下的社会发展日新月异,党员干部要加强自身建设,不断学习和进步,做到与时俱进。在新兴产业发展、城市规划建设、社会综合治理、制度机制创新等方面不断加以学习提高,并转化为完成工作任务的实际能力。昆山注重在实践中提高党员干部能力,深入实施干部教育培训系列举措,打造一支具有"两争一前列"能力和特质的干部队伍。党员干部增强学习能力,强化理论武装,提升专业素养;提升实践能力,练就善于担当的真本领;提高政治判断力、政治领悟力和政治执行力,提高把握方向、把

---

① 中共中央党史和文献研究院:《十九大以来重要文献选编》(上),中央文献出版社2019年版,第18页。

握大势、把握全局的能力。善于从政治上观察问题、分析问题和解决问题，学会用全局、发展的眼光看问题，开创改革发展、开放发展新局面。昆山广大党员干部将紧跟时代，从思维方式、知识结构、工作模式等方面全方位加强学习教育，不断提高学习教育成效，不断增强实践能力和综合素质，全面提升科学决策、改革攻坚、群众工作、狠抓落实、应对风险的能力水平，加强基层党建工作推动中国特色社会主义事业，推动全体人民共同富裕取得更为明显的实质性进展，全面实施乡村振兴战略，推动社会全面进步发展，全面落实党中央的重大决策部署。

昆山注重在实践中提升党员干部的实际能力，以党建引领乡村振兴，发挥每个党支部的主体作用，聚焦中心工作和重点任务，把支部建在民生项目上、建到一线工程中，把党员的示范带头作用在具体工作中显现出来。每年确定重要的工作目标，根据党员各自的特长、意愿，让他们负责社会治理、经济发展、技术指导、环境保护等不同领域。根据不同任务命名的行动支部，代表着这个支部的行动方向，他们把党的组织力量与推动发展、解决实际问题紧紧结合在一起，实现党建与中心工作的深度融合。支部力量下沉到最前沿，"263"先锋、"市容尖兵""蜜蜂战队"等行动支部，在"美丽昆山"、安全生产、防污攻坚、产业致富等乡村振兴的各项工作中，成为最亮丽的"红色风景线"，也推动了矛盾问题在一线解决、党员干部作风在一线转变、党群干群关系在一线融洽，为实现乡村振兴提供了有力保证。[①]提高干部特别是年轻干部的政治能力、改革攻坚能力、应急处突能力、群众工作能力、抓落实能力。

（四）构建高素质干部队伍以推动昆山高质量发展

党的干部是党和国家事业的中坚力量，习近平总书记始终高度关

---

① 《党建引领乡村振兴的"昆山答卷"》，来源：中国共产党新闻网，网址：http://dangjian.people.com.cn/n1/2018/0810/c117092-30221281.html。

注干部队伍建设,针对培养选拔新时代党和人民需要的好干部,创造性地提出一系列选人用人的新理念新思想新要求。习近平总书记鲜明提出"信念坚定、为民服务、勤政务实、敢于担当、清正廉洁"的新时期好干部标准,为选人用人树起了时代标杆。昆山全面贯彻新时代党的组织路线,落实好干部标准,加强干部队伍建设,加强机制建设,激励干部担当作为、尽职尽责,以正确用人导向引领干事创业导向,加快锻造一支弘扬"昆山之路"精神、有追求有干劲有能力有办法的高素质专业化干部队伍。

昆山坚持正确选人用人导向,突出政治标准,选拔、任用具有专业能力专业精神,经受磨炼、业绩突出的干部。建立一支高素质的基层党组织书记队伍,对基层书记队伍进行优化调整,促使党组织队伍整体素质明显提高,通过狠抓队伍建设,为基层注入生机活力,促进基层党的建设和各项事业的发展。昆山发现和培养更多有责任心、有战斗力、有执行力的村(社区)干部,形成推动城乡高质量发展的强大合力;坚持德才兼备选人用人导向,优化村(社区)"两委"班子,把干部选准用好、把班子选优配强。昆山"落实好干部标准,严把政治关、品行关、作风关、廉洁关,真正让忠诚干净担当、为民务实清廉、奋发有为、锐意改革、实绩突出的干部得到褒奖和重用"①,全方位打造高素质专业化干部队伍。昆山打破地域、行业、身份界限,以更宽视野从更广领域选拔优秀人才充实基层党组织书记队伍,实施"8590"工程和年轻干部队伍建设三年行动计划。用好鼓励激励、容错纠错、能上能下"三项机制",与时俱进弘扬"昆山之路"精神,科学考核评价,激励担当作为。非公企业党组织发挥影响力,选好用好"当家人",按照"社会化招聘、市场化选派、专业化培训、制度化激励"的要求,造就一支"有为有位"的非公企业党务干部队伍。通过开展形式多样的培训活动,提升广大非公企业党务干部服务科学发展的能力,强化对非公企业党务干部的考核。

---

① 中共中央党史和文献研究院:《十八大以来重要文献选编》(下),中央文献出版社2018年版,第459页。

昆山大力培育优秀乡村干部，强化基层党组织的"主心骨"作用。严格落实"五级书记抓乡村振兴"要求，大力推动乡村组织振兴，培育"红色头雁"，精心选派"第一书记"挂职，加强农村后备干部储备，探索形成党建引领促进乡村振兴的"昆山模式"。在市级层面实施党务干部培养"头雁工程"，选优配强基层党组织书记队伍，特别是村和社区"两委"班子。周市镇市北村党委书记吴根平20多年来，扎根市北，坚持党建引领，践行"一线工作法"，带领全村党员群众走出了一条"收入多元、保障多重、生活多彩"的乡村振兴之路，将市北村建设成名副其实的江苏省社会主义新农村建设示范村。张浦镇金华村党委书记瞿桃林坚持科技兴农，开发本土文创产品，建设生态宜居新农村，带领金华村走出了一条"党建红色、发展金色、生态绿色、民生橙色、文化紫色"的五彩乡村振兴发展新路。

（五）同步推进企业、农村和非公党建以普遍提高基层党建水平

党的建设是国有企业改革发展的"动力源"和"方向舵"，昆山通过加强党的建设把党的政治优势、组织优势厚植为国有企业的竞争优势、发展优势。各个国有企业党组织发挥领导核心和政治核心作用，把方向、管大局、保落实；统筹推进，实现党的领导与国企改革发展同频共振，进一步探索创新党组织发挥作用的有效途径，把加强党的领导与完善公司治理统一起来，完善现代国有企业制度。强化担当，在党员先锋"十带头"中争先创优，聚焦城市建设、民生保障、产业投资、科创服务等领域，以高质量党建引领国企高质量发展。[①]国有企业党组织坚定地扛起发展担当、改革担当和开放担当，自觉发挥领导作用，推动国有企业高质量发展走在前列。昆山交发集团党委坚持党建引领，把党的建设融入企业改革发展的全过程，围绕工程建

---

① 《党建引领国企高质量发展》，《昆山日报》2019年7月27日第A03版。

设、公共服务、商业运营等主业板块,打造"1+3+X"三级党群服务体系,积极构建"海棠花红"昆山交发先锋阵地群,将各种力量有效凝聚到企业发展大局和中心工作中。

农村基层党组织是党在农村工作的基础,是贯彻落实党的路线、方针、政策,推进农业农村现代化的坚强战斗堡垒。习近平总书记强调,推动乡村组织振兴,"打造千千万万个坚强的农村基层党组织,提供源源不断的动力"。昆山把握党建引领乡村振兴的关键在于基层组织体系的建设,增强基层党组织的政治引领和服务群众功能。2018年《昆山市党建引领乡村振兴实施方案》出台,方案抛出六个"红色锦囊",通过"头雁工程""党群服务""行动支部""党建联盟""乡土人才""乡风文明"六个引领,指明党建引领乡村振兴的实施路径。[①] 昆山保障基层党组织的领导作用发挥建强领导班子,注重党建引领村企联建,以产业为纽带促进村企联建,整合资源互补优势,将基层组织力转化为村企发展原动力,推动村民受益、集体增收、企业获利多方共赢。昆山以推进社会主义现代化建设试点为契机,加强党建引领下的农村现代化治理体系建设,坚持项目化落实、责任化推进、示范性引领,夯实乡村振兴基层党组织基础,形成齐抓共管的强大合力,进一步推进基层党建引领工程、文明乡风铸魂工程、平安乡村建设工程、"三治"融合提质工程、乡村治理护航工程五大工程建设。

面对新情况、新问题,提高非公企业党建工作的整体水平,解决党建工作中存在的现实问题,要把党的政治优势、组织优势和制度优势转化为企业的发展优势,促进非公经济的快速健康发展。昆山注重强化政治导向,强化非公企业党组织是党在非公企业中的战斗堡垒,强化在企业发展中发挥政治引领作用,以党建引领非公企业的发展方向。昆山依托非公企业党建网络,引导非公企业党组织把党建作为引领企业发展的最重要工程,以非公企业党建引领"两新"组织高质

---

① 《党建引领乡村振兴的"昆山答卷"》,来源:中国共产党新闻网,网址:http://dangjian.people.com.cn/n1/2018/0810/c117092-30221281.html。

量发展。自20世纪90年代扎根昆山以来,昆山富士康集团发展离不开党建引领,党建工作的开展也得到了集团行政高层的理解与支持,党的组织成为集团最坚强的战斗堡垒,集团实现党建工作与经济工作同步发展,两者相辅相成、相得益彰。昆山进一步通过设置联合党组织、加强产业链党组织建设、区域化党组织的方式统筹开展非公企业党组织建设。昆山在非公企业中广泛开展上级党组织为下级党组织服务、党支部为党员服务、党员为员工服务的"三级联动服务"活动,推动非公企业的发展。

昆山围绕"两聚一高",以统筹的理念和创新的思维谋划,重点在农村、"两新"组织、社区、机关、党员教育管理等领域吹响"五个号角",构建与昆山经济社会发展相适应的基层党建格局。吹响农村党建"富民冲锋号",围绕"聚焦富民",深化"基石工程",加强合作社、农场等新型农业经营主体党组织建设,健全农村党员干部直接联系服务群众长效机制,充分发挥农村党组织在富民强村中的"一线指挥部"作用。吹响"两新"组织党建"创新集结号",围绕"聚力创新",实施"党建领航"工程,广泛汇集创新资源,试行非公企业党务专员选派制度,构建"两新"组织多维"党建联盟"。吹响社区党建"和谐奋进号",围绕"社会治理",探索构建社区党建一网多能的网格化管理模式。深化"一区一品"建设,绘好基层党建示范点地图。吹响机关党建"品牌提升号",围绕"效率效能",实施"合格书记"培养工程,持续开展"书记项目""书记沙龙""书记课堂"等活动,抓好机关党组织书记队伍建设。①

三、"昆山之路"党的建设新实践的经验和启示

"昆山之路"党建新实践取得显著成效有许多经验启示,包括充

---

① 《昆山市吹响基层党建"五个号角"》,来源:苏州新闻网,网址:http://www.subaonet.com/2017/0329/1958738.shtml。

分发挥党委领导作用强化基层党组织的领导力,配好建强基层党组织带头人队伍加强基层党建工作的推动力,把严管与厚爱结合起来增强基层党组织的凝聚力,完善教育、管理、激励机制提高全体党员的战斗力,切实做到为民服务增进基层党建工作的号召力,发挥党员干部积极性主动性创造性提升基层党建工作的执行力,深入开展党史学习教育厚植基层党建工作的精神力。昆山各级党组织分析和把握新形势下基层党组织和党员队伍的新变化,立足于社会发展的新要求,全面加强基层党建工作,持之以恒全面从严治党,积极探索新形势下基层党建工作的思路和方式,切实提高党建质量,始终保持党的先进性和纯洁性,引领社会高质量发展。

(一) 充分发挥党委领导作用,强化基层党组织的领导力

党的十九届五中全会围绕我国进入新发展阶段、贯彻新发展理念、构建新发展格局、推进高质量发展,提出一系列重大战略部署和创新举措。这对党领导经济社会发展提出新的要求,需要进一步加强党的领导,充分发挥党总揽全局、协调各方的领导核心作用。这其中要求强化党委对党组织的领导,对经济发展、社会治理、民主法治、社会建设的领导,以使党组织的政治核心作用得到发挥。昆山市委牢固树立以人民为中心的发展思想,把"组织挺在前、党员干在先"落到实处,聚焦群众关心的热点难点问题,紧扣事关群众利益的重点项目,想方设法谋良策、抓落实,全速提优高品质生活,努力让发展实绩更有"温度"、民生答卷更有"厚度"。① 昆山强化党委和党委书记的"主业"意识,建立健全一级抓一级,层层抓落实的党建工作责任机制。深入实施农村党建"基石工程"、社区党建"亮点工程",探索建设"党组织领导、居委会主导、社会协同、群众参与"的区域党建联盟治理体系,完善在职党员进社区和党员志愿服务制

---

① 《昆山市实战实效抓党建 引领推动高质量发展争当排头兵》,来源:新华网,网址:http://www.js.xinhuanet.com/2020-12/13/c_1126854616.htm。

度。同时，健全落实基层党建工作责任制，科学评定基层党建工作履职成效。① 在社区治理中强化党组织的领导，完善多元化治理体系加强对社会力量的领导，推动党的组织和工作在各类社会力量中发挥党组织政治核心作用。在打赢疫情防控阻击战中，昆山各级党委科学判断形势、精准把握疫情，统一领导、统一指挥、统一行动，各级党组织领导班子和领导干部坚守岗位、靠前指挥，做到守土有责、守土担责、守土尽责。各级党组织书记当好"第一责任人"，指导督促班子成员落实"一岗双责"。党委带头执行党纪党规，在强化理论武装上做深做实，在强化责任落实上抓常抓长，在强化政治监督上从紧从严，涵养良好政治生态，维护风清气正的良好政治氛围。"十四五"时期，昆山坚持和完善党领导经济社会发展的体制机制，积极适应客观形势变化，不断改进工作机制和工作方法，提高党把方向、谋大局、定政策、促改革的能力和定力。

昆山还要求各级党委进一步增强履职尽责、管党治党的意识，严格责任落实的管理标准，做实围绕中心、服务大局的举措，增强真抓实干、常抓常新的干劲，促进抓党建和抓业务的统一。2017年4月，习近平总书记对推进"两学一做"学习教育常态化制度化作出重要指示，强调要落实各级党委（党组）主体责任，"保证党的组织履行职能、发挥核心作用，保证领导干部忠诚干净担当、发挥表率作用，保证广大党员以身作则、发挥先锋模范作用，为统筹推进'五位一体'总体布局和协调推进'四个全面'战略布局提供坚强组织保证"②。要求各级领导干部特别是高级干部，必须立足中华民族伟大复兴战略全局和世界百年未有之大变局，切实发挥领导作用，把党中央决策部署贯彻落实好。各级基层党委是做好本地区本部门工作的组织保证，要充分发挥"龙头"的作用，切实履行好管党治党的主体责任，把党要管党、全面从严治党的要求和任务落实到位。各级党委

---

① 《基层党建筑牢发展基石》，《昆山日报》2017年10月15日第A01版。
② 《习近平对推进"两学一做"学习教育常态化制度化作出重要指示》，来源：人民网，网址：http://politics.people.com.cn/n1/2017/0417/c1001-29214055.html。

要提高开展基层党建工作的本领,把各项部署任务落到实处。党委要带头加强理论学习,以表率作用带动整个队伍的学习热情。各级党委要加强科学统筹,周密部署协调,确保各项工作有计划、有步骤、高质量完成。在领导机制上要探索、创新基层党建工作领导责任机制、党建目标管理责任机制、督导检查机制,改进和完善党组织抓党建工作的目标责任、措施办法,不仅自身要做好工作,而且要指导和督促好直属单位党支部的工作,形成齐抓共管的基层党建工作格局和常抓不懈的工作机制,促进基层党建工作。

(二)建强基层党组织带头人队伍,加强基层党建工作的推动力

基层党组织带头人是基层党建工作的直接组织者、推动者,必须要建强基层党组织带头人队伍。2018年10月,习近平总书记在广东考察时强调:"要加强基层党组织带头人队伍建设,注重培养选拔有干劲、会干事、作风正派、办事公道的人担任支部书记,团结带领乡亲们脱贫致富奔小康。"① 这为培养选拔基层党组织带头人指明了正确方向。昆山着力建设基层党组织高素质专业化干部队伍,"坚持党管干部原则,坚持德才兼备、以德行为,坚持五湖四海、任人唯贤,坚持事业为上、公道正派,把好干部标准落到实处"②。重点配强农村党支部班子队伍,创新选拔培养机制,采取上级选派、跟踪培养、群众推荐等方式,选拔党性强、能力强、改革意识强、服务意识强的党员担任党组织书记。选派得力党员干部到软弱涣散的基层党组织担任书记或第一书记,选拔党性强、责任心强、工作能力强、改革意识强、服务意识强的党员进支部班子。选好配强党支部书记,夯实基层党组织基础,有利于激发基层党组织活力,使基层党组织更加坚强

---

① 《习近平在广东考察时强调:高举新时代改革开放旗帜 把改革开放不断推向深入》,来源:人民网,网址:http://cpc.people.com.cn/n1/2018/1026/c64094-30363600.html。

② 中共中央党史和文献研究院:《十九大以来重要文献选编》(上),中央文献出版社2019年版,第45页。

有力。

基层党组织带头人的能力素质如何,将直接影响党组织的战斗力和基层组织工作成效。打造素质高、能力强、作风正、业务硬的党组织带头人,对提升基层党组织建设科学化水平、加强基层党的建设意义重大。要加强基层党组织带头人的政治建设,选拔党性强、能力强、改革意识强、服务能力优的党员担任支部书记,开展教育培训,提高思想认识,掌握工作方法,增强履职本领,践行改革开放敢为人先的拼搏精神。深化基层党组织带头人的作风建设,强化支部集体领导,按照民主集中制原则加强集体领导,提高领导班子的凝聚力、向心力和执行力,转变班子成员的作风,调动班子履职尽责的积极性,以优良党风凝聚党心民心,赢得人心。同时,要激发基层党组织带头人创新干事的热情,强化支部书记责任担当,建设成为基层党组织在发挥领导核心作用中最关键、最紧要的骨干力量。

(三)把严管与厚爱结合起来,增强基层党组织的凝聚力

坚持严管和厚爱结合、激励和约束并重,是党的十九大在建设高素质专业化干部队伍方面提出的一个重要原则,也是党加强干部管理的一贯方针。严管和厚爱是辩证统一的关系,目的是保持党的先进性、纯洁性,提高凝聚力和向心力。习近平总书记强调,既要把"严"的主基调长期坚持下去,又要激励干部担当作为。昆山在党员教育管理方面,既通过严格管理打造高度有组织性、纪律性的队伍,同时又注重关爱党员干部。2020年3月,昆山市委出台激励干部担当"1+N"系列文件,文件涵盖干部"选育管用",坚持严管与厚爱结合、激励与约束并重,对干部政治上关心、工作上支持、成长上助力、待遇上激励、心理上关怀,着眼打造激情燃烧、干事创业"主力军",让高素质、专业化、开放型成为昆山干部队伍最鲜明的时代特质。文件紧扣干部"选育管用",点面结合、环环相扣,将用人导向、考察考核、培养锻炼、关心关爱等各环节贯通起来,全方位构建完善干部关爱激励体系。围绕鲜明用人导向、科学考核评价、培养年

轻干部、锤炼过硬本领、营造浓厚氛围五个方面，提出针对性举措。① 昆山在处理好严管与厚爱的关系中更好地激励干部担当作为。昆山在开展党性党风党纪教育过程中，深化党员领导干部、普通党员的分层分类教育，每年通过举办全市领导干部廉政专题辅导报告会、开展党员干部廉政专题读书活动、发送节日廉政短信等形式，教育引导全市党员干部自觉加强党性修养，增强廉洁从政意识，带头践行新风正气，切实将严管和厚爱融入廉政廉洁教育之中。

对干部坚持严管和厚爱的结合才能增强党组织的凝聚力，各级党组织一方面要坚持原则，加强经常性的教育、管理、监督，经常性开展理想信念教育，发现问题不放过，遇到矛盾不回避，对存在问题的干部坚决予以惩处。另一方面要真诚关爱，各级组织要在政治上、思想上、工作上、生活上真诚关爱党员干部，促使党员干部政治素质过硬，保持思想清醒，对工作有高要求，生活上保持良好作风。要完善干部考核评价机制，完善激励政策，激励踏实做事、业绩突出的干部，鼓励干部敢担当、善作为，促进干部成长。要建立完善容错纠错机制，保护干部干事创业的积极性。引导和督促干部在法纪的约束下，增强主动投身事业的干劲和激情，焕发出更加蓬勃向上的朝气，凝聚起推动高质量发展的更大力量。

（四）完善教育、管理、激励机制，提高全体党员的战斗力

党员教育管理是党的建设的重要基础工作和长期战略任务，要加强党员教育，做好党员的思想政治工作，确保党的教育方针贯彻落实。基层各级党组织要健全和落实党员教育培训制度，有针对性地制订培训计划、明确培训内容和方式，提高教育培训成效。昆山推动党员学习"实"起来，坚持读原著、学原文、悟原理，真正学深悟透、

---

① 《昆山市出台激励干部担当"1+N"系列文件》，来源：苏州市人民政府网，网址：http://www.suzhou.gov.cn/szsrmzf/qxkx/202003/27d99e889f3e4c139ecf0df864c8c605.shtml。

真信真用，在理论学习中坚定信仰、增强自信，特别要求带着问题学，带着感情做，不断用新理论说服服务对象，用新举措破解居民关心的新热点、新问题。深入开展"不忘初心、牢记使命"主题教育活动，加强党员干部的理想信念、宗旨意识、作风建设、学习能力，增强创新意识和发展意识，提高促进改革发展的实际本领。昆山持续开展解放思想大讨论活动，让"创新"成为内在基因，深入开展对标找差，学习借鉴先进经验，在"嫁接"中快速提高，在"改良"中形成特色。为推动党建引领乡村振兴不断取得新成效，开创新时代"三农"工作新局面，昆山成立乡村振兴支部书记学院，村党组织书记可以在这里全方位接受现代农业、农村金融、农村工作等有关乡村振兴工作的培训。学院采用理论教学、体验教学、情景教学、现场教学四种形式，围绕乡村振兴、现代农业、农村金融、农村工作等主题举办专题培训班，带动更多教育力量、教育资源向基层一线倾斜，努力建设成为乡村支部书记学习交流和成长成才新阵地。同时强化党员管理，严格党内组织生活，严明党的纪律，健全党内激励关怀帮扶机制，构建党员联系和服务群众工作体系，增强党员队伍生机活力。优化基层党建平台，充分运用现代信息技术和手段对全体党员干部进行全面管理。

提高党员教育管理工作的针对性、实效性，提高党员战斗力，是摆在各级党组织面前的紧迫任务。要按照《中国共产党党员教育管理工作条例》精神，不断创新、完善党员教育管理的内容、方式、程序。最关键的是提高质量，在教育方面，"要把思想政治建设摆在首位，坚持用党章党规规范党员、干部言行，用党的创新理论武装全党，引导全体党员做合格党员"①。增强党员学习兴趣，端正党员学习动机和态度。要与时俱进地创新党员教育管理方法，充分利用现代化的设施设备组织党员开展喜闻乐见的活动。建立完善党员参加活动的提醒教育制度，完善对党员的谈心谈话制度，定期公布党员个人参

---

① 《习近平对推进"两学一做"学习教育常态化制度化作出重要指示》，来源：人民网，网址：http://politics.people.com.cn/n1/2017/0417/c1001-29214055.html。

加活动情况的制度。选树身边典型,以榜样的力量来教育广大党员。同时,要强化激励的作用,以精神和物质激励相结合的方式,激励党员发挥先锋模范作用,压实责任使党员在履行职责义务中增强责任感、使命感。根本的是要完善党员权利保障机制,保障党员的主体地位,以切实的党内民主激励党员发挥先锋模范作用,使党员干部积极主动地投身到社会主义事业建设中来。

(五)切实做到为民服务,增强基层党建工作的号召力

联系群众、服务群众是基层党建工作的主要内容和活力源泉,基层党建工作真正做到为民服务,才能吸引和团结人民群众,党组织才有强大的号召力和影响力。习近平总书记在"不忘初心、牢记使命"主题教育工作会议上强调:"为民服务解难题,重点是教育引导广大党员干部坚守人民立场,树立以人民为中心的发展理念,增进同人民群众的感情,自觉同人民想在一起、干在一起,着力解决群众的操心事、烦心事,以为民谋利、为民尽责的实际成效取信于民。"① 人民是强党兴国的根本所在,基层党建工作要坚持紧贴人民群众的利益,发扬党密切联系群众的作风,摒弃官僚主义、形式主义和教条主义的不良倾向,切实将为民服务落到实处、做出成效。昆山坚持群众路线,增强服务意识,关心群众生产生活,推动服务下沉到一线,通过构建服务体系、强化服务功能、提高服务成效,为群众办实事、办好事。第一,构建服务体系。坚持系统化思维,立足党的阵地建设,按照"切口小、实战性、闭环化、重创新"的原则,全面推进三级党群服务体系建设,在全市推行"中心—站—点"三级党群服务体系,打造党群服务中心、党群服务站、党群服务点,用融合的思路解决好服务群众"最后一公里"的问题。第二,强化服务功能。昆山以"海棠花红"三级党群服务体系建设为重点,将服务内容和服务功能

---

① 《习近平在"不忘初心、牢记使命"主题教育工作会议上的讲话》,来源:人民网,网址:http://politics.people.com.cn/n1/2019/0630/c1024-31204263.html。

项目化，形成实实在在的工作抓手，让群众可观可感，打造联系群众的"红色港湾"。以群众需求为导向，切实解决好农贸市场、公交候车亭等群众最关心最直接最现实的利益问题。第三，提高服务成效。大力推动农村人居环境整治、乡村精神文明建设、农贸市场改造、"厕所革命"等事关百姓福祉的工作，着力解决一批群众关心的问题短板。昆山有效统筹各类服务资源，在基层党建工作中提供便捷高效的优质服务，将党的组织力量和推动发展、解决实际问题结合在一起，在服务过程中赢得群众的广泛认同。要发挥党建引领作用，以群众需求为导向，精准提供服务内容，更好满足人民群众日益增长的美好生活需要，提高服务效率和水平。健全为民服务监督机制，确保为民服务的常态化、优质化，提升人民生活品质，基层党组织才能赢得群众的拥护和支持。

（六）发挥党员干部积极性、主动性、创造性，提升基层党建工作的执行力

党的十九大报告指出新时代党的建设要以调动全党积极性、主动性、创造性为着力点，这是使党更加坚强有力、始终朝气蓬勃的内在要求。党的十八大以来，正是因为发挥了昆山全体党员干部的积极性、主动性、创造性，党员干部始终保持永不懈怠的精神状态和一往无前的奋斗姿态，始终忠诚于党和人民的事业，善于解放思想、创造性地开展工作，"昆山之路"新实践才能够取得辉煌的成就。昆山党员干部主动适应经济新常态，开展"'三严三实'，我为昆山服务做什么"大讨论和"六个一"基层大走访等活动，出台"四项机制、六项制度"，实施"不见面审批"等依法高效服务。昆山建立健全综合绩效考核制度，科学设定基层党组织领导班子及成员的工作实绩评定内容，改进考核方式，扩大考核民主。发挥考核和评价工作的导向、激励、约束作用，以注重基层党建工作实绩、综合绩效为核心导向，对考核优秀的领导班子及领导干部进行相应的奖励，并把考核结果作为对领导干部任用、奖惩、培训、调整的重要依据。制定《昆

山市公务员平时考核实施办法（试行）》，对公务员平时考核的实施对象、内容等次、程序方法、结果运用等进行明确，更加突出简便易行，突出"勤政"和"效能"两个方面，采取月纪实、季考核、年汇总方式对公务员进行平时考核，让平时考核更具有操作性、更具有实战性，激励广大公务员新时代新担当新作为。2020年4月昆山制订《关于激励干部担当作为护航一流发展环境的行动计划》，全面开展政商交往规范行动、企业权益保障行动等"五大行动"，激励干部担当作为，助力打造一流发展环境。没有广大党员干部的积极性、主动性和创造性，就不能确保党的政策正确贯彻落实。充分调动广大党员干部的积极性、主动性和创造性要善于用人，应用人之所长，避人之所短，充分发挥每名党员干部的优点与长处。要加强奖励机制，对于优秀、积极的党员干部进行奖励与表彰，做好模范宣传，调动党员参与组织活动的积极主动性，提高党员的责任担当。要加强对党员干部的思想教育，增强党性、公仆意识、敬业精神，鼓励党员积极参与基层党建工作，提高党员的责任感和使命感，鼓励党员干部履职尽责，勇于攻坚克难，执行和完成各项任务。

（七）深入开展党史学习教育，厚植基层党建工作的精神力

习近平总书记在党史学习教育动员大会上指出：在全党开展党史学习教育，是牢记初心使命、推进中华民族伟大复兴历史伟业的必然要求，是坚定信仰信念、在新时代坚持和发展中国特色社会主义的必然要求，是推进党的自我革命、永葆党的生机活力的必然要求。开展党史学习教育，就是要通过汲取党史中的思想和精神养分，传承和弘扬红色基因和革命精神，将学习教育成果转化为促进中国特色社会主义事业，实现党建高质量，实现中华民族伟大复兴中国梦的成效。昆山在学党史中悟思想，提高政治能力，把党史学习教育与学深悟透习近平新时代中国特色社会主义思想结合起来，不断提高政治判断力、政治领悟力、政治执行力。在学党史中办实事，厚植为民情怀，聚焦

群众最关心最直接最现实的利益问题。在学党史中开新局,汇聚发展动力,全面贯彻新发展理念,以高质量项目支撑新旧动能加快转换,服务构建新发展格局,打造营商服务品牌,推动高质量发展。推动党史学习教育深入基层、深入人心,引导党员干部传承红色基因、增进家国情怀、勇于担当作为,以更大力度推动高质量发展、推进高水平开放、创造高品质生活、实现高效能治理、打造高素质队伍。

习近平总书记强调,不忘初心、牢记使命,就是不要忘记我们是共产党人,我们是革命者,不要丧失了革命精神。共产党人无论何时都不能丢掉马克思主义政党的本色,要始终沿着正确方向坚定前行,这是做好基层党建工作的强大精神力量。要通过深入学习党史学史明志,真正认识中国共产党人百年接续奋斗的历程,进一步深化对党的性质宗旨的认识,坚定远大理想和共同理想的崇高志向,从中获得源源不断的前行动力。党员干部胸怀理想、坚定信念、锐意进取,为党和人民事业不懈奋斗。学史增信,从党的光辉历程和丰功伟绩中增强中国特色社会主义道路、理论、制度和文化自信,坚定对马克思主义的信仰、对中国特色社会主义的信念和对实现中华民族伟大复兴中国梦的信心。要通过深入学习党史学史明德,从党的优良传统、优良作风汲取道德品质力量,忠诚于党和人民的事业,坚守全心全意为人民服务的宗旨,拥护党的理论和路线方针政策,保持崇高的精神追求和高尚的人格品行。要通过深入学习党史学史力行,党员干部始终保持革命精神和革命斗志,培育奋斗精神,获取奋进力量,在基层党建工作实践中努力开拓进取,扎扎实实地完成各项任务,在各自的岗位上做出新业绩。

在"昆山之路"的实践过程中,昆山始终重视党的建设,始终坚持党对一切工作的全面领导。新时代的"昆山之路"处于新的历史方位、承担着新的历史使命,昆山进一步坚持和发扬优良传统和成功经验,充分发扬"昆山之路"精神,大力推进改革创新,牢固树立党的建设优先发展意识,用新的思路、举措、办法解决新的矛盾和问题。党的十九届四中全会强调,"贯彻新时代党的建设总要求,深化党的建设制度改革,坚持依规治党,建立健全以党的政治建设为统领,全面推进党的各方面建设的体制机制"①。昆山党的建设实践将更加注重制度建设的保障作用,营造良好的政治生态,以全面、有效的制度机制激发广大党员干部的奋斗精神。昆山基层党建工作将继续深入,以行之有效的思路和举措发挥各个基层党组织的坚强战斗堡垒作用和全体党员干部的先锋模范作用,推动全面贯彻落实党中央的决策部署,为走好新时代"昆山之路"提供强大的政治和组织保证。

---

① 《中共中央关于坚持和完善中国特色社会主义制度 推进国家治理体系和治理能力现代化若干重大问题的决定》,人民出版社 2019 年版,第 9 页。

后记

　　党的十八大以来,在以习近平同志为核心的党中央的坚强领导下,昆山在新起点上不断攻坚克难,在现代产业、绿色文明、人才发展、乡村振兴、民主法治、精神文化、公共服务、党的建设等方面都取得了新进展,经济社会发展获得了巨大成就。这些成绩实质上凝结着昆山发展强大的内生动力——"昆山之路"的力量。"昆山之路"虽然发源于昆山,但其所蕴含的价值已超越昆山一地范围。从更深层次看,"昆山之路"反映的是昆山市委、市政府在党中央统一领导下,着力推进县域治理理念、治理手段、治理方式现代化等的生动实践,充分彰显了社会主义的道路优势、理论优势、制度优势、文化优势。作为苏州"三大法宝"之一的"昆山之路",从"唯实、扬长、奋斗"到"三创精神",到"敢于争第一、勇于创唯一",再到"敢闯敢试、唯实唯干、奋斗奋进、创新创优",不同发展阶段的"昆山之路",既一脉相承,又在新的时代条件下不断丰富和提升,"昆山之路"精神是引领和推动昆山不断前进的重要法宝。踏上新征程、面对新挑战,如何丰富和发展新时代"昆山之路"新内涵,以昂扬的精神力量引领昆山继续披荆斩棘、保持领先、再创辉煌,是摆在苏州昆山面前的一项重大现实课题,更是昆山人义不容辞的使命担当。基于上述考虑,昆山市委宣传部、市社科联联合苏州大学马克思主义学院课题组集体编写了本书，具体分工如下：

导论：田芝健；第一章：王者愚、刘晋如；第二章：王慧莹；第三章：李文娟、王菊；第四章：柯水华、王雪；第五章：毛瑞康、邱缙；第六章：尚晨靖、陈文怡；第七章：吉启卫；第八章：杨建春。全书由田芝健、吉启卫统稿和定稿。

本书编写历时两年，在编写过程中课题组多次前往昆山开展调研，并召开新时代"昆山之路"新内涵研讨会，得到了昆山相关领导、专家学者和有关部门的大力支持，特在此感谢中国社会科学院学部委员靳辉明、南京大学教授张二震、南京大学教授宋林飞、南京师范大学教授王永贵、中国浦东干部学院教授于洪生、上海师范大学教授黄福寿、上海社会科学院经济研究所研究员王红霞、苏州大学特聘教授方世南等专家学者的指导。

本书出版得到了江苏省中国特色社会主义理论体系研究中心苏州大学基地、江苏省习近平新时代中国特色社会主义思想研究中心苏州大学基地、苏州大学马克思主义理论学科的支持。书稿研写过程中采集的丰富案例在国家级一流本科课程"思想政治理论课实践"等课程教育教学改革创新中得到运用。对"昆山之路"的研究，对于我们增强"四个意识"，坚定"四个自信"，做到"两个维护"，产生了深刻的影响。我们的研究还是初步的，书中错漏之处在所难免，敬请专家学者和读者指正。

2022 年 9 月